U0832504

权威·前沿·原创

皮书系列为
“十二五”国家重点图书出版规划项目

山西蓝皮书
BLUE BOOK OF SHANXI

山西资源型经济转型发展报告（2015）

ANNUAL REPORT ON RESOURCE-RELIANT ECONOMY'S TRANSFORMATIONAL DEVELOPMENT IN SHANXI (2015)

新常态下资源型经济结构均衡发展

主　编／李志强
副主编／顾　颖　梁红岩　常　涛

社会科学文献出版社
SOCIAL SCIENCES ACADEMIC PRESS (CHINA)

图书在版编目（CIP）数据

山西资源型经济转型发展报告. 2015：新常态下资源型经济结构均衡发展/李志强主编. —北京：社会科学文献出版社，2015. 5
（山西蓝皮书）
ISBN 978-7-5097-7380-2

Ⅰ. ①山… Ⅱ. ①李… Ⅲ. ①区域经济发展-资源经济-转型经济-白皮书-山西省-2015 Ⅳ. ①F127. 25

中国版本图书馆 CIP 数据核字（2015）第 076152 号

山西蓝皮书
山西资源型经济转型发展报告（2015）
——新常态下资源型经济结构均衡发展

主　　编／李志强
副 主 编／顾　颖　梁红岩　常　涛

出 版 人／谢寿光
项目统筹／周　丽　高　雁
责任编辑／冯咏梅

出　　版／社会科学文献出版社·经济与管理出版分社（010）59367226
地址：北京市北三环中路甲 29 号院华龙大厦　邮编：100029
网址：www. ssap. com. cn
发　　行／市场营销中心（010）59367081　59367090
读者服务中心（010）59367028
印　　装／北京季蜂印刷有限公司

规　　格／开 本：787mm×1092mm　1/16
印 张：23　字 数：350 千字
版　　次／2015 年 5 月第 1 版　2015 年 5 月第 1 次印刷
书　　号／ISBN 978-7-5097-7380-2
定　　价／89. 00 元

皮书序列号／B-2011-170

山西蓝皮书编委会

主要编撰者简介

李志强 山西大学中国中部发展研究中心主任，山西大学管理与决策研究所、山西大学资源型经济转型发展协同创新中心、山西大学经济与管理学院，博士、教授、博士生导师，山西省质量技术监督局副局长。山西省第十届人大常委，山西省第十一届政协常委，民建山西省委常委，中共山西省委联系的“高级专家”，山西省政府决策咨询专家，山西省政府金融办金融专家组专家，国家社会科学基金项目通讯鉴定专家，教育部人文社会科学研究项目评审专家，中国管理现代化研究会理事。主要从事制度理论与竞争力、资源型经济转型、战略与创新管理研究。主持国家级、省部级课题50多项，出版学术著作17部，发表论文130多篇。近五年提交的50多项建议（提）案、政策研究报告为山西省委、省人大、省政府、省政协等省、市党政部门采纳。先后获山西省社会科学研究优秀成果奖、山西省社会科学研究成果应用推广奖、山西省“百部（篇）工程”奖、山西省优秀科技工作者等省部级奖励18项。

顾　颖 太原师范学院经济系，教授、山西大学硕士生导师，山西大学中国中部发展研究中心特聘研究员，全国高等财经院校《资本论》研究会理事、山西省《资本论》研究会理事、山西省统计学会理事，主要研究方向为制度理论与转型发展。主持或参与国家级、省部级课题20余项，出版学术著作8部，发表学术论文40余篇。获山西省社会科学研究成果推广应用一等奖、山西省“十五”普通高校思想政治教育研究课题一等奖、山西省社会科学界联合会重点课题研究优秀成果二等奖等省级科研奖励8项。

梁红岩 山西大学经济与管理学院经济学研究室主任，山西大学中国中部发展研究中心，副教授、硕士生导师，山西大学产业经济研究所副所长。主要从事产业经济学和人口资源环境经济学研究，主持国家级、省级课题10余项，出版学术著作11部，其中参编教材《政治经济学》获得教育部优秀教材一等奖、山西省“五个一工程”著作一等奖、全国先进生产力理论与实践成果先进生产力著作一等奖。荣获第三、第四届山西省社会科学研究优秀成果优秀奖、三等奖，山西省教委人文社会科学研究优秀成果一等奖，山西大学“富士康”优秀教师奖等多项奖励。

常　涛　山西大学经济与管理学院、山西大学中国中部发展研究中心，副教授、硕士生导师，山西大学MBA教育中心副主任。主要从事人力资源开发与管理、科技创新等方面的研究。主持国家软科学项目1项，参与国家自然科学基金项目、教育部基金项目、中国软科学项目等国家级课题5项，主持和参与省级科研课题、政策咨询课题以及企业管理咨询课题20余项。出版专著2部，发表论文近20篇。荣获山西省社会科学研究优秀成果优秀奖、山西省“百部（篇）工程”二等奖等多项奖励。

摘　要

当前，世界经济复苏态势依然脆弱，经济格局正在经历重大重构。各国为赢得发展的主动权，纷纷将结构性调整作为战略选择。审视国内，中国经济发展步入新常态，多重困难和挑战相互交织，经济转型升级的现实需求和时空约束持续增大，加快结构调整、推进发展方式转变成为必然选择。面对国际、国内的严峻形势，抢抓机遇、推进结构性改革成为山西的首要任务。为此，山西务必抓住最后关键窗口期，以制度创新为突破口，以加快推进转型综改攻坚为重要抓手，再造动力结构、创新要素结构、优化产业结构、重塑区域结构、改善收入分配结构，全面破解结构性改革难题，主动适应经济发展新常态，促进“六大发展”，实现山西经济提质增效升级，努力开创富民强省新局面。

《山西资源型经济转型发展报告》作为全国第一部研究“山西省国家资源型经济转型综合配套改革试验区建设”的蓝皮书，以“资源型经济转型发展”为研究主题开展持续性研究。继提出“山西‘十二五’发展”“转变发展方式·转型综改试验”“创新驱动·转型综改”“全面深化改革·转型综改试验”年度研究主题之后，《山西资源型经济转型发展报告》顺应认识新常态、适应新常态、引领新常态的发展大逻辑，确定“新常态下资源型经济结构均衡发展”为2015年度研究主题，对山西转型综改攻坚期所面临的重点任务、战略选择及其实现路径等问题进行理论与实证分析，从政策视角提出具有可行性及可操作性的建议。本书的出版将为资源型经济转型发展的理论研究与政策创新提供参考，具有重要的理论意义与实践应用价值。

本书由总报告、综合分析篇、产业转型篇、科技创新篇、民生改善篇、生态建设篇、企业发展篇、试点案例和附录九大板块构成。总报告在对山西转型综改2014年度工作进行全面总结的基础上，深入分析山西资源型经济结构存在的问题及形成机理，提出主动适应经济发展新常态，山西必须进一步创新理念，坚定不移地推动结构性改革，加快实现六大结构均衡发展，即在由需求拉动向供给推动转变过程中实现增长动力结构均衡发展，在破解生产要素供需矛盾过程中实现要素投入结构均衡发展，在做好煤与非煤两篇大文章过程中实现产业结构均衡发展，在增强各类所有制经济活力过程中实现所有制结构均衡发展，在坚持新型城镇化与新农村建设协同推进过程中实现城乡结构均衡发展，在构建“橄榄型”分配格局过程中实现收入分配结构均衡发展。

综合分析篇对转型综改进行绩效评价，初步构建转型指数，深入剖析新常态下经济增速、结构、动力、调控等特征，提出全面破解结构性改革难题、耦合促成八大转型（思想转型、目标转型、动力转型、要素转型、产业转型、区域转型、分配转型和绿色转型）的新思路。产业转型篇针对产业结构失衡问题，从加快产业结构调整、降低工业结构同构度、促进文化产业发展等视角探寻产业转型升级的新路径。科技创新篇聚焦创新驱动，重点分析以科技创新破解发展瓶颈、以信息化促进产业结构优化升级、以标准化推进新型农业社会化服务体系试点等内容，探讨破除创新“锁定性”困境的新模式。民生改善篇直面民生难题，从统筹城乡、促进就业、保障脆弱人口食物安全等方面探究改善民生的新思维。生态建设篇直击生态环境问题，重点从发展低碳经济、创新煤炭资源和非煤矿产资源开发生态补偿机制等角度探析资源型经济绿色转型的新方法。企业发展篇选取国有大型企业和民营文化企业进行分析，探索企业改革发展的新举措。试点案例跟踪分析转型综改试点县、扩权强县试点县的工作进展情况，提出深入推进试点县转型综改工作的建议。附录精选收录书记省长谈发展、山西省部分专家学者转型综改建言及大事记。

Abstract

At present, the world economy is still undergoing slow and weak recovery with significant restructuring in economic pattern. All countries, in order to gain the power of initiative in their development, are regarding structuring adjustments as their strategic option. China is entering an era of New Normal, with difficulties and challenges, which witnesses intrinsic need of transformation and upgrading together with increasing constraints of developments in time and space. All these make it a necessity to speed up structural adjustments and promote transformation in development model. With the severe situation at home and abroad, it should be priority for Shanxi to grasp the opportunity to implement structural reforming. It is up to Shanxi to grasp the last key chance, with institutional innovation as its breakthrough, with the war of accelerating reforming towards transformation as its real task. Shanxi should rebuild an engine structure, optimize industrial structure, reshape regional pattern, innovate factor structure and improve pattern of income distribution to brave the structural puzzle in reforming, adapt to the New Normal, promote the Six Developments, realize Shanxi economy's quality, efficiency and upgrading and create a new era featured with rich people and strong province.

As the first blue book of Shanxi to focus on the construction of Integrated Reforming Pilot Area for Shanxi's Transformational Development, the *Annual Report on Resource-reliant Economy's Transformational Development in Shanxi* provides sustainable and insightful research on the resource-reliant economy's transformational development. Succeeding the themes of Shanxi's Twelfth Five-Year-Plan, Transforming Development Model, Innovation-driven Development and Overall and Thorough Reforming, the topic of 2015 is Towards a Resource-reliant Economy's Balanced Structure in the Context of New Normal, which attempts to provide theoretical and empirical study concerning the key tasks, strategic choices and approaches in the tough time for reforming towards economic transformation. Feasible and operational policy-making suggestions are also given. The publishing of this book is expected to provide reference for theoretical research and policy-making innovation, with theoretical significance and practical value.

The Book is made up of nine parts: General Report, Comprehensive Analysis, Industrial Transformation, Scientific and Technological Innovation, People's Livelihood Improvement, Ecological Construction, Enterprises' Development, Case Study and Appendix. The General Report, based on a conclusion about the work in 2014, makes in-depth analysis on the problems and reasons concerning Shanxi resource-reliant economy's structure. To adapt to the New Normal, Shanxi must further innovate thoughts and promote firmly structural reforming to accelerate structurally balanced developments in six aspects, namely, to realize engine structure's balanced developments by transforming from demand-pulled model to supply-pushed model, to realize factor investment structure's balanced development in tackling the conflicts between production factors' supply and demand, to achieve industrial structure's balanced developments by giving equal priority to coal and non-coal industries, to gain ownership structure's balanced development by strengthening the vigor of the non-publicly-owned enterprises, to realize rural and urban balanced development by coordinating new urbanization and new rural area construction and to gain income distribution pattern's balanced development by creating an Olive-shaped distribution pattern.

The Comprehensive Analysis provides a performance assessment about the comprehensive reforming for transformation with a preliminary transformation index constructed. It also gives insightful analysis about the features of economic rise rate, structure, engine and adjustment and proposes an overall solution to the structural reform, which includes Eight Transformations concerning thought transformation, goal transformation, engine transformation, factor transformation, industrious transformation, regional transformation, distribution transformation and green transformation. Industrial Transformation focuses on the imbalance in industrious structure. It discusses the new paths for industrious transformation and upgrading by speeding up industry structural adjustments, moderating industry isomorphism and promoting cultural industry. Scientific and Technological Innovation focuses on innovation-driven development to deal with the blocked innovation dilemma, namely to handle development bottleneck by scientific and technological innovation, to promote industrious optimization and upgrading by informationization initiatives, to promote new agricultural socialization service system by standardization efforts. The People's Livelihood Improvement talks about the puzzles such as urban and rural coordinated development, employment promoting, and ensuring the disadvantaged people's food safety. The Ecological Construction concerns the environmental problems and green transformation such as developing low-carbon economy, innovate ecological compensation mechanism for the coal and non-coal ore resource exploitation. The Enterprises' Development discusses suggestions for state-owned and private enterprises' reforming efforts. The Case Study traces the progress made in the trial counties for transformational developments and pilot counties with more power delegated, with more suggestions given to promote the comprehensive reforming in the trial counties. The Appendix remarks on the development of Shanxi by the Scretary of CCP's Shanxi Committee and the Provincial Governor and proposals by experts and scholars concerning the construction of Integrated Reforming Pilot Area for Shanxi's Transformational Development. The Great Events are also included in the appendix.

目录

ⅠB Ⅰ 总报告

B Ⅱ 综合分析篇

BⅢ　产业转型篇

BⅣ　科技创新篇

BV 民生改善篇

BVI 生态建设篇

BVII 企业发展篇

BVIII 试点案例

BⅨ 附　录

皮书数据库阅读使用指南

CONTENTS

BⅢ Industrial Transformation

BⅣ Scientific and Technological Innovation

BⅦ Enterprises' Development

BⅧ Case Study

BⅨ Appendix

总 报 告

General Report

B.1

主动适应经济发展新常态 加快推进山西资源型经济结构均衡发展

李志强*

摘 要: 主动适应经济新常态，加快推进山西资源型经济结构均衡发展，必须准确研判新形势，深挖经济结构均衡发展新内涵，深入分析山西资源型经济结构失衡的表现及形成机理，立足六大结构失衡问题，以重点领域和关键环节改革为突破口，以提升自主创新能力为核心，以产业高端化升级为导向，以国企股权多元化改革为抓手，以城乡基本公共服务均等化为着力点，以初次分配改革为重点，破解“锁定性”发展困局，致力于探索一条资源型地区结构均衡发展的新路。

* 李志强，山西大学中国中部发展研究中心主任，山西大学管理与决策研究所、山西大学资源型经济转型发展协同创新中心、山西大学经济与管理学院，博士、教授、博士生导师，主要研究方向为制度理论与竞争力、资源型经济转型、战略与创新管理。

关键词：新常态　结构均衡　六大发展

认识新常态、适应新常态、引领新常态，是当前和今后一个时期我国经济发展的大逻辑。当前，中国经济发展呈现从“赶超增长”转向“结构均衡发展”的态势，结构呈现以增量扩能为主转向调整存量、做优增量并重的深度调整局面，这为进一步丰富山西转型综改内涵、破解体制机制障碍、转向更深层次的结构均衡发展带来了新的机遇和挑战。在新的历史起点上，山西需要主动适应经济发展新常态，以“四个全面”和“五位一体”战略布局引领破解“资源诅咒”难题，达成均衡发展共识，重塑经济增长动力，加快推进山西资源型经济结构均衡发展。

一　山西转型综改试验区建设取得的新进展

2014 年，山西转型综改试验区建设进入攻坚阶段，在省委、省政府的安排部署下，全省上下齐心协力、奋力前行，不断丰富转型综改的实质性内容，矢志不渝转方式，坚定不移调结构，蹄疾步稳推改革，在一些重大领域和关键环节取得新突破，转型综改创新实践亮点频现。

（一）创新驱动战略加快实施，增长动力更为多元

一年来，山西转型综改试验区建设充分发挥市场配置科技资源的决定性作用，不断强化科技创新对经济社会发展的引领和支撑作用，政府对创新过程的治理能力有效提升，企业的创新主体地位明显提高，科技与经济的联结通道日益畅通，为山西由资源依赖向创新驱动的转型发展奠定了坚实的基础。构建“131”创新驱动战略体系，制定实施《国家创新驱动发展战略山西行动计划（2014～2020 年）》《山西省低碳创新行动计划》《山西科技创新城建设总体方案》《关于围绕煤炭产业清洁、安全、低碳、高效发展拟重点安排的科技攻关项目指南》《关于深化科技体制改革加快创新体系建设的

实施意见》等相关文件。着力提升煤基科技领域创新能力，编制7个重点产业创新链，启动实施68个煤基产业科技创新攻关项目。扎实推进山西科技创新城建设，编制完成19项专项规划，确定入驻中国科学院、清华大学等27家研发机构。深入实施“千人百县”高层次人才服务基层计划，选拔新兴产业领军人才64名、学术技术带头人193名，新增院士工作站16个。2014年，全省发明专利申请量与授权量分别增长1.4%和17%，高达6107件和1559件。

（二）产业结构调整进一步加快，经济结构持续优化升级

面对宏观经济形势严峻复杂、经济下行压力不断加大的困难局面，山西出台实施了一系列精准有力的政策举措，经济运行发生积极变化，经济结构不断优化。三次产业结构更趋合理。2014年，全省三次产业增加值占生产总值的比重依次为6.2%、49.7%、44.1%，第三产业比重较上年提高2.2个百分点，与第二产业的比重差距由10.3个百分点缩小至5.6个百分点；三次产业增加值增速分别为3.8%、3.7%、7.0%，第三产业增速明显快于第一、第二产业。工业内部结构进一步优化。在全省规模以上工业行业中，煤炭、焦炭、电力、冶金四大传统产业增加值占全省规模以上工业增加值的比重为77.3%，比上年降低2.2个百分点；非煤产业比重为48.4%，同比上升3.4个百分点，其中装备制造业比重为9.3%，上升0.9个百分点。固定资产投资结构不断改善。三次产业投资比例由2013年的6.2∶43.3∶50.5变为7.4∶41.8∶50.8，第一、第三产业投资比重分别提高1.2个、0.3个百分点；非传统产业投资占全省工业投资的比重为54.4%，较上年提高1.5个百分点。外贸结构进一步优化。高新技术产品、机电产品出口分别增长16.6%、10.0%。

（三）行政管理体制改革全面提速，市场活力进一步释放

作为转型综改区建设的一项重要内容，2014年，山西进一步简政放权，不断深化行政管理体制改革，为优化发展环境、助推转型升级提供制度保

障。制定实施《山西省人民政府职能转变和机构改革方案》，省、市政府机构改革任务全部完成，县级政府机构改革任务基本完成。全面清理省级审批事项，承接国务院下放行政审批项目共33项，取消、下放和调整减少省级行政审批项目达435项。发布《关于公开省政府各部门行政审批事项的通知》，陆续公布各部门“权力清单”。加快推进投资体制改革，出台2014年版固定资产投资项目管理流程图，下放审批工作量比例高达60%，减少前置条件和中间环节比例50%以上；出台2014年版政府核准投资项目目录，减少省级核准类项目45%以上；发布40个基础设施领域鼓励社会资本投资项目，计划总投资2036.1亿元。全面开展工商登记便利化改革，推行注册资本认缴制，实施企业年报制度，完善市场主体信用公示制度。2014年，新登记公司制企业同比增长67.9%，新增注册资本同比增长39%，市场活力进一步释放。

（四）重大领域改革与发展取得新突破，综改区建设成效显著

《山西省国家资源型经济转型综合配套改革试验2014年行动计划》部署的“3675”年度重点任务全面完成，形成制度性成果文件60个，出台相关推进举措文件86项，百度云计算中心等25个项目建成或部分建成投产（16个项目建设完成）。深入落实国家赋权的三项重大改革，24个低热值煤发电项目获得“路条”。大力推进综合能源基地建设，新增4条特高压外送电通道，外送电能力增加4500万千瓦，《晋北现代煤化工基地产业发展规划》编制完成并上报国家发改委。全面深化煤炭管理体制改革，清理规范涉煤收费项目，着力推进煤炭资源税从价计征改革，大力实施煤焦公路销售体制改革，减轻企业负担320多亿元，撤销全省1487个煤焦公路检查站点。全面推进国资国企改革，启动实施“3311”重点任务。积极化解产能过剩，淘汰落后焦炭产能1058万吨、钢铁产能425万吨、水泥产能110.5万吨、电力产能57.4万千瓦。加快推进城镇化建设，2014年全省城镇化率高达53.79%，较上年提高1.23个百分点。深入实施百企千村产业扶贫开发工程，投资建设233个产业扶贫项目。着力改善

农村人居环境，重点推进“四大工程”建设，完成年度投资计划的102.1%。建立统一的城乡居民基本养老保险制度，实现全省城居保和新农保全面并轨。探索开展节能量交易试点，超额完成全省万元GDP能耗下降3.5%的年度任务。

（五）地市改革呈现新亮点，转型发展步入新征程

各市因地制宜，开展了各具特色的转型综改创新实践，亮点纷呈。太原市突破行政区域界限，深入实施“一区多园”空间战略。运城市加快推进园区化发展集群化招商，出台了《2014年产业集群实施方案》等配套文件。大同市与张家口市、乌兰察布市成功构建晋冀蒙长城“金三角”区域合作平台，着力提升区域综合实力、竞争力和承载力。忻州市确定“飞地经济”首批试点，开展园区共建、结对合作、托管建设等多种合作模式。晋中市全面启动“108廊带”建设，大力推进区域一体化协调发展。阳泉市探索转型综改第三方考核机制，全权委托山西省宏观经济学会考评相关工作。晋城市全面推进“1+9”转型综改试点建设，初步建立巴公扩权强镇试点管理体制。朔州市不断完善组织领导、创业培训、创业服务、政策支持、工作考核五大体系，加快推进创业型城市建设。吕梁市在全省率先实行排污费集中使用，鼓励社会资本和民间资金参与污染治理。临汾市加快推进涝洰河生态建设工程，探索环境保护修复多元投入机制。长治市加快政府购买公共服务，公开招标PM2.5来源解析项目。

二　新常态下山西经济结构均衡发展的新内涵及面临的新形势

当前，全球经济增长依旧乏力，世界各经济体均面临复杂深刻的结构性矛盾，全球分工格局正在加快重塑，中国经济已经步入稳健发展、重调结构、调控出新、动力再造的新常态。面对多重矛盾交织的复杂局面，结构性改革任务更加迫切，山西资源型经济结构均衡发展之路任重而道远。

（一）山西经济结构均衡发展的新内涵

如果用一个词来形容2014年的经济发展，这个词必定是“新常态”。在“十三五”发展前夜，全国上下涌动着“认识新常态、适应新常态、引领新常态”的热潮，这标志着中国步入经济发展向着结构更合理、形态更高级趋势演化的新阶段，同时也赋予山西经济结构均衡发展以新的内涵。首先，新常态下的结构均衡发展以稳定增长为基本前提，只有保持一定的增长速度，才能保证稳定的财政收入，才能在发展中解决更多的结构性矛盾。其次，新常态下的结构均衡发展以动力再造为根本途径，只有通过重塑经济增长动力实现由要素扩张向创新驱动转变，由主要依靠物质资本向更多依靠人力资本、知识资本转变，才能启动山西新一轮的优势再造，立足于更高的起点不断扩大结构均衡发展的广度和深度。最后，新常态下的经济结构均衡发展以调控出新为重要支撑，只有通过宏观调控理论、调控模式及其工具的新调整，才能实现政府角色由直接参与经济活动向注重培育、优化经济环境转变，才能更好地适应当前经济发展呈现的与周期性调整不一样的新现象和新规律。在新常态背景下，要实现山西经济结构均衡发展，需要我们从全面深化改革的高度着眼于经济结构调整，理解好并统筹好结构均衡发展的战略必要性和战术渐进性，循序渐进，稳步开展。

立足“破”字转观念，要坚定信仰、革弊立新、重塑形象，开创结构均衡发展全新局面。所谓立足“破”字转观念，就是要摒弃路径依赖、摆脱速度情结、破除中庸思想，按照经济规律办事。要明确山西煤炭产业“一枝独大”的现状，找准山西“因煤而困”的深层次原因，摆脱单纯依赖要素、投资拉动经济增长的发展老路，跳出资源陷阱和唯煤思路，从供给侧发力推进结构性改革。要“舍”速度“优”结构，以结构调整为依托从根本上衔接山西短期发展诉求与中长期发展目标，通过落差催生创新，着眼长远、着眼全局，以“一马当先”的改革勇气和“金戈铁马”的转型锐气，继续坚持向深水区推进山西改革不动摇。要摆脱不敢作为、不敢担当的“中庸”思想束缚，树立求新求变思想，遇到矛盾不绕、面对困难不躲、解决问题不拖。

立足"新"字促改革，要凝聚共识、创新驱动、攻坚综改，开启结构均衡发展崭新征程。面对新常态下的新环境、新机遇、新挑战和新要求，山西经济结构均衡发展也要有新思想、新办法、新思路和新举措。新常态下重塑增长动力的关键是创新，要推进要素驱动、投资驱动向创新驱动转变，让创新成为驱动经济社会发展的新引擎，加快形成与以往不同的增长结构和动力机制。要把握好稳增长和调结构的平衡点，坚持政策护航稳增长，取舍之间优结构，瞄准结构调整新高度，最大程度增强信心，最大范围凝聚力量，最大限度协同推进。要勇于探索，大胆创新，善于用新思想研究新情况，用新方法破解新难题，用新思路开创新局面，用新举措取得新成效。

立足"常"字谋发展，要坚定信心、顺势而为、稳中求进，谋求结构均衡发展持久动能。面对新常态下的新机遇、新挑战和新要求，要充分认识到发展才是解决山西所有问题的重要前提。在新常态下，必须保持一定的增长速度，保证经济增长换挡而不失速。要树立保持定力、底线民生的常态化思维，以新常态下凸显的新问题为导向，"咬定青山不放松"，继续坚持推动结构性改革不动摇。要秉承去行政化、趋市场化的常态化原则，以全面深化改革开路释放制度红利，推动市场加强公平性、法制性等方面的建设，让市场在资源配置中发挥决定性作用。要坚持既讲质量、又讲效益的常态化做法，把经济增长与结构、质量、效益结合起来，大力实施高端、高质、高效战略，加快由数量扩张型、速度效益型模式向质量效益型模式转变。

（二）山西经济结构均衡发展面临的新形势

1. 全球经济增长依旧乏力，结构性改革任务更加迫切，以结构调整抢占全球价值链高端成为新趋势

金融危机后世界各国为促进经济增长纷纷采取了积极的措施，然而到目前为止，全球经济仍处在危机后的深度调整期。联合国发布的《2015 世界经济形势与展望》显示，2014 年世界经济增长 2.6%，未来两年形势会有所改善，但大幅回暖的概率较小，预计 2015 年世界经济增长率将为 3.1%，

2016 年将为 3.3%。世界经济增长依旧乏力，呈现发达经济体增速分化更加明显、新兴经济体和发展中国家增速全面持续放缓的格局。其中，美国经济复苏态势继续巩固，欧元区经济复苏势头减弱，日本经济陷入衰退。新兴经济体延续了 2010 年以来的持续下滑态势，发展中国家步入增速放缓新常态，不同经济体走势继续分化，无论是发达经济体还是发展中经济体都面临复杂深刻的结构性矛盾。

与此同时，全球分工格局正在加快重塑。为摆脱金融危机带来的阴影，发达国家陆续展开“再制造业化”战略，而发展中国家为实现经济赶超，正在加速推进工业化，这使得国际分工关系更加复杂。以大数据、新能源技术和智能制造为代表的技术进步，加快催生新一轮科技革命和产业变革，推动全球分工重塑。这更有利于处在价值链两端的发达国家，却导致发展中国家将面临更为严峻的挑战。

2. 中国经济步入新常态，“三期叠加”压力不断加大，以结构调整重构经济发展平台成为新动力

中国经济在过去的 30 多年里保持了近 10% 的高速增长率，创造了世界瞩目的“中国奇迹”。然而，面对内在支撑条件和外部需求环境发生的深刻变化，中国经济增长目标逐步向合理区间“收敛”，步入稳健发展、重调结构、调控出新、动力再造的新常态。2014 年中国 GDP 同比增速为 7.4%，经济由高速增长转为中高速增长（见图 1）。中国科学院预测科学研究中心预测 2015 年我国 GDP 增速约为 7.2%，且会呈现前低后高的趋势。新常态下的中国经济将呈现产业结构优化升级、经济增长动力转换、资源配置方式转变等一系列新的特征与趋势，这些新的特征与趋势将推动中国经济向结构更合理、形态更高级的阶段演化。

然而，我国工业化、城镇化建设的任务还远未完成，在探寻经济发展新动力、新平衡过程中，增长动力结构、要素投入结构、产业结构、地区结构、城乡结构、收入分配结构等制约转型升级的诸多结构失衡问题“水落石出”。面对“三期叠加”的巨大压力，中国要想实现增长动力转换，实现增长速度“下台阶”和增长质量“上台阶”，迫切需要加快转变经济发展方

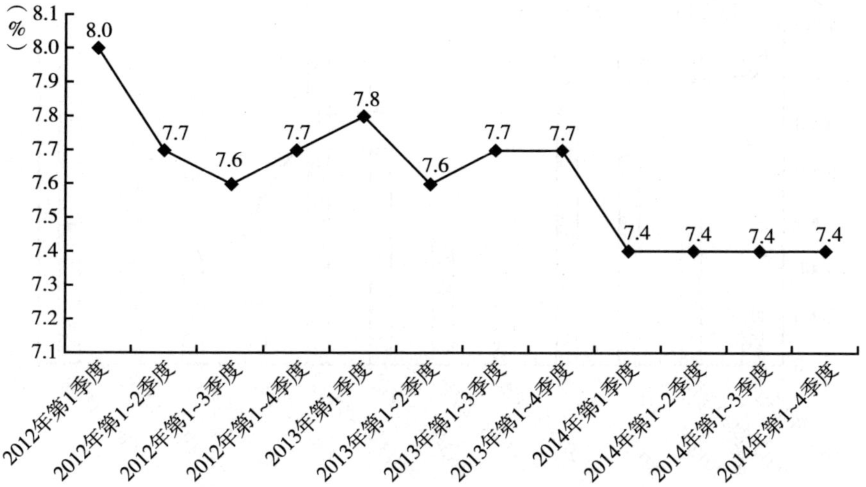

图 1　中国 2012～2014 年各季度 GDP 增速

资料来源：根据中华人民共和国统计局相关数据整理而得。

式，坚定不移地推动结构性改革。

3. 山西经济增长形势严峻，深层次结构性矛盾凸显，以结构调整加速“六大发展”成为新要求

伴随着宏观经济的常态化发展，山西资源型经济结构均衡发展面临更加严峻的形势，结构均衡发展压力进一步增大。如图 2 所示，2014 年 GDP 总量为 12759 亿元，实际增长速度为 4.9%（上年同期为 8.9%），远低于年初预期 9% 的目标和其他省市指标值。“断崖式”下滑态势暴露出山西更加深层次的结构性问题，增长动力不足、产能过剩严重、资金链紧绷等结构性矛盾亟待解决。在巨大的下行压力下，破解过度依赖资源性产业而造成的“产业结构锁定”“塌方式”腐败而造成的“利益链条锁定”、政府干预过多而造成的“转型模式锁定”等“锁定性”发展困局，实现减速而不减势、结构均衡发展成为破解资源型经济转型之难的首要之举。

作为资源型经济地区，山西的转型之路必将比其他省份走得更加艰难，必将经受更长时间、更大强度的“阵痛”，“转方式、调结构”仍将是山西未来发展的主线。在稳定增长、动力再造、重调结构、强力改革高度融合的

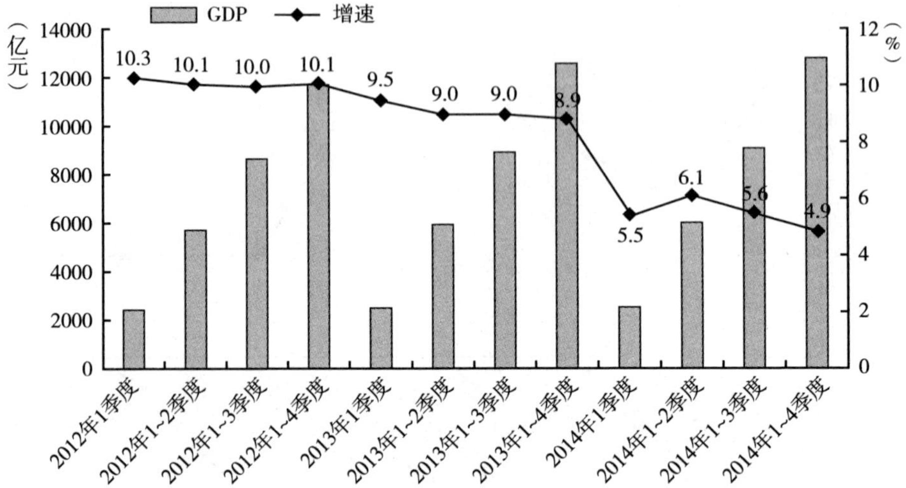

图2　山西省2012～2014年各季度GDP及其增速

资料来源：根据山西省2012～2014年国民经济和社会发展统计公报相关数据整理而得。

大背景下，山西要坚持以平常心应对新常态、把握新常态和积极适应新常态，抓住换挡机遇期和最后关键窗口期，依靠创新驱动突破低端“锁定性”困局，以结构调整加速“六大发展”，努力开创弊革风清、富民强省的新局面。

三　山西资源型经济结构失衡的表现及其形成机理

转方式、调结构是适应经济新常态的理性选择，是实现转型跨越发展的现实路径，是抢占新一轮经济发展制高点的必然要求。当前山西结构不均衡问题突出，六大结构调整“阵痛”相互交织，严重制约了经济发展质量和效益，亟须正确分析结构失衡的形成机理，探寻实现结构均衡发展的路径。

（一）山西资源型经济结构失衡的表现

1. 长期依赖投资拉动的非均衡需求结构

山西需求结构的不均衡，主要表现在内需与外需、投资与消费以及消费结构内部的失衡。近年来，山西进出口对经济增长的贡献基本为负，对外贸易依存度低。经济增长主要依赖投资，致使投资率偏高，消费率偏低（见图3）。在消费结构内部，政府消费比例不断增加，抑制了居民消费水平。长期主要依赖投资的经济增长方式，增加了山西经济的不稳定性，不利于经济良性循环发展，亟须处理好扩内需与稳外需、增投资与扩消费、扩居民与限政府的关系，促进经济增长向依靠消费、投资、出口协调拉动转变，充分发挥消费的基础作用、投资的关键作用和出口的支撑作用。

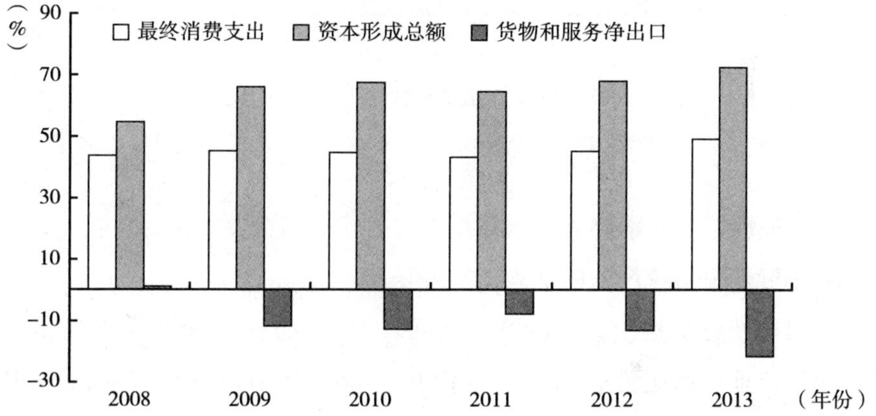

图3　2008～2013年三大需求对GDP增长的贡献率

资料来源：根据2009～2014年《山西统计年鉴》相关数据整理而得。

2. 倚重一般性生产要素的非均衡要素投入结构

在旧常态下山西的经济增长是以牺牲环境为代价的，主要拼的是资源能源、资金和劳动力等一般性生产要素，而人的创造潜力和科技创新没有充分发挥作用（见图4）。2013年山西综合科技进步水平指数为43.2%，比全国平均值低6.85个百分点；全省仅有5个“两院”院士，占全国的0.3%。这种不均衡的要素投入结构，造成了能源资源消耗较多，环境压力不断加大，资源环境的约束日益突出。当前，山西万元GDP能耗远远高于全国水平，烟粉尘、二氧化硫、氮氧化物排放总量仍居全国前列。经济增长和资源环境承载能力的矛盾倒逼山西进行要素投入结构转型，即经济增长由原来主

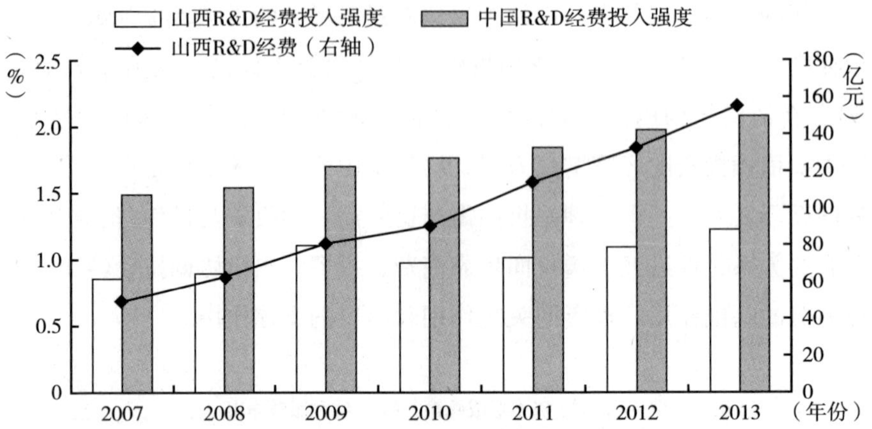

图4　2007～2013 年山西研发投入经费与全国比较

资料来源：根据 2007～2013 年全国科研经费统计公报相关数据整理而得。

要依靠一般性生产要素拉动向依靠技术、人才等高级要素拉动转变。

3. 主要倚重传统产业的非均衡产业结构

在山西产业结构中，三次产业之间发展不均衡，产业内部结构的不合理，使得产业升级迟滞。从产业结构看，2013 年山西三次产业占 GDP 的比重为 6.1∶53.9∶40，第二产业比重相对较大，仍是“发展主力”，第二产业内轻工业与重工业结构严重失衡，其发展还是主要围绕煤炭、焦炭、冶金、电力四大核心传统主导产业（见图 5）。2014 年底，山西重工业与轻工业比重仍高达 93.8∶6.2。第三产业中生活性服务产业长期占主导地位，即批发和零售业、住宿和餐饮业以及劳动服务业等占第三产业产值的比重较大，而较高层次的生产性服务业，如高新科技开发、教育、金融等占第三产业产值的比重偏低。这种产业的畸形发展，严重影响了经济结构的转换升级。当前山西经济下行压力较大，亟须进行产业结构调整，培育新的增长点。

4. 国有经济比重过大的非均衡所有制结构

山西所有制结构不太合理，国有经济比重过大的问题依然突出。国有企业数量多，广泛分布在矿产资源、能源原材料、交通运输等国民经济的上游

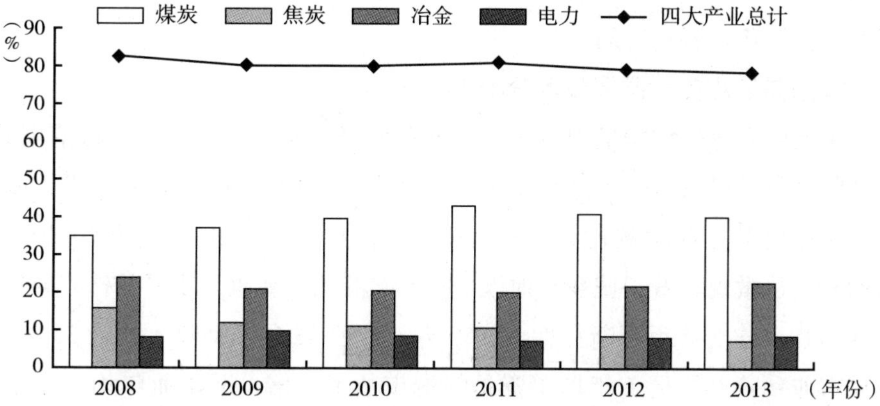

图5　2008～2013年山西煤炭、焦炭、冶金、电力四大产业占工业增加值的比重

资料来源：根据山西2008～2013年国民经济和社会发展统计公报相关数据整理所得。

产业和公共服务领域。在山西第二产业和第三产业中，国有企业占比为3.69%，比全国高2.29个百分点。大型国有企业主要集中在重工业领域，特别是煤炭行业，资源依赖问题严重；普遍存在“一股独大”、政企不分、政资不分的现象，企业管理问题突出；部分保持垄断地位，对民营经济等其他经济主体发展的挤出效应明显。国资国企改革困难重重，是山西改革的重头戏。需要以发展混合所有制经济为突破口，大力推动国有企业向公共服务、战略性新兴产业、基础设施等重要领域集中，充分调动国有企业和非国有企业的积极性，共享资源，共同发展。

5. 动静交织的非均衡城乡二元结构

山西的城乡二元结构有静态和动态之分。静态城乡二元结构是计划经济体制的产物，其实质是城乡分治，导致农民和市民之间权利不平等。动态城乡二元结构是市场化改革的产物，其实质是城市内部分治，导致外来人口与本地人口权利不平等。2013年，太原市分别有67.93万乡村人口和104万外来人口受静态城乡二元结构和动态城乡二元结构的直接影响。双重非均衡的城乡二元结构，导致公共资源和基本公共服务向城镇和城镇户籍居民倾斜，农村发展落后于城市。只有既统筹兼顾本地城乡户籍居民权益，又统筹兼顾本地户籍居民与外来人口的权益，才能全面破除城乡二元结构，真正形成城乡一体化发展新格局。

6. 双重非均衡的国民收入分配结构

山西收入分配结构呈现双重非均衡的特征。从宏观上看，在政府财政、企业收入与居民收入分配结构中，居民所得占GDP的比重有所下降，而政府和企业所得占GDP的比重不断上升（见表1），国民收入分配进一步向政府倾斜。从微观上看，城乡、地区、行业间的从业者收入水平悬殊，导致居民间的收入分配差距不断扩大。2013年，山西城乡居民收入比为3.14∶1；晋城市非私营单位员工年均工资是临汾市的1.4倍；采矿业年均工资是水利、环境和公共设施管理业的3.04倍。收入分配结构的不平衡、不公平会引发利益分化，激化各收入群体之间的矛盾，不利于社会的稳定发展。需要深化收入分配制度改革，加快调整收入分配结构，最终形成“橄榄型”收入分配格局。

表1　2009～2012年山西省国民收入分配情况

单位：%

年份	居民所得份额	企业所得份额	政府所得份额
2009	45.86	38.80	15.34
2010	39.54	44.13	16.33
2011	41.61	42.08	16.31
2012	43.91	39.66	16.43

资料来源：根据2010～2013年《中国统计年鉴》整理而得。

（二）山西资源型经济结构失衡的形成机理

山西“六大结构”失衡问题由来已久，且彼此关联、互相影响，增长动力结构失衡是要素投入结构、所有制结构和产业结构失衡的重要原因，产业结构失衡促成了城乡结构失衡，城乡结构失衡进一步导致收入分配结构失衡，收入分配结构失衡又间接造成增长动力结构失衡。而所有这些结构失衡问题并非一蹴而就，其形成有着长期的历史渊源和深刻的体制根源。

1. 保守落后的思想观念是结构失衡的首要原因

山西有着极其深厚的文化底蕴，然而传统观念中封闭落后的“官本位思想”“中庸思想”“小农思想”等逐渐成为山西经济发展的思想包袱，极大地制约了山西推进体制机制改革的活力与魄力。经济结构的优化升级须有一套完整的制度体系作为支撑，然而山西当前相对滞后的体制机制建设并不能适应经济结构调整的要求，体制机制改革强综合而弱协同，导致结构失衡问题长期存在。

2. 经济发展战略调整失范是结构失衡的直接原因

山西经济的非均衡结构肇始于优先发展重工业的非均衡战略，加之长期以来唯 GDP 论的指引，“重增长、轻质量，重总量、轻结构”的观念盛行。政府通过高投入为工业发展提供原始积累，使其长期享受较低的利率、劳动力、原材料等要素价格，这也意味着其他领域在对工业的发展进行补贴，极大地抑制了其他领域的资本积累和均衡发展。

3. 资源型经济发展的路径依赖是结构失衡的主要原因

凭借丰富的矿产资源，经过长期的探索与发展，山西逐渐形成了“一煤独大、四柱擎天”的特色资源型经济体系。而在这个过程中，越来越多的人以更少的付出获得了更多的收益，逐渐形成一大批非正式的契约关系，构成庞大的利益群体，并且拒绝接受更加有效率的制度安排。山西经济体系发展也由此长期陷入低效率、非均衡的锁定状态。

4. 市场运行机制不健全是结构失衡的根本原因

相比东部地区发达省份，山西更加封闭落后，长期以来政府过多的行政干预在相当程度上形成了对市场的替代，导致市场功能严重弱化，延缓了要素市场价格形成体系的改革步伐，极大地降低了资源配置的效率。不完善的市场体系和不健全的市场运行机制致使资金、劳动力、技术、信息等生产要素在地区之间、城乡之间、行业之间分布不均衡，进而造成了一系列失衡问题。

四　加快推进山西资源型经济结构均衡发展的政策建议

主动适应经济发展新常态，山西必须进一步创新理念，坚定不移地推动结构性改革，加快实现“六大结构”均衡发展，即在由需求拉动向供给推动转变过程中实现增长动力结构均衡发展，在破解生产要素供需矛盾过程中实现要素投入结构均衡发展，在做好煤与非煤两篇大文章过程中实现产业结构均衡发展，在增强各类所有制经济活力过程中实现所有制结构均衡发展，在坚持新型城镇化与新农村建设协同推进过程中实现城乡结构均衡发展，在构建“橄榄型”分配格局过程中实现收入分配结构均衡发展。

（一）以重点领域和关键环节改革为突破口，全面深化改革，在由需求拉动向供给推动转变过程中实现增长动力结构均衡发展

1. 进行适当合理、积极高效的需求侧管理，维持需求的稳定性，减缓经济波动

要放弃主要依靠需求拉动的定向思维，并不是说就不再依靠投资、消费和出口这“三驾马车”，而是合理、适当地使用之，以达到维持稳定、减缓波动的效果。要把稳定投资作为重点。山西是最为典型的资源型省份，上游产业比重较大，地区经济对投资变化的反应更敏感、更直接，要充分利用山西巨大的投资需求空间，通过财政制度和金融制度的创新，建立可持续的、适应新常态的投融资体制。要加大山西城市地下网改造、城市和农村基本设施建设等民生工程的投资力度，从需求侧形成增长的新动力。要围绕习近平总书记关于“推动能源消费革命”精神指导，落实“全国工业领域电力需求侧管理工作座谈会”精神，大力推进山西工业领域电力需求侧管理工作。积极引入绿色金融和保险服务支持模式，带动社会资金参与电力需求侧管理工作。同时，要在扩大内需中逐步增强对经济增长的拉动力。投资需求是中间需求，投资所形成的生产能力及其所生产出来的最终产品和服务必须有相

应的消费能力将其消化，要加大对需求侧的补贴力度，充分发挥消费需求在经济增长中的巨大潜力和作用。要以新型城镇化发展为契机，突出“新型”之意，牢筑“民生”之基。在居民消费从模仿型排浪式阶段进入个性化、多样化阶段的大形势下，山西要紧紧抓牢物联网、云计算和第三次工业革命的重大战略机遇，通过互联网思维改造传统产品形态、消费方式和商业模式，实现传统消费和信息消费有机融合。要增加文化产业产品和服务供给能力，解决好文化产品数量多与难以满足消费需求之间的结构性矛盾。探索群众文化需求反馈机制，及时、准确地了解和掌握群众文化诉求，推进山西文化消费市场向“原创化”“大众化”发展，着力提供质优价廉的大众文化产品，满足群众潜在的文化需求。

2. 充分发挥市场配置资源的决定性作用，依靠制度、结构和要素供给，推动经济可持续发展

要加快建立与完善统一开放、竞争有序的市场体制，实行统一的市场准入制度，反对市场垄断和不正当竞争，提高资源配置的公平性。要在构建政府与市场的新型关系中，依靠新的制度供给推进动力转型。要处理好政府与市场的关系，规范政府职能和行为，进一步推进行政审批制度改革、简政放权、政务服务平台建设，加快政府从管理本位向服务本位转变，加快服务型政府和效能型政府转型步伐。在形成开放型经济新优势中，创新技术要素供给推进动力转型。进一步实施“走出去”战略，充分利用国际资源引进高端技术项目。推进协同式创新，突破企业和产业层面的技术创新局限，把政府也作为一个重要的自主创新主体，构建政府、大学、科研院所等创新要素参与其中的协同式创新体系。在以调整经济结构为主攻方向的过程中，优化结构供给推进动力转型。要把宏观调控的重点放在结构调整上，坚持以质量和效益为中心，加快结构调整和发展方式转变，不断优化升级产业结构、所有制结构、产品结构、区域结构和城乡结构。

3. 突出创新驱动经济发展的引擎作用，积蓄发展势能，重塑经济增长动力

要推进要素驱动、投资驱动向创新驱动转变，让创新成为驱动经济社会发展的新引擎，积极发现和培育新的增长点。要加快改善创新环境，落实好国家促进创新的一系列政策，加快形成与以往不同的增长结构和动力机制，既保持经济增速处于合理区间，又为调整经济结构和深化改革开放留出合理空间。通过科技体制改革、资源性产业价格改革、中小企业融资机制改革等一系列供给端的机制创新，有效对冲成本上升压力，保持增长的可持续性，激发有活力、有潜力的制度供给，最大限度地释放制度红利。

（二）以提升自主创新能力为核心，推进体制机制创新，在破解生产要素供需矛盾过程中实现要素投入结构均衡发展

1. 提高资源要素的配置效率，推进资本、资源、劳动力的高效集约使用与技术进步的耦合共进

从要素投入的角度看，新常态下的经济增长必须改变以往单纯依靠资本、资源、劳动力的大规模、粗放式投入方式，转向依靠投入要素的高效、集约使用和技术创新的协同共进。要充分发挥市场配置资源的决定性作用，充分激发劳动、知识、技术、管理、资本等要素的活力，充分运用市场机制进行商品服务定价和资源分配，让一切创造社会财富的源泉充分涌流。充分发挥技术在“转方式”“调结构”中的支撑作用，为实现黑色煤炭绿色发展、高碳资源低碳发展、资源型产业循环发展等提供科技支撑。发挥山西科技创新城的集聚优势和创新活力，通过提供完善的配套设施、强大的人力智力资源以及政策优惠等服务，吸引更多的科技单位进驻。

2. 推进体制机制创新，助力从资源依赖向创新驱动转变，从全能型、管理型政府向有限型和服务型政府转变

要深化科技体制改革，紧密结合山西科技创新城建设，创新企业化运作机制，把培养科技领军人才、鼓励支持各种人才创新创业作为战略性举措切实抓好。构建全面实效的政、产、学、研、资、介“六位一体”服务体系，吸引各地各类科技单位进驻科技创新城、高新技术产业园区等。要以财税金融体制改革为抓手，加大增收节支力度，确保重点资金需求，提升财政金融对实

体经济的服务保障能力，激发民营经济发展活力，营造良好的金融生态环境。创新科技投入机制，利用金融市场融资，促进产业、科技、资金有机融合，力促实现科技上下游密切合作、良性互动。深入推进行政管理体制改革，进一步转变政府职能，打造“服务型政府”。抓好山西27个“扩权强县”试点工作，减少管理层次，提高行政效能，带动县域经济驶入高效管理“快车道”。以建设法治政府为目标，创新社会治理体制，建立多元主体参与的现代城乡社区治理体制，充分发挥社会组织在专业性、协调性、公益性事务与服务上的主体性。加快推进土地制度创新，进一步推进山西农村土地制度改革，针对土地确权过程中出现的难点问题，尽快出台提高确权效率的政策法规。探索多元的土地征收补偿标准，在推进城乡一体化进程中保障农民的切身利益。

（三）以产业高端化升级为导向，加快构建现代产业发展新体系，在做好煤与非煤两篇大文章过程中实现产业结构均衡发展

1. 进一步优化投资结构，促进投资结构与产业结构调整相适应

着力改善投资结构，重视把握投资导向，坚持有扶有控，提高投资质量和效益。着眼于构建新型山西现代产业体系，优化投资结构，以优化投资增量和调整投资存量为主要手段，进一步调整三次产业的投资结构，努力提高资本使用效率。加大对高新技术产业、新能源、新材料、节能环保、现代服务业以及公益性项目的投资力度，瞄准一批大项目、好项目，促进形成新的经济增长点。把好项目引进和选择关，避免低水平重复性建设。增加技术创新投资，大力扶持优质高效农业、工业技术改造与创新、高新技术成果的引进和转化，在建立特色鲜明的新型现代产业体系、提高产业核心竞争力方面加大投资，全面提升产业技术水平。优化投资主体结构，大力吸引社会资金和民间资本，加快研制促进民间投资发展的具体实施办法，制定出台支持民间投资操作层面的相关专项政策文件。进一步拓宽民间投资的覆盖面，引导民间资本以独资、控股、参股等方式参与基础产业发展和支持煤炭产业向“六型”转变，鼓励民间资本投向节能环保、生物制药等新兴产业。强化投资信息网络平台建设，快速、广泛地向社会各领域公布地方产业政策、发展

建设规划、市场准入标准等信息，合理引导民间投资。严格限制高投入、高消耗、高污染、低效率的投资，积极引导资源型企业转型升级，实现产业结构与投资结构的合理化发展。

2. 深化产业结构战略性调整，加快构筑特色鲜明的现代产业新体系

消解产能过剩的市场因素和体制因素，完善优胜劣汰的市场竞争机制，有效整合过剩产能。构建科学合理的统计体系，建立产能过剩的预警机制。实施企业“走出去”战略，转移低端过剩产能。提高项目市场准入标准，从严控制新增产能。更加重视利用网络化、数字化、智能化等技术改造提升传统产业，促进煤、焦、钢铁等向新型煤化工、煤焦油、煤电一体化、精品钢材、先进装备制造业延伸。持续拓展传统产业产品创新思路，推动煤炭、焦炭、冶金、电力等传统产业产品向精深加工和高端产品延伸，构建传统产业新型化发展格局。大力发展风能、太阳能、生物质能等新兴能源产业，积极发展轻型通用飞机、纳米材料等具有高附加值的新兴制造产业，着力发展汽车新能源装备、新型电子装备等具有潜力的新兴装备产业，鼓励发展云计算、物联网、大数据等新兴信息化产业，加快发展半导体照明、低温余热发电装备等节能环保产业。充分利用山西的历史文化优势，进一步开发晋商大院、佛教圣地等旅游资源，打造具有山西特色的生态旅游、绿色旅游等新型旅游产品，进一步打响“晋善晋美”文化旅游品牌。加速发展现代物流、创意产业、研发设计、健康服务等新兴服务业。创新驱动现代农业发展，加快新技术、新品种、新农机研发推广应用，引导农民瞄准市场调整种养结构。创建农业标准化示范基地，继续加大地理标志产品的开发与保护力度，打造特色农产品品牌。

3. 深化政产学研用协同创新，加快构建产业技术创新战略联盟

进一步深化科技体制改革，加快形成以企业为主体，以市场为导向，政、产、学、研、用相结合的区域科技创新体系。进一步完善政、产、学、研协同互动机制，充分发挥政府在协同创新战略中的引导协调作用，建立鼓励省内外各行业的优秀企业、高等学校和科研院所采用协同研究、委托研究、联合开发、技术指导的互动协作机制，充分释放协同创新效应。设立基础研究、前沿技术、重大共性关键技术和社会公益技术研发专项资金，创新科技重大专项组织管理与实施体制机制。强化企业在技术创新中的主体地位，鼓励省属国有企业设立国家级、省级研发机构和技术中心。进一步加强科技创新平台和协同创新中心建设，汇聚多方创新资源，组建产业技术创新战略联盟。启动建立“大数据”中心，建设有重大技术突破和重大产业需求的科技成果数据库，构建集研发设计、检验检测、知识产权、技术交易和市场营销于一体的科技创新综合服务平台与科技成果转化平台。引入“双轮驱动”理念，高起点推进山西科技创新城建设，积极争取比照执行中关村国家自主创新示范区相关优惠政策。完善科技人才发展机制，重点培养一批科技领军人才，落实科技人员股权激励政策，建立与产业转型相适应的人才教育、培养和引进体系。

（四）以国企股权多元化改革为抓手，加快发展混合所有制经济，在增强各类所有制经济活力过程中实现所有制结构均衡发展

1. 以股权多元化改革为突破口，大力推进国有企业“去行政化”改革

通过员工持股、引进资本等方式，对国有企业实施股权多元化改革。通过管理层和员工层的共同持股，调动员工工作的积极性，推进国有企业高效化发展。不仅要引入资金，从形式上实现股权的多元化，还要从根本制度上进行体制机制创新，按照市场化要求真正建立现代企业制度，鼓励非公资本参与国有企业改制重组，保证不同所有制利益诉求的统一。加大国有企业“去行政化”改革力度，切实推进国有企业负责人管理体制改革。建立国有企业职业经理人制度，深化国有企业负责人薪酬制度改革。对企业负责人建立市场化的选人、用人和激励约束机制，制定完善的职业经理人业绩考核办法。要改变国资管理现状，完善国有资产管理体制。将功能类国有企业逐步改组为国有资本投资运营公司，对关键领域和重点项目的投资进行宏观把握和统筹管理，先易后难、分步推进。还要进一步完善国资监管体制，深入推进经营性国有资产集中统一监管，积极探索以管资本为主的国资监管新模式，多方协调、强化监管，建立健全国有资产监管体系。充分释放资本市场

在支撑国有企业改革中的重要力量，提高山西国有企业的证券化率。给定国有企业证券化率，改善国有企业财务结构，探索以能效信贷为基础资产的信贷资产证券化试点工作，推动发行绿色金融债，扩大能效信贷融资来源。加大国有企业资产证券化和混合所有制嵌合力度。立足山西国有企业长期以来的地位优势和资源优势，深度改革、转型创新，推动国有企业改制上市，提升国有企业内在素质，创造更大的社会价值。

2. 通过“混改”注入行业长足发展正能量，进一步拓宽民营企业准入领域

要强化企业的市场主体、投资主体以及创新主体地位，强化各类所有制企业依法公平、公正参与市场竞争。推动以市场为导向的企业兼并重组，促进生产要素由低效率企业向高效率企业流动。建立完善便捷的市场准入通道，在资源开发、金融、电信、公用事业等领域，向非国有资本开放一定的项目，形成示范带动效应，吸引民间资本进入市政工程、公共服务、金融服务等民生领域，做到凡是能放手让民营企业经营的，一律放手让民营企业经营管理。在允许民间资本进入的垄断行业和垄断领域，列出允许民间资本参股、购买、转让等多种合作方式的项目清单，如在石油领域放开加油站业务、在通信领域的销售端建立混合所有制等措施，鼓励民间资本发起设立民营银行、金融租赁公司等金融机构，通过引入竞争机制，实现从垄断行业竞争性业务逐步到整个垄断行业的“混合化”。研究、梳理、落实好促进民营经济创新发展和混合所有制经济跨越发展的配套文件。向社会明确公布开放哪些国有企业、允许民间资本进入哪些行业的项目“正面清单”，全面清理各种准入障碍。分类推进国有企业改革：对于一般竞争类国有企业，要坚持公开透明、平等合作、公平竞争，积极推进、全面开放、有序退出；对于特定功能类国有企业，要做到在保证一定控股比例的基础上，积极引入民间资本、社会资本，实现互利共赢、共同发展。同时，还要准许民营企业合作组建集团，扩大资本总量，参与国有企业改革，完善现代企业制度和公司法人治理结构。民营企业还要防止误入产能过剩行业，防止腐败利益链渗入，防止低效重复投资。

（五）以城乡基本公共服务均等化为着力点，健全城乡共融、一体发展长效机制，在坚持新型城镇化与新农村建设协同推进过程中实现城乡结构均衡发展

1. 积极推进城乡一体化发展体制机制创新，多举统筹城乡社会事业发展

建立城乡一体的就业政策。建立城乡统一的劳动力市场和就业服务制度，制定平等的行业准入政策，把就业管理服务工作延伸到村和社区，形成市、县、乡、村（社区）四级互联互通的就业管理服务体系。扩大现有的面向城镇劳动者就业再就业优惠政策的覆盖面，逐步向农村劳动者延伸。建立健全农村劳动力转移就业长效机制，充分发挥基层服务平台作用，提高农村劳动力规模转移的组织化程度。建立跨地区就业劳动力管理信息沟通机制，构建城乡统一的供需信息交流系统与制度，逐步延伸覆盖半径。持续推进户籍管理、社会保障和职业培训等制度创新，消除农村劳动力进入城市就业的体制障碍。

推进城乡一体的教育事业发展。深化教育体制改革，完善以市（区）县政府管理为主的农村义务教育管理体制。探索推进统筹城乡教育综合改革试验区建设、教育体制改革试点项目，深化教育质量综合评价、职业教育产教融合改革。加强农村与城镇校舍的建设、维护及教学设备的更新，实行公办学校标准化建设和校长、教师交流轮岗制度，缩小城乡之间办学条件差距。建立农村居民转变为城镇居民和进城务工人员子女就学保障机制，健全家庭经济困难学生资助体系。完善城市对口支援农村教育帮扶制度，构建利用信息化手段扩大优质教育资源覆盖面的有效机制，加快农村中小学现代远程教育工程建设。

创新城乡文化联动发展机制。建设城乡一体的公共文化服务网络，构建以城带乡、城乡文化联动发展机制，加大城市先进文化向农村辐射的力度。建立城乡文化帮扶责任制，将农村文化建设发展情况纳入创建文明城市的评价指标之中。构建城乡公共文化设施互联互通、共建共享机制，推动城乡公共文化设施功能扩展，不断提高其使用效能。深入推进国家文化和自然遗产

保护、历史文化名城保护、抢救性文物保护工程，加强对农村优秀民间民俗文化资源的系统发掘、整理和保护。

构建城乡一体的社会保障制度。深入落实全民参保登记计划，加快推进城乡基本养老保险人员全覆盖。全面推进和完善基本医疗保险市级统筹，缩小不同区域、不同人群间的政策差别。健全社会保障待遇正常调整机制，结合居民收入水平、物价变动和财政承受能力等情况，适时调整职工和城乡居民基本养老保险待遇。促进城乡低保和户籍制度改革的有效衔接，进一步明确低保标准和调整办法，统筹农村“五保”供养和城市“三无”人员救助制度安排。加快完善社会保险、社会救助、社会福利、慈善以及老年人、残疾人权益保障等方面的法律法规，并将社会保障法律法规贯彻落实情况列为政府绩效评价的重要内容。

2. 协同推进新型城镇化与新农村建设，加速城乡公共资源配置有效对接

加快高品质城镇化进程。加快推进规模城镇化向人口城镇化转型，创新新型城镇化体制机制，促进工业化、农业现代化与城镇化良性互动。创新城镇化推进方式与协调机制，分层次、分模式推进大县城及乡镇建设，引入智慧城市、数字乡镇等崭新理念，探索县城及乡镇城镇化新模式。创新百镇建设机制，依据吸纳人口数量及经济实力赋予镇相应的管理权。深入推进矿区城镇化，开展“以矿建镇”试点建设，统筹大型煤矿与城镇化建设协调发展，充分发挥产业化对城镇化的带动作用。着力构建规范透明的城镇化建设投融资长效机制，鼓励社会资本进入公用设施投资领域，促进城镇化建设投融资主体多元化发展。

加快推进新农村建设。加快推进生态畜牧经济区和现代农业示范区建设，深入实施“一县一业”“一村一品”工程，加快推进杂粮产业、畜牧产业、设施农业、中药材产业、酿造产业等七大产业振兴。加快新型农业经营体系建设步伐，探索建立家庭经营、集体经营、企业经营等多种农业经营方式协同发展机制。加快建设农业科技创新服务平台，全力推进农业标准化、信息化。创新农技推广服务模式，全力培育懂技术、会经营的新型农民。深入实施百企千村产业扶贫开发工程，着力推进贫困地区新农村建设。建立现代农村金融制度，构建完善财政支农、金融支农政策体系，创新财政支农与金融支农联动机制。加快采煤沉陷区治理和农村危房改造进度，加大农村环境污染整治力度，逐步改善农村生产生活条件。

推进城乡双向互动发展。全面加快新型城镇化、工业化、信息化和农业现代化“四化”同步，推进城乡区域协调发展。建立健全城乡统筹发展工作机制和管理体制，探索构建财政转移支付与农业转移人口市民化相挂钩的机制，统筹推进城乡规划、要素资源配置、城乡社会管理、基础设施和公共服务等一体化。统筹推进城乡土地制度一体化，合理安排和调控城乡用地布局，建立统一的城乡建设用地有形交易市场和交易门户网站，深入推进城乡建设用地增减挂钩等改革试点。有效整合财政支农资金，鼓励社会资本投向农村建设。探索建立劳动力、资金、信息等在城乡之间合理配置的机制，推动城乡之间生产要素的自由合理流动。

（六）以初次分配改革为重点，加快健全再分配调节机制，在构建“橄榄型”分配格局过程中实现收入分配结构均衡发展

1. 更加重视制度顶层设计，完善收入分配调控体制机制

在完善现有收入分配制度的基础上更加重视制度的顶层设计。在统筹规划、顶层设计的指导下，以百姓认为最突出的问题作为突破口，通过改革尽快取得成效并逐步推进收入分配制度法制化和合理化，不断增强人们对深化改革的信心。将初次分配与再分配视为有机整体，不仅要从再分配环节的总体水平及其合理结构入手，更要扩展到初次分配环节的薪酬体系改革。加大国民收入向个人倾斜的政策力度，调整政府、企业和个人之间的分配关系。完善按要素分配的收益分配制度，调整资本要素所得与劳动要素所得之间的比例关系。健全现代支付和收入监测体系，整合社保、银行、工商、民政、住房、税务等相关部门信息资源，建立健全社会信用体系和收入信息监测系统。强化用人单位工会、职代会的民主监督作用，强化各级工会的民主维权作用，发挥好新闻媒体对收入分配制度改革的正面宣传及信息披露作用，增强收入分配的透明度。

2. 破除既得利益群体阻力，加快居民收入分配体系改革

以重点领域改革为突破口，加快推进薪酬制度改革。研究部署国有企业高管薪酬制度改革，大力规范高管的福利待遇和职务消费，健全高管薪酬福利监管制度和机制。建立以工资谈判协商制度为重点的劳动者报酬增长保障机制，合理提高最低工资标准。不断深化公务员工资制度改革，建立健全公务员工资收入分配宏观调控机制和工资正常调整机制。加快推进事业单位分类改革和收入分配制度改革，大力规范各种隐性收入、不规范收入，建立与所提供公益性服务质量、数量挂钩的事业单位工资收入调整机制。探索建立农民收入多元化稳定增长长效机制，以财产性、工资性收入为重点拓宽农民收入渠道，完善并落实土地征用和出让收益分配制度，健全对被征地农民合理、规范、多元的保障机制。深化财税体制改革，切实减轻中小企业税费负担，强化对垄断行业税收和税后利润的征收。健全收入监管调控政策体系，建立个人收入和财产信息系统。

在全面深化改革的关键之年、攻坚之年，山西要准确认识新常态、适应新常态和引领经济新常态，紧跟“四个全面”时代步伐，深刻把握“五位一体”战略布局，进一步转变政府职能，促进市场发挥决定性作用，深挖综改区建设机遇，释放结构均衡发展红利，主动作为、锐意改革、攻坚克难，以“六大发展”加快实现山西资源型经济结构均衡向纵深推进。

综合分析篇

Comprehensive Analysis

B.2

山西转型综改区建设绩效评价及对策研究*

“山西转型综改区建设跟踪调研与发展对策研究”课题组**

摘 要： 在中国经济迈入新常态的大背景下，山西经济发展却不顺利，出现了“断崖式”下滑。面对愈加严峻的经济形势，山西要加快推进转型综改区建设，以转型促发展，以改革增活力，积极主动适应经济发展新常态。基于此，本报告针对山西转型综改区实际发展情况和自身特点，结合山西未来发展的需要，构建了山西转型综改区建设绩效评价指标体系，并

* 本报告为山西省软科学研究项目“山西转型综改区绩效评价及发展对策研究”（2013041001－02）的研究成果，课题主持人：顾颖。原报告共3.5万字，在收入本书时做了必要的压缩修改。

** 顾颖，太原师范学院经济系，教授、山西大学硕士生导师，山西大学中国中部发展研究中心特聘研究员，主要研究方向为制度理论与转型发展；李志强，山西大学中国中部发展研究中心；陈泽珅，山西大学经济与管理学院。

运用熵值法对山西转型绩效进行测评，分析转型综改对山西发展的影响。深入推进山西资源型经济转型，统筹经济、民生、生态三大领域，加强体制机制建设，实现山西全面协调可持续发展。

关键词：转型综改　熵值法　绩效评价

当前，全球经济已经进入深度调整与再平衡的“磨合期”。发达国家逐步走出经济困境，开始复苏，而新兴经济体却面临更大的经济下行压力，增长明显放缓，世界经济格局正在不断调整变革。我国经济在经历了30多年的高速增长后，开始进入中高速增长阶段，经济发展迈入新常态。稳增长、调结构、寻找经济发展均衡点，是中国经济发展的必由之路，也是山西转型发展的必经之路。面对经济发展“锁定性”困局和“立体型”困扰，山西要紧紧抓住最后关键窗口期，主动适应经济新常态，加快推进转型综改攻坚，促进“六大发展”。因此，科学评价山西转型综改区建设效果，分析转型过程的得与失，对于破解“山西之难”、实现山西省全面协调可持续发展具有重大意义。

一　山西转型综改区建设绩效评价指标体系的确立

山西转型综改区作为我国第一个全省域、全方位、系统性的国家级综合改革配套试验区，其目的是实现山西全面协调可持续发展。因此，在构建指标体系时，不仅要考虑经济因素，还要考虑社会、生态等其他因素，这样才能全面准确地对山西转型综改区建设做出客观性评价。在遵循科学性、系统性、独立性指标设计原则的基础上，结合山西实际发展情况，经过多次筛选与分析，最终确定了山西转型综改区建设绩效评价指标体系。

（一）评价指标选择

本评价指标体系纵向分为综合层、结构层、分结构层和指标层四个层次，横向分为经济、民生、生态三个分支。综合层是山西转型综改区建设绩效评价指标，用以反映山西转型综改的整体效果；结构层分为经济、民生和生态三个方面，分别反映山西转型综改在经济发展、民生改善和生态保护上的成效；分结构层将经济、民生和生态予以细分，用以反映经济、民生和生态内部发展情况；指标层为本评价指标体系的基本层，由34个具体指标组成，体现了山西转型综改的具体细节情况。指标体系见表1。

经济指标用以说明山西经济发展情况，细分为经济总量指标、经济结构指标、经济增长指标和经济发展能力指标。经济总量指标用来反映一段时间内山西经济发展的规模水平，是认识社会经济现象的起点，由工业增加值、人均GDP和人均财政收入3个指标组成。经济结构指标用以反映山西经济发展的结构，由第一产业占GDP比重、第二产业占GDP比重、第三产业占GDP比重和进出口总额占GDP比重4个指标组成。经济增长指标体现了山西在一定时期内经济总量的增长速度，是衡量山西总体经济实力增长速度的指标，由GDP增长率、财政收入增长率和社会消费品零售总额增长率3个指标组成。经济发展能力指标用以说明山西未来的经济发展潜力，是对山西经济未来发展的预测，由财政自给率、万元GDP电耗、固定资产投资率和实际利用外资总额4个指标组成。

民生指标反映了山西人民的基本生活状态，以及享受基本权利和发展机会的状况，细分为就业与收入指标、文化与教育指标和社会保障指标。就业与收入指标反映了山西居民就业情况、收入水平和收入差距，体现了山西人民群众物质生活水平的高低与发展状况，由每万人城镇登记失业人数、城乡居民收入比和居民消费价格指数3个指标组成。文化与教育指标说明了山西对文化发展与教育发展的重视程度，反映了人民群众文化生活的发展情况，

表 1　山西转型综改区建设绩效评价指标体系

综合层	结构层	分结构层	指标层
山西转型综改区建设绩效评价指标	经济指标	经济总量指标	工业增加值(亿元) 人均 GDP(元) 人均财政收入(元)
		经济结构指标	第一产业占 GDP 比重(%) 第二产业占 GDP 比重(%) 第三产业占 GDP 比重(%) 进出口总额占 GDP 比重(%)
		经济增长指标	GDP 增长率(%) 财政收入增长率(%) 社会消费品零售总额增长率(%)
		经济发展能力指标	财政自给率(%) 万元 GDP 电耗(千瓦时) 固定资产投资率(%) 实际利用外资总额(亿元)
	民生指标	就业与收入指标	每万人城镇登记失业人数(人) 城乡居民收入比 居民消费价格指数(上年 = 100)
		文化与教育指标	教育财政支出比重(%) 每万人口文化及相关产业机构数(个)
		社会保障指标	城镇人均住房建筑面积(平方米) 每万人口拥有卫生机构数(个) 财政支出中社会保障和就业支出比重(%) 城镇基本医疗保险覆盖率(%)
	生态指标	资源存有量指标	原煤产量(万吨) 人均水资源量(立方米/人)
		资源利用程度指标	固体废弃物综合利用率(%) 生产总值能源消耗(吨标准煤/万元)
		环境破坏度指标	废气排放量(亿标立方米) 废水排放量(万吨) 烟粉尘排放量(万吨) 工业固体废弃物排放量(万吨)
		环境改善度指标	污染治理投资占 GDP 的比例(%) 生活垃圾无害化处理率(%) 建成区绿化覆盖率(%)

由教育财政支出比重和每万人口文化及相关产业机构数2个指标组成。社会保障指标体现了社会公共服务水平，是一种社会再分配的方法，可以说明政府对人民生活的改善水平与支持力度，由城镇人均住房建筑面积、每万人口拥有卫生机构数、财政支出中社会保障和就业支出比重和城镇基本医疗保险覆盖率4个指标组成。

生态指标从资源和环境两个角度出发，说明了山西生态环境改善与资源存有、开发利用的情况，细分为资源存有量指标、资源利用程度指标、环境破坏度指标和环境改善度指标。资源存有量指标反映了山西目前资源存储量情况，用以说明山西现阶段与未来经济转型的资源基础，由原煤产量和人均水资源量2个指标组成。资源利用程度指标反映了山西资源使用效率和能力，用以说明山西在经济发展过程中对资源开发的利用情况，由固体废弃物综合利用率和生产总值能源消耗2个指标组成。环境破坏度指标反映了山西在经济发展过程中对环境的破坏程度，用以说明山西经济发展中的环境成本与代价，由废气排放量、废水排放量、烟粉尘排放量和固体废弃物排放量4个指标组成。环境改善度指标说明了山西省对环境的保护情况，由污染治理投资占GDP的比例、生活垃圾无害化处理率和建成区绿化覆盖率3个指标组成。

（二）评价方法

对于评价方法的选择，在现有相关文献中，层次分析法和模糊综合评价法使用最多。但层次分析法要求评价指标数目不宜太多，而模糊综合评价法主观性太强，都不适合作为本报告的评价方法。熵值法是一种客观赋权法，可以避免主观人为因素的干扰，评价过程既可以纵向对比又可以横向对比，适应性较强。故本报告选择熵值法作为评价方法。

1. 熵值法的基本原理

熵值法通过计算指标的信息熵来确定指标的权重。某指标的信息熵值越小，说明指标值间的变异程度越大，在综合评价中所起的作用就越大，因此拥有较大的权重。假设有 n 个指标、m 个待评价方案，可形成统计指标数据矩阵 $X = (X_{ij})_{m \times n}$。对于某项指标 X_j，若指标值 X_{ij}之间的差距较大，则在综合评价过程中该指标所占权重就越大；如果某项指标的指标值全部相等，则在综合评价过程中该指标不发生作用。因此，本报告使用熵值法，根据各项具体指标值的差异程度，计算各项具体指标的权重，应用于多指标综合评价体系。

2. 熵值法的计算过程

（1）对各指标数据进行同度量化处理，计算指标 X_j 的第 i 方案指标值的比重 P_{ij}：

$$P_{ij} = X_{ij} / \sum_{i=1}^{m} X_{ij}$$

（2）计算第 j 项指标的熵值 e_j：

$$e_j = -k \sum_{i=1}^{m} P_{ij} \ln P_{ij}$$

令 $k = 1/\ln m$，则 $e_j = -(1/\ln m) \sum_{i=1}^{m} P_{ij} \ln P_{ij}$。

（3）计算第 j 项指标的差异性系数 g_j：

$$g_j = 1 - e_j$$

（4）定义第 j 项指标的权数 a_j：

$$a_j = g_j / \sum_{j=1}^{n} g_j$$

（5）计算第 i 个方案的综合得分 V_i：

$$V_i = \sum_{j=1}^{n} a_j p_{ij}$$

基于熵值法的山西转型综改区建设绩效评价原理见图 1。

（三）评价数据收集与处理

1. 数据的收集

本报告选取了 2008～2013 年的山西数据和全国数据，数据主要来源于

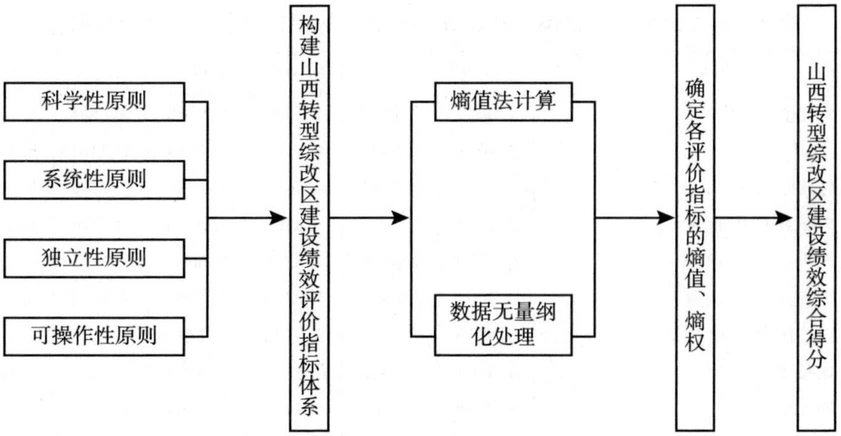

图1　基于熵值法的山西转型综改区建设绩效评价原理

《山西统计年鉴》（2009～2014年）、《中国统计年鉴》（2009～2013年）、《中国能源统计年鉴》（2013年）以及历年《中国统计公报》《山西统计公报》。个别数据来源于《山西日报》与《山西国土资源公报》。

2. 数据的处理

由于不同指标数据具有不同单位和变异程度，数据之间不具有可比性，故需要对统计数据进行无量纲化处理。目前常用的无量纲化处理方法有三种：极差正规化法、均值化法和标准化法。采用标准化法进行数据处理，方法如下：

$$X'_{ij} = (X_{ij} - \overline{X_j})/S_j$$

其中，X_{ij}为原始数据，X'_{ij}为标准化后指标值，$\overline{X_j}$为第j指标的均值，S_j为第j指标的标准差。

一般X'_{ij}的范围在-5到5之间，为了消除负数的影响，对标准化值进行坐标平移5个单位，即

$$Z_{ij} = 5 + X'_{ij}$$

数据处理结果见表2。

表 2　标准化处理后 2008 ~ 2013 年山西转型综改区建设绩效评价指标值

指标	2008 年	2009 年	2010 年	2011 年	2012 年	2013 年
工业增加值	4. 0613	3. 7922	4. 5489	5. 6168	5. 7511	6. 2296
人均 GDP	3. 7621	3. 9637	4. 7480	5. 4914	5. 9214	6. 1134
人均财政收入	3. 9321	4. 0891	4. 5493	5. 1056	5. 9219	6. 4020
第一产业占 GDP 比重	3. 0813	5. 9270	5. 5390	5. 0216	5. 0216	5. 4096
第二产业占 GDP 比重	6. 4739	4. 0525	4. 8245	5. 6668	5. 1755	3. 8068
第三产业占 GDP 比重	3. 7794	5. 8911	5. 0374	4. 1388	4. 7679	6. 3853
进出口总额占 GDP 比重	6. 9850	4. 4621	5. 0120	4. 7143	4. 4274	4. 3992
GDP 增长率	4. 4705	3. 5720	6. 2676	5. 9787	5. 0481	4. 6631
财政收入增长率	5. 7764	3. 4802	5. 1430	5. 7764	5. 7632	4. 0609
社会消费品零售总额增长率	6. 6341	5. 3721	5. 1133	4. 8544	4. 3367	3. 6895
财政自给率	6. 2191	4. 3665	3. 8392	4. 1704	5. 4899	5. 9147
万元 GDP 电耗	6. 6493	5. 6662	5. 0181	4. 3390	4. 1744	4. 1531
固定资产投资率	3. 5035	4. 8375	4. 9682	4. 6774	5. 4581	6. 5553
实际利用外资总额	6. 2456	3. 7455	3. 9968	4. 7940	5. 4041	5. 8140
每万人城镇登记失业人数	4. 9897	5. 5751	5. 3986	5. 5051	5. 5261	5. 9319
城乡居民收入比	4. 4901	6. 1003	6. 1003	5. 1342	4. 6511	3. 5239
居民消费价格指数	6. 4623	3. 5118	4. 8318	5. 6859	4. 6377	4. 8706
教育财政支出比重	4. 7811	4. 7260	3. 9912	4. 7535	6. 9396	4. 8086
每万人口文化及相关产业机构数	6. 0763	5. 2401	5. 2724	5. 4064	4. 8840	3. 1209
城镇人均住房建筑面积	4. 0055	4. 0055	4. 3072	5. 6345	5. 8758	6. 1715
每万人口拥有卫生机构数	3. 0095	5. 8247	5. 3144	5. 3763	5. 1905	5. 2846
财政支出中社会保障和就业支出比重	6. 6748	5. 5941	4. 8737	4. 4159	3. 8530	4. 5885
城镇基本医疗保险覆盖率	2. 9762	5. 3613	5. 1757	5. 4324	5. 5349	5. 5195
原煤产量	4. 0395	3. 7573	4. 6341	5. 5508	5. 8373	6. 1810
人均水资源量	4. 2250	4. 1119	4. 3103	5. 8955	4. 9314	6. 5259
固体废弃物综合利用率	3. 8808	4. 5603	5. 6395	4. 0407	6. 4190	5. 4597
生产总值能源消耗	6. 3014	5. 8188	5. 5141	4. 2950	4. 1172	3. 9534
废气排放量	3. 7363	3. 7928	5. 0618	5. 8350	5. 8405	5. 7336
废水排放量	4. 2945	4. 0321	5. 8962	4. 0220	6. 2418	5. 5134
烟粉尘排放量	6. 5785	4. 9089	3. 7547	5. 6285	4. 8608	4. 2687
工业固体废弃物排放量	6. 6609	5. 6126	5. 0793	4. 3139	4. 1695	4. 1638
污染治理投资占 GDP 的比例	4. 0129	4. 3292	4. 6454	4. 5304	5. 9679	6. 5141
生活垃圾无害化处理率	3. 2861	4. 4021	5. 1776	5. 4602	5. 6631	6. 0110
建成区绿化覆盖率	3. 4917	4. 2507	5. 1265	5. 3017	5. 4768	6. 3526

二　山西转型综改区建设绩效评价分析

根据建立的山西转型综改区建设绩效评价指标体系，以山西无量纲化后的数据为基准，应用熵值法计算山西经济、民生、生态三大子系统的权重，分别为0.407998、0.272223、0.319780。其中经济子系统所占权重最大，说明经济发展对于转型绩效影响最大，这与山西在转型过程中将经济建设作为第一发展目标相一致，山西经济发展水平越高，转型效果就越好。民生子系统在整个系统中所占权重最小，对山西转型绩效影响最小，这是因为相对于经济发展和生态改善，山西对民生建设的关注做得还不到位，这也与实际情况相符。

从整体上看，山西转型效果明显。2009～2012年综合得分逐步提高，2013年综合得分有所下降，但仍高于2011年。这是因为2007年山西被确定为全国循环试点省后，紧抓机遇，积极开展先行试点，坚持以煤为基、多元发展。2008年受全球经济危机的影响，山西经济发展有所放缓，导致2009年综合得分下降。但2010年山西获批国家资源型经济转型综合配套改革试验区后，国家和山西省政府高度重视山西转型发展，转型标杆项目的实施、软环境的改善极大地推动了山西的转型发展，转型成效逐步提高。2013年综合得分下降是由民生子系统的得分降低引起的。2012年下半年煤炭价格出现大幅度持续性下跌，山西经济增速放缓，政府将更多的财力、物力投入经济领域而相对减少了对民生领域的支出。从分析结果来看，基本可以合理说明山西转型综改区的整体状况。计算结果见表3、图2。

就各子系统来说，得分从高到低依次为经济子系统、生态子系统、民生子系统。

在经济发展方面，2009年以后经济得分稳步上升，这主要得益于山西经济发展能力指标得分的不断提高，说明经济发展水平逐步提高。除了受2008年经济危机影响外，2009年以后经济发展能力指标得分不断提高，特别是万元GDP电耗指标和固定资产投资率指标贡献最大。近年来，山西注重对传统产业进行改造升级，特别是煤炭相关产业，通过资源组合重组，淘汰落后产能。与此同时，山西不断加大对战略性新兴产业的投资，先进装备制造业等新兴产业保持较快增长，新兴产业正在成为拉动工业经济增长的重要力量。另外，2009～2011 年煤炭价格的不断上涨也推动山西经济逐步增长，年均 GDP 增速达 10.63%，人均 GDP、人均财政收入逐年增加，说明山西经济总量增长取得较大进展。

表 3　2008～2013 年山西转型综改区绩效得分

年份	经济	民生	生态	综合	排名
2008	0.069120118	0.041441891	0.048719939	0.159281948	5
2009	0.061425666	0.046477867	0.047962719	0.155866253	6
2010	0.066705158	0.045213551	0.05319317	0.165111879	4
2011	0.068436589	0.047604786	0.053260251	0.169301626	3
2012	0.070713241	0.047234492	0.057765801	0.175713534	1
2013	0.071596788	0.044250135	0.058877837	0.174724760	2

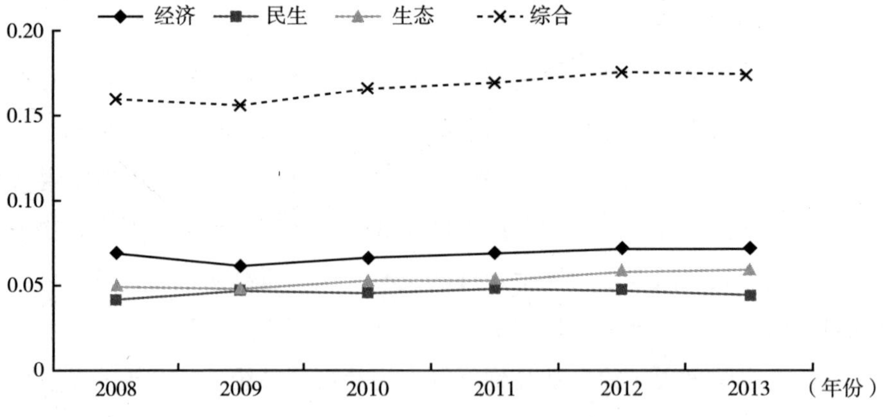

图 2　2008～2013 年山西转型综改区绩效得分

在民生建设方面，2009 年以后民生转型没有实现大的跨越，得分上下波动，特别是 2013 年得分出现较大幅度的下降，这主要是文化与教育指标得分下降造成的。山西省政府对文化相关产业的发展还不够重视，投资支出不足。每万人拥有的文化机构数呈下降趋势，人民文化生活水平下降。不仅如此，近年来社会保障支出和就业支出占政府财政支出的比例也有所下降，城镇每万人登记失业数逐年增加，社会就业压力不断加大。政府需要有针对性地加大民生建设投资。

在生态改善方面，转型效果最明显，得分从2008年的0.048720增长到2013年的0.058878，增长了0.010158。其中环境改善度指标得分的增加对生态总得分增加的贡献最大，说明山西在发展经济的同时越来越重视生态环境的改善和优化，特别是2010年以后，生态子系统得分得到较大提升，这是因为山西近年来不断加大环境保护和生态治理方面的投资，持续实施六大造林工程，加强水资源保护，使生态环境越来越好。这与努力建设绿化山西、气化山西、净化山西、健康山西的目标相一致，应继续加大环境保护和生态治理力度，持续改善生态环境。

本报告利用相同的指标体系和方法，计算了全国转型发展得分（见表4）。

表4　2008～2013年全国绩效得分

年份	经济	民生	生态	综合	排名
2008	0.071060	0.044784	0.047058	0.162902	5
2009	0.062223	0.040770	0.048713	0.151706	6
2010	0.069610	0.042211	0.055648	0.167469	4
2011	0.072646	0.044581	0.055302	0.172529	2
2012	0.067716	0.044587	0.059276	0.171579	3
2013	0.068082	0.045936	0.059796	0.173814	1

全国经济、民生、生态三大子系统的权重分别为0.411338、0.262870、0.325792，全国各子系统权重和山西各子系统权重相近。对比山西和全国绩效综合得分发现，2012年山西绩效综合得分已经超过全国，并且超出明显，但2013年二者差距明显缩小，相差不大（见图3）。这说明山西在成为国家

级综改试验区后，经过两年的综改建设，转型效果已开始显现。但2012年下半年煤炭市场进入“冰冷期”，严重影响了山西的总体发展。这也说明当前山西不合理的产业结构未发生根本性改变，煤炭类能源产业依然是推动山西经济发展的根本支柱性产业。

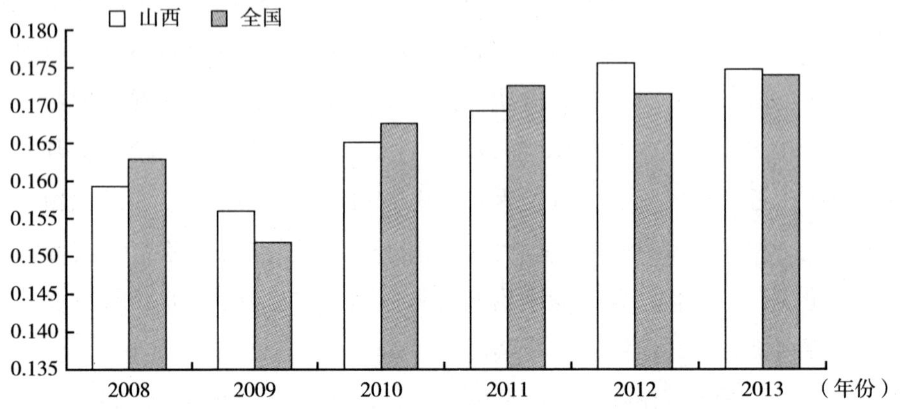

图3　2008～2013年山西转型综改区与全国绩效综合得分

三　加快推进山西转型综改区建设的政策建议

（一）以深化产业结构调整为抓手，加快构筑多元化现代产业体系

山西在发展经济的过程中，应以深化产业结构调整为抓手，注重煤与非煤产业的协同发展，进一步加强煤炭等资源型产业的重组改造，实现传统产业的优化升级；大力发展装备制造业和生产性服务业，实现战略性产业重点发展，最终形成一个支撑山西可持续发展的多元化现代产业体系。

加快传统产业优化升级。推动煤炭企业与炼焦、冶金等相关上下游企业整合重组，实现资源型产业跨行业融合、一体化发展。积极延伸煤炭产业链条，加快煤制油、煤制气等现代煤化工产业的发展。逐步提高煤炭产品开采利用标准，提高循环利用水平，实现煤炭行业低碳发展。加快煤炭等资源型产业与高新技术产业深度融合，以信息化带动资源型产业改造升级，全面实现资源型产业机械化、信息化、环保化。进一步提高煤、焦、冶、电四大产业的规模化发展，构建大型资源型产业基地。加强山西能源基地建设，提高资源就地加工率，进一步扩大高附加值能源产品的输出。

重点发展战略性产业。加快发展装备制造业。提高太原重型机械集团公司等大型装备制造业企业专业化水平，推动大型装备制造业企业向“大而专”方向发展。鼓励大型装备制造业企业外包基础零部件等非核心产业，带动小型装备制造业企业发展。加大对小型装备制造业的技术扶持和专业指导力度，推动小型装备制造业企业向“小而精”方向发展。大力发展生产性服务业。加快现代物流产业发展，形成一批具有国际竞争力的现代物流企业，打造山西物流品牌。加快现代金融服务业发展，完善金融配套服务，通过引进国内外知名金融机构入驻山西，加大金融服务对现代产业的支持力度。加快检验检测认证服务发展，致力于构建区域性检验检测互认机制，实现山西企业产品本土化检验。引导装备制造业和生产性服务业协同发展，实现产业发展“双轮驱动”。

（二）以推进节能减排为突破口，健全生态环境保护和治理体制机制

在“环境就是生命力”理念的指引下，山西要不断加大对生态环境的保护和治理力度，以推进节能减排为突破口，逐步提高山西生态环境质量。建立健全生态环境保护和治理体制机制，从制度层面保证山西生态文明建设。

着力推进节能减排。培育节能减排专业化主体，提高节能减排科技成果转化率和使用率。以“气化山西”为主线，加大对煤层气开采、煤制气等相关技术的研发投资，促进燃气类清洁能源的开发利用。逐步减少对矿产类资源的依赖，推广太阳能、风能等可再生能源的使用。引进国内外领先绿色环保、节能减排技术，提高本土企业节能减排技术水平。坚持节能减排“底线管理”，制定具有动态性调整特征的节能减排标准和考核体系。建立健全节能减排管理制度，加大政府对高能耗、高污染企业的监管力度，提高

管理水平。创新节能减排激励机制，深化资源环境价格改革，发挥市场机制在节能减排中的决定性作用。将节能减排与深化产业结构调整相结合，把更多的资源引入低能耗、高产出的产业中，发挥政府在节能减排中的政策导向性作用。

建立健全生态环境保护和治理体制机制。加快构建生态环境保护区域协调机制，强化各地市和部门间的协调与合作，有效解决跨地区、跨部门的环境保护问题。建立科学的动态生态环境恢复评价体系，及时测度生态环境治理与恢复情况，为准确制定生态环境保护与治理措施提供支持。建立生态环境“底线管理”制度，坚守生态红线，杜绝一切跨线的生态破坏活动。建立生态环境信息和数据共享机制，保证社会各界对生态环境的知情权，增强社会各界的环保意识。建立生态环境产权制度，明确生态治理利益相关者和责任人，以市场化方式治理环境污染。建立多元化生态环境治理投入机制，激励社会公众积极参与生态环境保护与治理工作，实现生态保护的全社会参与。

（三）以扩大创业就业为重点，完善社会基本公共服务体系

在明确“就业是民生之本”的基础上，山西在推进民生改善的过程中应把工作重心放在扩大创业就业上，围绕扩大创业就业，进一步完善社会基本公共服务体系，提高人民的幸福感。

进一步扩大创业就业。努力培育全社会创业创新文化，营造鼓励创业、尊重创业的良好氛围，为大众创业、万众创新提供便利。积极出台促进创业的政策措施，特别是对小额贷款金融政策的运用，鼓励个人和企业积极创业。以深化产业结构调整带动社会就业增加，促进就业吸纳能力强的第三产业发展，实现经济与民生双促进。建立健全就业信息传递机制，充分利用现有信息传递媒介，创新信息传递途径，减少劳动供求双方的信息不完全现象。实行城乡统一的户籍制度，消除户籍制度对促进就业的限制，进一步提高劳动者的自由流动性。健全失业保障制度，创新失业保障形式，为失业人口提供社会保障“安全网”。完善就业相关法律制度，破除一切就业“潜规

则”，积极营造公平的就业环境。健全失业人员培训制度，加大对失业人员再就业技能培训，提高失业人员素质。

完善社会基本公共服务体系。以提升人民幸福感为目标，逐步完善基本社会保障、就业服务、住房保障、公共医疗卫生、公共教育、公共文化六大公共服务体系，逐步提高基本公共服务均等化水平。在基本实现城乡养老保险、医疗保险全覆盖的基础上，逐渐提高财政养老医疗补贴，实现基本社会保障从量向质的转变。完善住房保障制度，进一步扩大保障性住房投资，让保障对象真正享受住房优惠。加大对公共医疗卫生基础设施建设的投资力度，进一步缓解人民“看病难”问题。深化教育领域综合改革，调整优化教育资源分配，推动山西教育均等化、优质化发展。加大政府对公共文化建设的投资力度，增加公共文化机构数量，保证人民文化生活水平稳步提高。

（四）以加快城镇化建设为主要途径，统筹区域、城乡协调发展

超越社会公平正义底线，实现“城乡居民共享发展成果”的目标，山西要更加注重区域、城乡间的协调发展。以加快城镇化建设为主要途径，推动城乡互动发展。

加快推进城镇化建设。明确城市定位，着力打造特色城市。支持太原优先发展，加快推进地铁交通建设和城中村改造，把太原建设成现代化国际性大都市。有序推进太原、晋中同城化建设，以山西科技创新城建设为抓手，着力提高太原、晋中发展契合度，引领山西经济发展。依托地缘优势，大力推进大同航空、轨道交通建设，把大同打造成北方交通枢纽，带动晋北城市群发展。着力推进运城农业现代化、规模化建设，把运城发展成全国农业基地，支持晋南地区发展。加快县城发展，努力培育中小城市。紧密围绕大县城战略，推进各县基础设施建设，进一步夯实县城发展的物质基础。大力发展县域经济，引导产业向县城集聚，以产业化带动城镇化发展。深化户籍制度改革，鼓励县城周边的农村人口转移，逐步实现农村人口县城化、市民化。

统筹区域、城乡协调发展。围绕“一核一圈三群”城镇化格局，加快

区域发展协调机制建立，推动晋北、晋南、晋东南三大城镇群交流合作，形成优势互补、协调发展的良好格局。深化城乡间交流合作，以城带乡促发展。统筹城乡基础设施建设，特别是加快建立覆盖城乡的现代交通体系，促进城乡间人员流动。统筹城乡产业发展，大力发展现代都市农业、农村旅游业，推动城乡产业互补。统筹城乡公共服务，建立城乡统一的社会保障制度、就业制度，推动城乡公共服务一体化。坚持城镇化与新农村建设协同推进，深化农村改革，加快推动农业现代化。逐步完善农村土地流转制度，鼓励有条件的农民流转土地经营权，发展多种形式规模经营。加大农业科技补助力度，建立以企业为主体的农业科技创新体系，推进农业科技创新。进一步健全农村服务体系，吸引更多企业和个人在农村投资设厂，推动农村发展多元化。

（五）以加强区域间合作为着力点，全面提升对外开放水平

坚定“开放即发展”的理念，面对经济下行压力，山西要更加注重扩大对外开放，深化区域间合作，以开放促转型，以转型促发展。

加强区域间合作。充分利用承东启西的区位优势，主动对接国家“一带一路”战略，扩大与相关地区的交流合作。以大同为进出门户，加强与京津冀地区的经济协作，完善高层对话、政策协调、区域合作长效机制，推动经济互动发展。以运城、晋城、阳泉三市为主体，大力发展“飞地经济”，积极对接长三角、珠三角等东部发达地区，承接该地区产业转移，延伸山西产业链。全面提升对外开放水平。建立促进思想开放长效机制，努力培育全社会开放意识，营造开放互动良好氛围。加强对外开放政策顶级设计，全面优化开放环境，开创对外开放新局面。加强“大通关”建设，优化内陆口岸建设，完善口岸功能，充分发挥太原武宿综合保税区作用。推动航空和铁路口岸建设，加强与沿海港口口岸对接，探索建立“陆港”新模式。坚持招商引资和招才引智相结合，依托各类园区企业，重点引进具有技术领先优势、自主知识产权和品牌优势的高水平项目，通过科技创业园区、企业孵化器、博士后科研工作站、企业技术研发中心等科研平台建设，吸引

人才入晋。充分发挥山西小杂粮、干鲜果、蔬菜、畜产品等特色农产品比较优势，加强雁门关生态畜牧经济区等粮食生产区与沿海销售区的合作。

（六）以提升自主创新能力为关键路径，实现要素驱动向创新驱动转变

加快经济发展方式转变，推动山西可持续发展，关键是要实现要素驱动向创新驱动转变。以提升自主创新能力为关键路径，紧密围绕“131”创新驱动战略，深化科技体制改革，加快推进“三大工程”建设，全面提升重点产业创新能力，建立内生增长、创新驱动的发展机制。进一步完善自主创新产权保护机制和成果转化激励机制，激发全社会自主创新活力，提高科技成果转化效率。以山西科技创新城为依托，构建网络化科技创新和服务体系，争创国家自主创新示范区。以《山西省低碳创新行动计划》为指导，加快实施低碳科技创新项目，推进山西产业低碳化、企业低碳化、社会低碳化。进一步完善技术转移机制，大力发展技术市场，充分发挥市场在创新要素配置中的决定性作用。围绕传统产业升级和新型产业发展，有针对性地培育一批创新型企业，以点带面推动产业创新能力提升。强化企业创新主体意识，重点加强对企业家的培养，逐步建立企业主导、政府扶持的自主创新机制。加大创新型人才队伍建设，对接中国“千人计划”，深入实施“三晋学者支持计划”“创新团队培育计划”等工程，为创新发展提供人才保障。

B.3

主动适应新常态　直谏山西资源型经济结构均衡发展

李志强*

当前，中国经济已步入稳健增长、重调结构、动力再造、调控出新的新常态。面对山西经济“断崖式”下滑和发展“立体型”困扰，抓住最后关键窗口期，主动适应经济发展新常态，进一步促进资源型经济结构均衡发展，是一个极其重大的现实问题。

短论1　主动适应经济新常态　促进山西“六大发展”①

在稳健增长、重调结构、强力改革高度融合的背景下，面对“塌方式”腐败、“断崖式”下滑和“立体型”困扰，山西务必要抓住最后关键窗口期，以制度创新为突破口，以加快转型综改攻坚为重要抓手，全面破解结构性改革难题，耦合促成八大转型——思想转型、目标转型、动力转型、产业转型、区域转型、要素转型、分配转型和绿色转型，主动适应经济发展新常态，实现“六权治本”，促进“六大发展”。

（一）立足“破”字转观念，坚定信念、革弊立新、重塑形象，开创弊革风清全新局面

山西资源型经济转型之难有诸多原因，其中“锁定性”发展困局就是一个深层次原因：对资源性产业过度依赖造成的产业结构刚性形成“产业

* 李志强，山西大学中国中部发展研究中心主任，山西大学管理与决策研究所、山西大学资源型经济转型发展协同创新中心、山西大学经济与管理学院，博士、教授、博士生导师，主要研究方向为制度理论与竞争力、资源型经济转型、战略与创新管理。

① 本短论系作者于2015年1月29日在山西省政协十一届三次会议第二次全体会议上的发言稿。

结构锁定”；资源型市场中的寻租和腐败形成“利益链条锁定”；政府与市场关系未厘清造成的转型主导错位形成“转型模式锁定”；区域创新体系中国有企业低动力、民营企业低能力形成“创新动力锁定”；“官本位”思想、“中庸”思想、“小农”思想束缚形成“文化生态锁定”。破解资源型经济转型之难，首要之举在于思想转型。

一要破除“官本位”思想束缚。从源头上肃清特权思想、官员戾气、“戴帽挂号”等“老爷习气”，摒弃“看眼色、观风向、说假话、报虚数，轻视执行、放松落实”的投机思想。牢固树立正确的权力观、名利观和政绩观，让权力取之于民、用之于民。

二要破除“中庸”思想束缚。破除不敢作为、不敢担当的“中庸”思想束缚，遇到矛盾不绕、面对困难不躲、解决问题不拖。勇于探索，大胆创新，善于用新思想研究新情况、用新方法破解新难题、用新思路开创新局面、用新举措取得新成效。

三要破除“小农”思想束缚。摒弃小富即满、小成则安的“小农”思想观念，提振实现“六权治本”、促进“六大发展”的信心，树立想做、敢闯、善成的先行先试新风尚，鼓励创新、宽容失败，敢向部门利益“开刀”、勇对一己私利“亮剑”。

（二）立足“新”字促改革，凝聚共识、创新驱动、攻坚综改，开启经济发展崭新征程

一要重塑经济发展新动力。当前经济运行中的诸多困难表明，驱动经济增长的主动力趋近衰竭，而供给约束是其主要诱因。寻求新的动力源必须关注区域发展不平衡的国情特点，以差别化探寻“六大发展”驱动力系统的特色转型之路，要在时下稳定投资、保持经济稳健增长的前提下加快推进，要在构建政府与市场新型关系、创新制度供给中加快推进，要在打造开放型经济新优势、提速高端要素供给中加快推进，要在以结构优化再平衡为主攻方向、激发各类市场主体发展新活力中加快推进。

二要瞄准结构调整新高度。要把握好稳健增长和重调结构的平衡点，做

好加、减、乘、除法。要长于做加法，借大力发展混合所有制经济之风，让国有企业去行政化、民营企业去家族化；借大力发展生产性服务业政策之势，支持高成长性产业发展，加快产业公共技术平台建设，不断增强对就业的提振作用。要勇于做减法，压缩高污染、高消耗产能，全面排查清理违法违规生产、不安全生产和超能力生产，建立有序合理的退出机制，深度破解产能过剩难题。要善于做乘法，鼓励企业生产模式和产业组织方式向“智能化、专业化”转型，引导消费结构向“个性化、多样化”转变，用好用活金融创新手段，发挥创新元素的乘数效应。要敢于做除法，在队伍建设上去除作风积弊顽疾，防范工作中的懈怠和不作为现象；在收入分配改革中缩小城乡差距、行业差距，构建“橄榄型”分配格局，健全城乡共融、一体化发展长效机制。

三要绘制产业格局新蓝图。依托山西产业基础和比较优势，推动传统产业高端化发展。加快资源能源产业与终端消费业紧密对接，解决好煤炭产业内生动力问题，助力实现煤炭产业“六型转变”。抢抓生产性服务业发展机遇，推动骨干企业集群化发展。加快推进装备制造业与生产性服务业“双轮驱动”，支持山西轨道交通、煤层气、煤化工等装备制造业领域的企业求强发展。顺应大数据、物联网、云计算发展的时代趋势，推动新兴产业规模化发展。设立新兴产业投资基金，通过股权投资等市场化运作方式，支持新能源、新材料、节能环保、生物医药等新兴产业发展，大力发展环境友好型产业，助力山西由“黑”转“绿”。

（三）立足“常”字谋发展，坚定信心、顺势而为、稳中求进，谋求长足发展持久动能

一要树立保持定力、底线民生的常态化思维。以改革为依托衔接山西短期增长诉求与中长期发展目标，通过落差催生创新，以新常态下凸显的新问题为导向，“舍”速度“优”结构，“咬定青山不放松”。要进一步顺应新常态下群众的新诉求，直面群众最关心的住房、养老、医疗、教育等现实问题，敢于啃民生改革“硬骨头”，做好法律、财政、住建等部门与民生工程

的重点对接。

二要秉承去行政化、趋市场化的常态化改革。以全面深化改革开路释放制度红利，在全省域推广“两集中、两到位”行政审批改革模式，探索组建省级行政审批服务中心，进一步简政放权、审批“瘦身”，在投资、经营、就业等领域下好厘清政府和市场边界的“先手棋”。市场化配置文化教育、城市建设、医疗卫生等民生领域资源，鼓励民间资本参与健康养老、职业教育等领域投资。抓好资源配置、政府采购以及工程招标等方面的专项治理，建立和完善煤炭矿业权一、二级市场体系，推动山西煤炭产业向“市场主导型”转变。

三要坚持提质量、增效益的常态化做法。要把经济增长与结构、质量、效益结合起来，坚决摒弃“保规模老大”的思想，大力实施高端、高质、高效战略，加快向质量效益型模式转变。在工业转型方面走工业化中后期与后工业化“两步并作一步走”的路子，以新型工业化示范基地、工业园区和重点项目为依托，推进工业低碳化、信息化、集约化和服务化发展。在农业发展方面，要因地制宜发展山西特色农业，依托山西小杂粮、畜禽、水果、中药材、食用菌等特色优势农产品，打造一批具有区域影响力的知名品牌和龙头企业。在服务业发展方面，以山西矿产资源、农业资源、人文资源为载体，发挥旅游业的综合性协调优势，大力发展观光旅游、生态旅游和文化旅游。在需求侧扩大内需，在供给侧大力发展服务业，以服务业提速发展推动经济稳健增长。

短论2　在主动适应新常态中　提升标准助力山西“六大发展”的契合力[①]

当前，中国经济已步入稳健增长、重调结构、动力再造、调控出新的新

① 本短论系作者于2014年11月7日在《中国质量报》发表的文章，收录时做了适当的修改，原文标题为《转型驱动　优化平衡——论在适应中国经济新常态中进一步提升标准引领力》（入围2014年度“质量之光”主题质量创新示范系列质监理论创新示范项目）。

常态，中国制造正在向中国创造转变，中国速度正在向中国质量转变，中国产品正在向中国品牌转变，进一步凸显了标准化在主动适应经济发展新常态，在稳增长、促改革、调结构、转方式、惠民生、防风险、保安全等重点工作中的作用。面对“塌方式”腐败、“断崖式”下滑和“立体型”困扰，山西务必要抓住最后关键窗口期，主动适应经济发展新常态，进一步提升标准助力山西“六大发展”的契合力，更好地开拓新局面、迎接新挑战、回应新要求。

（一）主动适应新常态，助力“六大发展”，开拓“质量时代”新局面，要以“八个更加注重”为先导进一步提升标准契合力

《财富》杂志曾预测“改变未来世界”的科学趋势，排名第一的就是标准化。标准的本质就是消除差异，包括消除个体的能力差异、责任差异，以及企业差异、区域差异等。标准化的本质则是寻找、识别、显示差异的过程，在寻找差异过程中确定新常态下标准的地位，在识别差异过程中发现新常态下标准的供求之差，在显示差异过程中探寻新常态下标准契合、引领未来的特色发展之路。

2014 年首届中国质量大会阐述了新一届政府的“质量观”，把经济社会发展推向“质量时代”，把标准提升到引领质量的一个新高度。标准化工作的水平代表着经济质量的水平，是市场竞争的制高点。在质量决定发展效益和价值的今天，标准的契合作用更加凸显。标准决定质量，开创“质量时代”新局面，打造中国经济升级版，需要以“八个更加注重”新认识为先导，在更高的层面和更大的空间发挥标准提质增效、平衡结构、保持定力等契合作用。

要坚持“八个更加注重”，助力山西“六大发展”：在标准化推进目标上，要在抓常规的基础上更加注重抓亮点；在标准化推进领域上，要在普遍性的基础上更加注重选择性；在标准化推进重点上，要在育龙头的基础上更加注重围绕产业链配置标准创新链；在标准化推进方式上，要在单向性的基础上更加注重协同性；在标准化推进队伍建设上，要在组织化的基础上更加

注重创新化；在标准化推进管理上，要在功能式管理的基础上更加注重跟踪式服务；在标准化推进制度上，要在抓规范化的基础上更加注重系统化；在标准化推进文化建设上，要在外化型的基础上更加注重内化型。

（二）主动适应新常态，助力“六大发展”，迎接“质量时代”新挑战，要以加快驱动力转型为抓手进一步提升标准契合力

创新驱动发展，标准成就未来。第三次工业革命引致的新一轮经济变革，对创新驱动标准化工作提出了新挑战。面对经济发展新常态，适应“质量时代”新需求，标准化工作机制亟待创新，标准化工作方式亟待协同，标准供求结构亟待再平衡，标准贡献率亟待提高。持续提升标准引领质量的契合力，满足“质量时代”对标准提出的新要求，标准化工作还面临诸多难题亟待破解。适应中国经济发展新常态，重在标准化动力系统转型。

当前我国经济运行中的诸多困难表明，驱动我国经济增长的主动力趋近衰竭，而供给约束是其主要诱因。低成本要素供给不可持续，高消耗、高污染的粗放式供给方式难以为继，低端产品供给扩张空间备受挤压，消费能力大量外流，制度供给红利渐趋消失。实现“三个转变”，打造中国经济升级版，需要放弃主要依靠需求拉动的定向思维，亟须寻求新的动力源——主要依靠供给推动经济增长，其关键则是创新技术的供给，包括创新标准的供给。

寻求新的动力源必须关注区域发展不平衡的国情特点，要以差别化为起点探寻山西“六大发展”驱动力系统的特色转型之路。由中国制造向中国创造转变，要更加注重标准在技术创新中的支撑作用；由中国速度向中国质量转变，要更加注重标准在质量提升中的基础作用；由中国产品向中国品牌转变，要更加注重标准在品牌建设中的先导作用。唯此，才能坚持问题导向，开创弊革风清、富民强省的新局面。加快标准化驱动力转型，要在时下稳定投资、保持经济稳健发展的前提下加快推进，要在构建政府与市场新型关系、创新标准化制度供给中加快推进，要在打造开放型经济新优势、提速标准技术要素供给中加快推进，要在以标准结构优化再平衡为主攻方向、提

升标准助力“六大发展”的契合力中加快推进，要在激发各类市场主体发展新活力、提高企业标准国际竞争力中加快推进。

（三）主动适应新常态，助力“六大发展”，回应“质量时代”新要求，要以结构优化再平衡为重点进一步提升标准契合力

标准的生命力在于契合创新，它不应仅是“跟随式”的简单度量，更应是“超前引领”的主动作为。要紧紧围绕服务山西促进“六大发展”，开创弊革风清、富民强省新局面这条主线，以改革创新拓展标准化内涵为先导，大力推进标准化工作的科学发展；要以创新“2 + N”标准化协同工作机制为核心，强化标准化牵头、抓总、协调、服务的宏观管理功能；要以加强标准供给侧创新为重点，致力实现标准供求结构动态均衡；要以标准化人才队伍建设为根本，强化标准化工作的内生动力；要以提高标准贡献率为着力点，全面提升标准化服务改革、支撑发展的契合力。

要抓住最后关键窗口期，紧紧围绕产业链配置标准链，以加强标准供给侧创新为突破口，强力推进“标准兴农、标准制胜、标准提升、标准拓展、标准助推、标准强基”六项工程，致力实现标准供求结构动态优化再平衡，进一步把标准化工作的空间做大、资源做活、内容做精、机制做优、协同做实、队伍做强、文化做深。一是致力于农业标准化中的“标准兴农工程”——加快完善现代农业标准体系、探索开展高标准农田、小杂粮、畜禽、设施农业、水果、中药材、酿造、食用菌等标准化试点工作，促进农业生产经营模式转型升级。二是致力于工业标准化的“标准制胜工程”——服务、支撑国家创新驱动发展战略山西行动计划和山西科技创新城建设。集中力量重点研制煤及煤层气、现代煤化工、食品医药、CO_2 捕捉封存、矿区生态修复、现代装备制造、新能源汽车、节能环保、新一代数字多媒体芯片、生物基因芯片、功能性新材料等标准，推进产业高端化。三是致力于服务业标准化中的“标准提升工程”——制定（修订）一批关乎民生的示范性强、带动性大、推广性高的服务性标准。加大信息服务、电子商务、检验检测等生产性服务业和旅游休闲、文化体育、家政、健康养老等生活性服务业

领域标准的制定（修订）工作，推进社会管理和公共服务标准体系建设；加快制定物联网地方标准，积极开展“智慧城市”“智慧园区”标准化研究和试点，推动物联网在特种设备监管中的应用。四是致力于绿色低碳发展的“标准拓展工程”——深化循环经济标准体系建设，强化节能节地节水、环境、技术、安全等市场准入标准，加快制定（修订）节能、化解产能过剩、燃煤锅炉节能环保相关标准并建立标准体系，构建标准助力化解产能过剩的长效机制。五是致力于新型城镇化的“标准助推工程”——认真落实国家新型城镇化规划部署，制定（修订）城镇化健康发展的相关标准，重点推进城市基础设施，构建城市交通、通信、电力、燃气、污水处理等公共设施共建共享标准体系，以及城市污水处理系统、防洪排涝系统、垃圾无害处理系统标准体系，助推特色新型城镇化建设；加速制定（修订）美丽宜居示范村、老年人日间照料中心、农村生活垃圾处理等村级公共服务标准和农业社会化服务标准。六是致力于标准化工作机制、队伍建设中的“标准强基工程”——成立山西省标准化委员会，创新“2＋N”标准化协同工作机制，加快组建助力“六大发展”的标准化专业技术委员会，构建标准化信息综合服务共享平台，着力打造标准化智囊、管理、专家、技能、宣传（营销）五大团队。

短论3　在适应“新常态”中加快推进山西对外开放①

当前，中国经济已步入稳健发展、重调结构、再造动力、创新调控的新常态，处于增长速度“换挡期”、结构调整“阵痛期”和前期政策“消化期”三期叠加的关键时期，山西经济发展陷入困境，经济效益呈现“断崖式”下滑。适应新常态，加快推动山西“六大发展”，要求再造改革开放新动力，实行更加积极主动的开放战略。

① 本短论系作者于2014年12月4日在山西省政协“扩大对外开放，促进转型综改”专题议政会上的发言（书面）稿。

（一）强化主动开放理念，推进新一轮思想大解放

山西要开拓更为广阔的国际国内发展空间，以扩大开放倒逼结构调整，应对新常态下的新挑战，关键在于解放思想，坚持以开放促改革、以改革促发展。要摒弃“守株待兔”“观望迟疑”“等靠怕慢”的“中庸”思想，打破政府依赖、资源依赖的惯性思维，摆脱固有思路，建立“新开放观”，敢于在对外开放上做文章，敢于在结构调整上下功夫。要跳出山西看山西、跳出眼前看长远、跳出资源看开放，力求创新思路、拓宽视野、提升境界，以开放带动结构升级、以创新驱动开放发展，增添推动山西“六大发展”的新动力。

（二）以“双招双引”为抓手，注入对外开放新活力

坚持招商与引资并举，增强吸引高端要素的能力。依托各类园区企业，重点引进具有技术领先优势、自主知识产权和品牌优势的高水平项目；逐步引导外资投向有利于转型发展的战略性新兴产业，鼓励外商以并购、增资扩股、利润再投资等多种形式与民营企业开展投资合作。充分利用中国（太原）国际能源产业博览会等招商引资平台，创新运用电子商务招商、产权招商、风险基金代理中介组合等新型招商手段，大力开展以企招企、以商招商、补链招商等招商活动，实行定点式、跟进式、持续式的精细化招商引资。

坚持招商引资和招才引智相结合，推进人员跨省自由流动和人才引进。创新政策吸引人才，实行高层次创新、创业项目评选资助活动。加快技术创新集聚人才，通过科技创业园区、企业孵化器、博士后科研工作站、企业技术研发中心等科研平台建设，强化引才引智。加强校企合作培养人才，围绕全省产业升级转型的实际需要，搭建“领军人才培育工程”“高层次人才载体建设工程”“职业经理人培育计划”“蓝领成才工程”等人才培养新平台。

（三）以延伸加工贸易增值链为重点，培育对外开放新优势

加大政策支持力度，强化贸易政策和产业政策协调，形成以技术、品

牌、质量、服务为核心的竞争优势。建立完善管理协调机制，做大加工贸易规模，优化产品结构、产业结构和区域布局，提升产业层次和加工深度，延伸产业链条。大力引进产业链条长、出口带动能力强的加工贸易企业，提高太原钢铁（集团）有限公司、太原重工股份有限公司等本土加工贸易企业的自主创新能力，推动一般产品向优势产品转型，促进贸易商品结构优化。进一步提升煤机制造、汽车、铁路装备、重型机械等装备制造业水平，提高镁和不锈钢的深加工转化，发展以镁铝合金、不锈钢为主的金属材料及其制品产业，实现传统产业向新型产业转型。以山西科技创新城为主导，联合经济开发区和产业园区，鼓励中小企业以加工贸易方式参与国际分工，抓好民营企业和“三资”企业的出口工作，进一步优化经营主体结构，形成多种经济成分参与对外贸易的局面。

（四）以“一环三角一峡谷”为主线，开拓区域合作新局面

充分发挥地缘优势和资源优势，深化山西与周边省份接壤区的交流合作，完善高层对话、政策协调、区域合作开发的长效机制，逐步构建环渤海，晋陕豫黄河金三角、晋陕蒙能源乌金三角、晋冀豫太行山绿三角，晋陕黄河大峡谷“一环三角一峡谷”联动发展的区域合作体系，全面提升山西参与区域合作的能力和影响力。以运城、晋城、阳泉三市为主体，大力发展“飞地经济”，积极对接长三角、珠三角、环渤海等东部发达地区，助力承接东部地区和境外制造产业转移，进一步延伸山西产业链。充分发挥山西小杂粮、干鲜果、蔬菜、畜产品等特色农产品比较优势，加强雁门关生态畜牧经济区等粮食生产区与沿海销售区的合作。主动融入“一带一路”发展战略，找准定位，突出特色，以旅游业为先导，引导更多民间力量加入“一带一路”建设活动，助推产业转型，打造山西对外开放升级版。

（五）以“服务型政府”和大通关建设为核心，统筹优化对外开放新环境

着力建设“服务型政府”，完善公共服务平台建设，全面实行首问负责

制、服务承诺制、一次性告知制、限时办结制，提高工作效率和服务水平；进一步转变政府职能，创新管理方式，推进以事前审批为主向以事中、事后监管为主转变，推行外商投资准入各阶段的国民待遇和“负面清单”模式管理；加强政府管理部门与贸易促进服务组织、同业协会等社会机构的协调配合，完善对外贸易服务促进体系。

提速口岸建设，进一步扩大大通关合作范围，推进铁路、公路、机场及港口码头无缝对接，完善路、港、航一体化“大通关链条”建设；充分发挥太原武宿综合保税区、侯马方略保税物流中心的作用，重点建设煤炭、焦炭、矿石、钢材、建材、化工、汽车等大宗物资的专业化物流市场；全面推进太原海关通关作业无纸化改革，完善海关快速通关机制，切实提高贸易投资便利化水平。

不拒众流，方为江海。主动适应新常态，进一步扩大开放，重调经济结构，助力开创弊革风清、富民强省的新局面。

短论4　释放职教人才红利
服务山西转型综改①

十八届三中全会提出要“加快现代职业教育体系建设，深化产教融合、校企合作，培养高素质劳动者和技能型人才”。为此，必须高度重视职业教育发展，加快职业教育体系改革，构建符合山西转型综改需要的现代职业教育体系。

（一）发展现代职业技术教育是提速山西转型综改的必然要求

现代职业技术教育是实现教育改革的突破口，是解决就业结构性矛盾的核心，是创新技术要素供给、实现创新驱动的关键所在。发展现代职业教育，是加快创新驱动、实现职业教育服务山西转型综改的必然要求，是保就

① 本短论系作者于2014年5月28日在山西省政协十一届八次常委会议上的发言稿。

业、惠民生、缓解就业结构性矛盾的迫切要求，是实现产业结构转型升级、打造山西经济转型升级版的重要举措。

（二）准确把脉职业教育现状，全面透析职业教育存在问题

2013 年，山西实现中职教育免学费全覆盖，新增 41 个产业发展急需专业点，建成 27 个国家级实训基地和 60 个省级实训基地，建成 11 所国家级中职教育改革发展示范校，继续扩大五年制职业教育“三二分段”试点规模，成功举办山西省第七届职业技能大赛。

与此同时，山西职业教育也存在一些亟待解决的问题：“重学轻术”观念依然存在，社会影响力相对偏低；核心功能尚未实现，无法适应产业转型需求；投入机制不完善，资源配置失衡局面仍未改变；办学模式趋同，没有形成合理的阶梯规模结构。

（三）聚合职业教育改革正能量，增创职业教育发展新优势

山西职业教育的发展，必须坚持以提高人才质量、促进社会就业、释放人才红利、服务地方转型综改为导向，加快建设更具地方服务能力的现代职业教育体系。

改变传统落后观念，营造良好社会氛围。职业教育不是一个教育层次，而是一种教育类型。要摒弃“重学轻术”的落后观念，改变多年来对职业教育的偏见，树立职业教育是技能型精英人才培养渠道的正确理念，促进形成“崇尚一技之长、不唯学历凭能力”的社会氛围。

改革高考招生制度，实现全民职业教育。试点探索普通高考、职业高考并存的“高考双轨制”，实行“文化素质 + 职业技能”综合评价招生、自主招生和技能拔尖人才免试等招生办法。通过政府直接资助、半工半读、订单培养等方式，探索职业教育扶贫助学模式。开展农业职业教育，提高职业教育院校招收一线劳动者的比例，实现全民职业教育。

创新人才培养模式，提升人才培养质量。把握办学方向，引入“饥饿”教学模式，动态调整课程设置，强化专业和经济发展、产业升级、技术进步

的协同联动。加强校企合作、工学结合，加大实习实训的比重，创新现代学徒制和资格证书引导的终身学习制。探索推行教师轮岗制、“双师型”教师队伍建设。加强职业教育国际交流与合作。

推广本科层次职业教育，探索推行“中本贯通”制。引导部分本科高校向应用技术型高校转型，增强高校服务地方的能力。组织成立高校应用技术院校联盟，实现人才培养和就业需求的无缝对接。探索推行“中本贯通”制，建立学分积累和转换制度，打通职业教育“上升通道”，实现中高职学生到本科院校直升就读。

创新投入机制，大力发展民办职业教育。加大教育经费投入力度，新增财政教育经费逐渐向职业教育倾斜，实现对高等院校及职业技术院校的平等分配。多渠道筹措教育经费，支持鼓励行业、企业等社会办学主体以多种形式创办职业教育。试点推行职业教育院校股权多元化改革，允许以知识、技术、管理等要素参与职业教育办学。

短论5　建立健全法人治理结构　大力推动山西国有企业改革①

十八届三中全会关于“推动国有企业完善现代企业制度”“健全协调运转、有效制衡的公司法人治理结构”等重大政策性观点，为破解国有企业改革难题注入强大的“顶层动力”，也标志着国有企业改革步入了健全法人治理结构、全面提升治理水平的关键阶段。破解法人治理结构有效性建设难题成为当前亟待探讨的课题。

（一）坚持理念先行，强化治理的系统性、多元化和过程性，全面提升公司法人治理水平

公司法人治理结构是建立现代企业制度的核心。在新一轮改革浪潮中，

① 本短论系作者于2014年8月20日在山西省政协十一届十次常委会议上的发言稿。

国有企业要取得长久的“动力”和“活力”，就要以现代治理理念为先导，强化治理的系统性、多元化和过程性。

一要强化系统性治理。从宏观、微观着眼，国有企业改革涉及国有资本配置体制改革和国有企业管理体制改革两个层次，前者重在提升国有资本的配置效率，后者重在提高企业的生产经营效率。过去，改革重微观轻宏观极大地影响了国有资本配置效率的提升，并生发出法人治理结构不健全、运转机制不灵活、自主创新动力不足等诸多弊端。因此，推进新一轮国有企业改革，要在两个层次上同时推进，且重点应致力于国有资本配置体制的改革。

二要强化多元化治理。推进新一轮国有企业改革是在中国“双重转型”（体制转型和发展转型）中进行的，这其中最重要的问题是要重新构造微观经济基础，积极发展混合所有制经济，突破和创新国有企业产权主体单一“虚置”结构，促进投资主体的多元化和产权的变动，实现治理主体的多元化。

三要强化过程性治理。现代公司治理是一个围绕“规则、合规和问责”动态演进的过程，而非一次性行为。要实现向治理结构和机制的规则化转型、向自主性治理的合规化转型、向治理主体的问责化转型，以持续强化的过程治理保证治理有效性的实现。

（二）坚持问题导向，准确把脉法人治理结构现状，推进新一轮国有企业改革有的放矢

我国国有企业已基本实现了由工厂制向公司制的转变，并初步建立了法人治理结构。成绩可喜，但问题尤多。

——理念层面。现代治理理念缺失，“为改革而改革”“形似而神不至”等问题突出。过程思维缺乏，“一次性改革”“急功近利”等短视观念盛行。顶层设计不足，“上层抓管理，基层抓治理”的倒置现象普遍存在，政府管得过宽过细，微观市场主体的积极性与创新能量难以充分释放。

——运作层面。产权主体多元化进展缓慢，政府超级股东“过度控制”“一言堂”现象普遍存在。股东大会、董事会和经理层之间权责利关系混淆

不清，监事会有职无权，“三会四权”制衡机制运转时常受阻。“内部人控制”现象较为严重，外部治理机制发育不全，集体合谋寻租与权力腐败屡禁不止。

——保障层面。收入分配不规范，经营者风险收益不对等。长效的问责机制缺失，职业风险约束缺乏。外部审计监督机构职能弱化，公司治理的法制环境不完善。

（三）坚持市场为本，立足实际综合施策，健全协调运转、有效制衡的公司法人治理结构

深化治理理念，进一步促成对“规则、合规和问责”的广泛认同。强化现代治理理念，加快“行政型”治理向“经济型”治理的转变。建立健全合理化治理规则，强化治理主体主动合规意识。明确利益相关者的权责边界与义务，构建链条清晰、层层落实的责任制体系。注重“规则、合规和问责”演进的过程性，持续改善，动态调整。

注重顶层设计，分类分层推进公司法人治理创新。最大限度地减少政府对企业微观事务的管理，用“治理拉动”代替“管理推动”。深化国有资本配置体制改革，建立省国资委—省投资基金公司—国有企业的管理体制。省国资委负责国有资本配置及其保值增值，省投资基金公司负责对国有企业资本运营和生产效率进行考核，不再负责企业微观运作。基于国有企业功能定位，分类强化“三会一层”建设。落实“市场决定”，推动自主性的公司治理创新。

加强规范运作，完善“四权”有效制约协调的运行机制。进一步规范“三会一层”的产生程序、议事规则和办事流程，提升股东大会参与公司治理的能力，提高董事会的决策质量、效率和水平，加强经理层高效执行力建设，探索建立监事会长效监督新机制。

完善用人制度，建立长效激励约束和问责机制。深化经营者选任及管理机制改革，合理增加市场化选聘比例。逐步推行职业经理人制度，探索建立经营者经营能力和绩效科学评价机制，实现收入分配与市场水平接轨。多路

径改善企业家生存、成长的环境和条件，充分释放企业家的创新活力。建立完善高层管理者问责机制及信息披露制度体系。

强化内外监管，建立有效监督和科学评价机制。强化内部监督，适时改变外派监事会体制和“一对多”工作模式。探索建立企业内日常监督机构和制衡机制。发挥企业党组织的政治核心作用，建立企业党组织与法人治理结构权责互补新机制。强化外部监督，完善企业破产追究机制和职务工资限额及奖惩机制。加强外部独立审计监督，引入科学的公司治理评价系统，全面提升公司治理水平。

B.4

新常态下山西经济增长动力结构优化再平衡

李志强　张琴清*

摘　要： 经济增长的关键在于优化动力结构。本报告以结构经济学理论为基础，构建经济增长动力结构失衡测度指标体系，对经济增长动力结构问题进行测度与分析。测度结果表明，山西经济增长动力结构失衡，并呈现加剧态势。面对新常态下的新挑战和新机遇，要促进山西经济增长动力结构优化再平衡，必须大力抓好投资，形成新的增长点，提高投资质量和效益，优化投资结构；大力扩大消费规模，培育新的增长点，增强居民消费能力，优化消费结构；大力推进对外开放，寻找新的增长点，提升对外开放水平，优化国际收支结构。

关键词： 新常态　经济增长动力结构　测度　优化再平衡

改革开放以来，中国经济建设取得了举世瞩目的成就，经济体制改革起着至关重要的作用。而经济体制改革实际上就是一种要素结构变革，结构决定功能。在既定的资源条件下，产业结构、所有制结构、投资消费结构、国际收支结构等重要结构的变革使中国经济创造了世所罕见的奇迹。然而，新

---

* 李志强，山西大学中国中部发展研究中心主任，山西大学管理与决策研究所、山西大学资源型经济转型发展协同创新中心、山西大学经济与管理学院，博士、教授、博士生导师，主要研究方向为制度理论与竞争力、资源型经济转型、战略与创新管理；张琴清，山西省标准化研究院，山西大学中国中部发展研究中心研究人员。

常态下，高经济增长已经不可持续，结构失衡问题呈现加剧趋势，中国经济要想赢得长远未来，关键在于优化动力结构。对于山西来说更是如此，动力结构变革对山西资源型经济也将产生巨大而深远的影响。当前，山西正处于经济运行最为困难、改革发展任务最为繁重的时期，必须抢抓最后关键窗口期，主动适应经济发展新常态，破解动力结构失衡问题，使全省经济增长结构从单一化、片面化结构转变为多元化、分散化、均衡化的“动车组”结构，逐步实现动力结构优化再平衡，再造经济增长新动力。

一 山西经济面临增长动力结构失衡

山西经济增长动力结构失衡主要包括内部失衡和外部失衡两个方面。内部失衡主要指投资消费结构失衡，表现为投资和消费的比例失调。2000～2014年，全省投资率持续上升，增长幅度较大，而消费率却落后于投资率，差距越来越大。外部失衡主要指国际收支结构失衡，表现为外贸依存度较低；净出口率不高，2009～2012年每年出口小于进口，对外贸易出现逆差；FDI对GDP的贡献变化迟缓，全省外贸水平较低，存在一定程度的失衡现象。

（一）内部失衡

近年来，山西经济主要依靠投资拉动，投资一马当先，投资的扩张明显大于消费的增长。从表1和图1中可以看出，投资率由2000年的33.9%攀升到2014年的96.8%，变化波动比较大，对山西GDP的贡献和拉动作用整体呈明显上升态势；消费率从2000年的39.2%上升到2014年的43.5%，变化波动比较小，对山西经济增长的拉动明显弱于投资，且远远低于平均60%以上的消费水平（见本报告第二部分），消费与投资之间的失调比例进一步加大。山西呈现“投资率偏高、消费率偏低”的增长模式，投资消费结构失衡，从中长期看，如果没有足够的消费需求做支撑，新增投资也将成为无效投资，影响山西经济健康可持续发展。

表 1　2000～2014 年山西省消费率和投资率的变动

单位：%

年份	投资率	消费率	年份	投资率	消费率
2000	33.9	39.2	2008	49.7	33.1
2001	34.9	38.5	2009	68.4	38.2
2002	36.1	37.3	2010	69.0	36.1
2003	39.1	35.2	2011	62.6	34.7
2004	41.4	34.1	2012	75.8	37.2
2005	44.0	33.3	2013	88.4	40.6
2006	47.6	33.5	2014	96.8	43.5
2007	48.6	32.4			

资料来源：根据《山西统计年鉴》（2001～2014 年）和山西省 2014 年国民经济和社会发展统计公报相关数据整理而得。

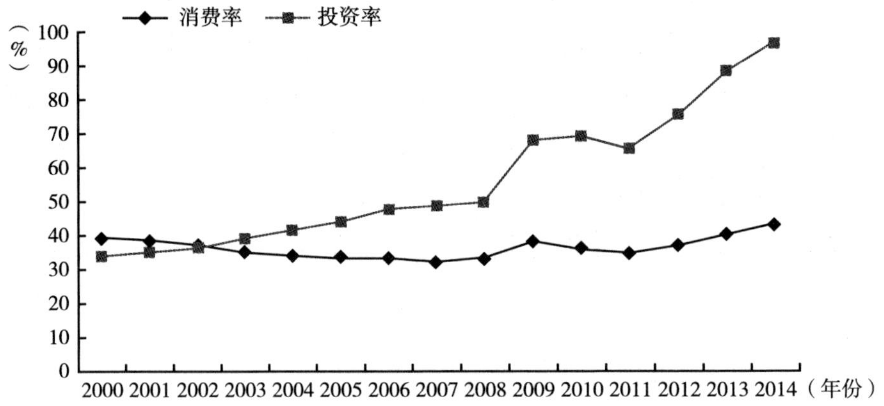

图 1　2000～2014 年山西省消费率和投资率的变动

（二）外部失衡

山西地处内陆，长期以来外贸水平较低，2014 年全省海关进出口总额达 162.5 亿美元，创山西历史最高水平，但是与同为中部地区且相邻的河南相比，仅占河南（650.3 亿美元）的 25.0%，且其增幅比全国平均增幅高 0.6 个百分点。从表 2 和图 2 中可以看出，外贸依存度大致呈现“两头低、中间高”的态势。总体来看，山西经济增长对国外市场的依赖程度不高。

净出口率偏低，2000 年为 3.2%，高于 2014 年的 0.8%，且 2009 ~ 2012 年每年都出现贸易逆差，与全国高速增长的净出口率形成了鲜明的反差，表现出进一步恶化的趋势。FDI 占 GDP 的比重先减少后逐渐增大，但是曲线变化却很平缓。综上所述，山西对外开放程度明显不高。2014 年 12 月 29 日，山西经济工作会议提出，要以扩大开放拓展发展空间，在更高层次、更广领域推进山西新一轮对外开放，促进山西经济增长。

表 2　2000 ~ 2014 年山西省外贸依存度、净出口率和 FDI 占 GDP 的比重

单位：%

年份	外贸依存度	净出口率	FDI 占 GDP 的比重	年份	外贸依存度	净出口率	FDI 占 GDP 的比重
2000	7.9	3.2	1.0	2008	13.7	3.9	1.0
2001	7.9	4.1	1.0	2009	7.9	-2.7	0.5
2002	8.2	3.6	0.9	2010	9.1	-2.3	0.5
2003	8.9	4.2	0.6	2011	8.3	-2.2	1.2
2004	12.5	6.2	0.2	2012	7.8	-0.5	1.3
2005	10.7	2.9	0.5	2013	7.7	0.1	1.4
2006	10.8	2.7	0.8	2014	7.8	0.8	1.4
2007	14.6	1.9	1.7				

资料来源：根据《山西统计年鉴》（2001 ~ 2014 年）和山西省 2014 年国民经济和社会发展统计公报相关数据整理而得。

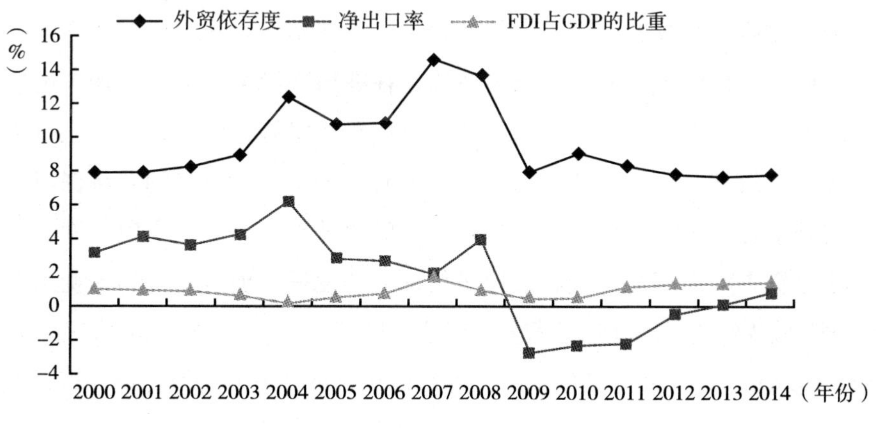

图 2　2000 ~ 2014 年山西省外贸依存度、净出口率和 FDI 占 GDP 的比重

二 山西经济增长动力结构失衡测度指标体系的构建

结合山西省情，从山西经济发展的具体情况出发，充分考虑影响山西经济增长动力的主要因素，选择经济增长动力结构失衡测度指标。本报告主要参考项俊波对中国经济结构失衡测度指标的划分①，部分指标根据山西实际进行修正。这些指标的选取及最终确定既要充分反映山西经济增长动力结构的特点，又要准确测度经济增长动力结构是否失衡以及失衡水平。在指标选取的过程中，必须遵循独立性原则、可获得性原则以及可比性原则，从而确保测度指标体系的科学性和可靠性，并制定评分标准表。独立性，即指标相对独立，且指标之间无法兼容；可获得性，即指标数据的获得能够保证统计上的连续性；可比性，即指标可以进行评估和比较分析。

（一）测度指标的选取

通过查阅相关文献可知，经济增长动力结构主要包括投资消费结构和国际收支结构，因此，本报告选择投资消费结构和国际收支结构两个总体指标作为经济增长动力结构失衡测度指标的基本指标。

投资消费结构，即投资和消费是衡量经济增长的总量指标。从投资需求看，为了保增长，政府成为投资的一大主体，在基础设施建设方面强力推进投资，而政府投资效率低下且不可持久，存在风险隐患加大和结构失衡的问题；从消费需求看，居民收入增长速度落后于经济增长速度，再加上收入的不均等，导致社会边际消费能力下降，同时，为了获得更好的经济保障，居民消费预期支出增大，推高了本来就较高的储蓄率。可以选择投资率、消费率、增量资本产出率和房价收入比等指标来测度投资消费结构的失衡水平。

国际收支结构，即在对外贸易过程中，国际收支各项目差额的结构。从对外贸易需求看，由于商品结构单一、外贸增长过度依赖资源性商品，以及进出

① 项俊波：《中国经济结构失衡的测度与分析》，《管理世界》2008 年第 9 期。

口管理体制不完善等原因，山西进出口不平衡问题仍然存在；从投资消费情况看，省内消费无法与新增投资同步，造成产能过剩，而产能过剩必然引起出口增加，需要通过寻求外部需求来平衡，也导致了国际收支结构失衡。由于山西经济对国际收支指标的统计存在局限性，同时为了方便计算，因此，选择外贸依存度和净出口率等指标来测度国际收支结构的失衡水平。

（二）指标的评估比较及最终确定

由于备选测度指标比较多，彼此之间缺乏内在的逻辑和联系，故需要对指标进行整理和筛选。备选测度指标为指标的选择提供了一个范围，本报告根据指标选择的独立性以及数据的可获得性和可比性的要求，同时参照项俊波对中国经济结构失衡测度指标划分的思路，综合考虑山西的实际情况，对备选测度指标进行了评估比较，最终确定了6个二级指标。投资消费结构失衡测度指标包括消费率、投资率、增量资本产出率及房价收入比；国际收支结构失衡测度指标包括外贸依存度及净出口率。

（三）指标评分标准的确定

根据统计测度的基本原理，构建指标体系之后，需要对各测度指标值打分来进行评估。然而，测度指标不同，它所代表的经济含义也不同，且测度指标的度量单位和属性也不一致，指标值之间是不可比的。因此，要对测度指标值进行无量纲化处理，确定测度指标评分标准，使测度指标值具有可比性。不同的指标通常反映某一时间内某一领域经济运行的状况，即指标值是否超出了经济运行的合理区间。根据测度指标值与合理区间的偏离度，采取五等分法对山西经济增长动力结构失衡测度进行评分，将指标值分为五个区间：区间一表示指标值在合理区间内变化，经济运行良好，经济增长动力结构失衡水平为正常，打1分；区间二表示指标值略微超出合理区间，需要引起关注，经济增长动力结构失衡水平为轻度失衡，打2分；区间三表示指标值较大幅度超出合理区间，需要加强关注，经济增长动力结构失衡水平为中度失衡，打3分；区间四表示指标值大幅度超出合理区间，需要引起高度关注，经济增长动力结构失衡水平为重度失衡，打4分；区间五表示指标值严重超出合理区间，有可能引发经济危机，经济增长动力结构失衡水平为潜在危机，打5分。由此可见，评分取值越高，山西经济增长动力结构的失衡程度就越高。

确定经济增长动力结构失衡测度指标评分标准，最重要的是确定正常区间和潜在危机区间。依据基础理论和经济运行的实际情况来确定两个区间临界点，当这两个区间确定后，根据数据的分布特征，按照统计分组的基本原理，分别确定其他区间的上限和下限。在本报告中，投资消费结构失衡测度指标的评分等级采用项俊波在《中国经济结构失衡的测度与分析》一文中制定的评分标准。对于国际收支结构失衡测度指标的评分等级，随着外贸水平的不断提高，我国已经跻身中等贸易依存度国家，即当贸易依存度为30% ~100%时，均属于合理范围。由于山西外贸水平很低，故外贸依存度的数值取大于或等于30%表示经济增长动力结构失衡水平为正常，小于30%表示经济增长动力结构失衡。陈德铭认为，贸易顺差一直控制在3%以下，是国际公认的合理区间，故净出口率的数值取小于3%表示经济增长动力结构失衡水平为正常，反之则表示失衡①。山西经济增长动力结构失衡测度指标评分标准见表3。

表3　山西经济增长动力结构失衡测度指标评分标准

一级指标	二级指标	评分标准				
		正常 1分	轻度失衡 2分	中度失衡 3分	重度失衡 4分	潜在危机 5分
投资消费结构	投资率(%)	<38	38~40	40~42	42~45	≥45
	消费率(%)	≥60	57~60	54~57	50~54	<50
	增量资本产出率	<2	2~3	3~4	4~5	≥5
	房价收入比(倍)	<4	4~5	5~6	6~7	≥7
国际收支结构	外贸依存度(%)	≥30	23~30	16~23	9~16	<9
	净出口率(%)	<3	3~4	4~5	5~6	≥6

① 陈德铭：《中国贸易顺差占GDP比例处在国际公认的合理区间》，新华网，http://news.xinhuanet.com/fortune/2013-03/08/c_114950781.htm。

三 2000~2014年山西经济增长动力结构失衡的测度结果及分析

（一）各测度指标评分

在确定评分标准后，需要构建指数模型进行计算，得出投资消费结构和国际收支结构失衡的分类指数及经济增长动力结构失衡指数。根据《山西统计年鉴》（2001～2014年）和山西省2014年国民经济和社会发展统计公报相关数据，通过计算得到山西经济增长动力结构失衡指标体系中各测度指标值，对照表3确立的评分标准，对其进行评分，得到2000～2014年各测度指标评分值（见表4）。

表4 2000～2014年山西经济增长动力结构失衡测度指标评分

年份	投资率	消费率	增量资本产出率	房价收入比	外贸依存度	净出口率
2000	1	5	3	5	5	2
2001	1	5	3	5	5	3
2002	1	5	2	5	5	2
2003	2	5	2	5	5	3
2004	3	5	2	5	4	5
2005	4	5	3	5	4	1
2006	5	5	3	4	4	1
2007	5	5	3	4	4	1
2008	5	5	5	4	4	2
2009	5	5	5	4	5	1
2010	5	5	5	5	4	1
2011	5	5	5	4	5	1
2012	5	5	5	4	5	1
2013	5	5	5	4	5	1
2014	5	5	5	4	5	1

从表4可以看出，山西经济增长动力结构失衡测度指标呈现以下基本特征。

处在正常区间的指标非常少。从总体上看，不同年份的绝大多数指标长期处于失衡状态，极少数指标处于正常区间。山西经济增长动力结构长期失衡，尤其是消费率长期处于潜在危机区间，其次是投资率、外贸依存度、增量资本产出率和房价收入比，严重制约了山西经济的快速增长，动力结构调整迫在眉睫。

各指标之间评分差异比较大。2000～2014 年，指标值平均得分在 2 分以下的有 1 个，即净出口率；平均得分处在（3，4）区间的有 2 个，即投资率和增量资本产出率；平均得分处在（4，5）区间的有 2 个，即房价收入比和外贸依存度；平均得分为 5 分的有 1 个，即消费率。

不同的指标失衡程度不同。从指标评分的变化趋势看，不同年份的绝大多数指标保持失衡态势甚至趋向更高程度的失衡，少数指标失衡状况趋于好转，如消费率长期失衡，投资率呈逐年恶化趋势，房价收入比和净出口率的变化存在改善的迹象。

（二）经济增长动力结构失衡水平

在对不同年份各测度指标进行评分的基础上，运用简单算术平均法计算得到投资消费结构和国际收支结构的各类指数，然后再对这两个结构指数进行简单算术平均，得到经济增长动力结构综合指数（见表 5）。

表 5　2000～2014 年山西经济增长动力结构失衡水平

年份	投资消费结构	国际收支结构	经济增长动力结构	年份	投资消费结构	国际收支结构	经济增长动力结构
2000	3.50	3.5	3.500	2008	4.75	3.0	3.875
2001	3.50	4.0	3.750	2009	4.75	3.0	3.875
2002	3.25	3.5	3.375	2010	5.00	2.5	3.750
2003	3.50	4.0	3.750	2011	4.75	3.0	3.875
2004	3.75	4.5	4.125	2012	4.75	3.0	3.875
2005	4.25	2.5	3.375	2013	4.75	3.0	3.875
2006	4.25	2.5	3.375	2014	4.75	3.0	3.875
2007	4.25	2.5	3.375				

从表5可以看出，山西经济增长动力结构以及各领域的变动趋势显示了其失衡水平均是不平衡的。

投资消费结构失衡水平总体上居高不下，并呈现不断恶化的趋势。2000～2004年，指标测度值平均得分处在（3，4）区间内；2005～2014年，指标测度值平均得分在4分以上，投资消费结构重度失衡。十多年来，山西投资增速迅猛，经济增长过度依赖投资现象严重，必须引起高度重视。考虑到山西省情，要适度减少投资，逐渐实现由投资驱动向投资驱动、要素驱动和创新驱动并重转变。居民消费需求持续低位运行，增量资本产出率呈现急剧上升趋势，投资消费结构失衡程度不断提高。

国际收支结构失衡水平总体上相对较低，并稍微有所改善。2000～2004年，指标测度值平均得分处在（3，5）区间内；2005～2014年，指标测度值平均得分处在3分以下，国际收支结构轻度失衡。由于山西开放度、透明度低，地理位置相对封闭，外贸依存度也相对较低，开放明显滞后。因此，要扩大开放，发展开放型经济，以开放倒逼改革、以开放促进改革、以开放富民强省。

从整体来看，经济增长动力结构失衡水平越来越严重。投资消费结构和国际收支结构都处于失衡状态，且呈现不断扩大的趋势，经济增长动力结构中度失衡。当前，山西正处在工业中期加速发展阶段，而2014年GDP比上年增长4.9%，与预期相差甚远，经济增长失速，总体上来说，出现了“失衡且失速”的现象。

（三）“失衡且失速”现象剖析

根据上述分析，山西经济增长动力结构失衡突出体现为三大问题：消费增长缓慢，消费率偏低；投资增长过快，投资效率不高；出口增长偏弱，对外开放水平较低。近年来，山西经济增长一直在高位运行，但是增速明显放慢，甚至出现了失速情况，其关键的因素是动力结构失衡在很大程度上制约了经济的增长。根据结构经济学的相关理论，“失衡且失速”现象，即结构失衡、增长失速，主要表现为经济增长动力结构演进的动力机制和平衡机制之间出现了不平衡。具体原因如下。

1. 重投资、轻消费观念盛行是产生“失衡且失速”现象的主要原因

对于山西来说，拉动经济增长主要依靠投资，“三驾马车”中投资一马当先，重投资、轻消费现象一直存在。2003年以来，山西投资率居高不下，远远超过消费率，投资和消费比例出现了严重的不协调。将保增长放在首位，现有的投资往往只考虑短期效益，投资效率低下，一些领域还存在“优惠政策看得见却享受不到、准入领域想进去却进不去、地位平等说得到却做不到”等问题。居民没钱花，或者有钱不敢花，从而抑制了消费。投资过度而消费不足，影响了投资消费结构的均衡。

2. 市场环境限制、技术创新不足是产生“失衡且失速”现象的根本原因

相比东部地区发达省份，山西更加封闭落后，外贸水平比较低，市场机制也不健全，政府在资源配置中的作用更加明显，政府长期占据主导地位，致使市场作用不能有效地发挥。此外，技术创新不足是制约山西经济社会发展的主要短板，很多技术创新更多的是模仿创新，自主创新能力低下，无法真正打造企业和省域的核心竞争力，影响了山西进一步提高投资质量、打开海外市场的步伐。市场的决定性作用无法充分发挥以及核心技术的缺乏，导致了经济增长动力结构的失衡。

3. 现行体制不健全、不完善是产生“失衡且失速”现象的重要原因

经济增长动力结构优化升级需要有一套完整的制度体系作为支撑，而山西当前的制度建设较为滞后，制度创新严重缺乏，现有的体制机制不能完全满足经济增长动力结构调整的要求。收入分配体制不健全、城乡收入差距呈现不断扩大的趋势、微观分配机制存在系统性“缺陷”、再分配机制出现“逆向调节”问题等，直接限制了居民的消费需求。产业升级新的动力机制尚未建立等一些体制原因造成了地方投资冲动，对外开放政策不完善制约了对外开放水平的提高，山西“失衡且失速”现象长期存在。

四　新常态下促进山西经济增长动力结构优化再平衡的对策建议

经济运行总是处在由平衡走向失衡再走向平衡的动态转换过程中。面对"失衡且失速"现象，山西要主动适应新常态，首推思想转型，重在完成动力系统转型，努力解决结构性矛盾问题，积极调整优化动力结构。要以保持"双目标"、坚持"双结合"与打造"双引擎"为着力点，推动发展动力从传统增长点向新的增长点转变，调速不减势、换挡不失速、量增质更优，提升山西经济发展的水平和效益。

（一）大力抓好投资，形成新的增长点，提高投资质量和效益，促进投资结构优化再平衡

正确处理投资与消费的关系，要更加注重提高投资的质量，充分发挥投资拉动经济增长的关键作用，增强投资的合理性、有效性和高效性，多途径做大增量、盘活存量，释放巨大的乘数效应，进一步优化投资结构。

1. 重点"用好"政府投资

现阶段，政府投资主要涉足全局性、基础性、战略性领域，在很大程度上对经济起着"四两拨千斤"的杠杆作用，仍然占据主导地位。确定政府投资方向，明确政府投资范围，将政府投资主要投向民生等重大基础设施、社会公益性以及重大节能减排和环境治理工程等，增加公共产品有效投资，扎实稳步推进"项目提质增效年"和"百日百项"活动。合理界定政府投资管理职能，加强和规范政府投资行为。管好用好政府投资，加快完善投资管理体制机制，合理有效控制投资规模和标准，实施项目集约化管理。将政府投资项目竣工验收管理办法尽快落到实处，明确项目验收主体和工作职责，严格验收投资项目。建立项目问责制，全面跟踪了解项目进展情况，强化责任追究，严肃依法查处违法犯罪事件，避免政府投资项目乱象，提升政府投资效率，保证政府投资质量。

2. 突出“放活”民间投资

十八届三中全会指出，要使市场在资源配置中起决定性作用，建设统一开放、竞争有序的市场体系，支持非公有制经济健康发展。完善民间投资相关政策措施，建立行业新规范，营造公平合理的投资环境。放开民间投资准入领域，降低准入门槛，鼓励和引导民间资本投入基础设施建设、公共事业等领域。优化民间投资布局，通过对民营企业加大资金支持力度和技术研发力度，鼓励其开展知识创新和技术创新，努力培育吸引民间投资进入新项目。注重引导民间投资投入文化教育、现代服务业等新兴产业，充分释放和激发民间资本活力。加强和规范民间投资管理，构建多元化融资渠道，为民间投资健康发展提供有力保障。选择一批示范项目，试点先行，以点带面，逐步扩大民间投资的影响力，辐射带动其他民间投资者进行投资。民营企业要以改革创新、优化结构和提高产品质量为工作着力点，提高民营经济自身素质，提升民间投资效率。

（二）大力扩大消费规模，培育新的增长点，增强居民消费能力，促进消费结构优化再平衡

扩大消费不仅是一道经济题，而且是一道民生题、政治题；不仅是适应经济新常态的现实需求，而且是推进经济长远发展的有效手段。释放有效消费，启动消费引擎，需要多学科的综合求解，要注重发展速度，更要注重发展质量，促进经济提质增效。

1. 全面改善居民收入分配

改善居民收入分配，增加居民消费来源，促进居民“能”消费。提高劳动者工资性收入，完善资本市场体系建设，多渠道增加居民收入，在深化收入分配制度改革的过程中要更加注重居民收入增长和经济发展同步、劳动报酬增长和劳动生产率提高同步，进一步提高劳动报酬在初次分配中的比重，增加居民收入在国民收入分配中的比重。大力发展非国有经济，多渠道开发就业岗位；推动大众创业、万众创新，以创业带动就业，吸纳更多劳动人员就业；建立规范灵活的人力资源市场，合理配置人力资源；挖掘农业就

业潜力，促进农民增收；强化技能培训，提高劳动者就业竞争能力；完善公共服务就业体系建设，提供优质高效的就业服务；加大就业帮扶力度，保障重点群体就业，全方位开拓就业渠道，千方百计扩大就业，增加居民收入。

2. 健全完善社会保障体系

健全社会保障体系，稳定居民消费预期，促进居民“敢”消费。加快财政体制改革步伐，建立健全基本公共服务财政投入稳定增长长效机制，力争实现基本公共服务均等化。加快推进住房保障建设，逐步完善住房保障体系，加大基本住房保障资金投入，放宽提取公积金支付房租条件，降低租房支出在居民消费中的比重。重视和优化教育体系，取缔“择校费”等不合理收费，改善民办教育办学环境，解决好“上学难”问题。大力发展民生工程，完善城镇基本养老和基本医疗、失业、工伤、生育保险制度，认真解决农民工和被征地农民的社会保障问题，积极稳妥地推进农村社会养老保险工作，完善社会保障制度，扩大社会保障覆盖面，提高社会保障水平，消除居民消费的后顾之忧。

3. 积极拓宽居民消费领域

拓宽居民消费领域，发掘潜在消费热点，促进居民“乐”消费。尽快出台消费领域政策细则，确保各项政策落实到位，为扩大消费需求营造良好的政策环境。积极鼓励大众消费，严格控制“三公”消费。深入开展“山西品牌中华行”等活动，培育新的消费增长点，重点推进信息消费、绿色消费、休闲消费、家政消费等六大消费热点领域建设，加快发展互联网消费、促进绿色节能消费、升级旅游休闲消费、稳定住房消费、提升教育消费、鼓励养老健康家政消费。催生新的消费观念和消费习惯，用“合理消费”反对“消费主义”，倡导居民健康消费。发挥企业和企业家的主观能动性，给予一定数量的政策优惠，鼓励企业和企业家积极开展产品创新和服务创新，打造新的消费需求，创造市场、引导市场，通过供给方面的创新来扩大消费内需，释放居民消费潜力。

4. 依法加强市场监管力度

加强市场监管力度，改善居民消费环境，促进居民“愿”消费。当前，食品安全、消费品质量问题频发，居民无法做到放心消费、安心消费，提高市场监管能力势在必行。建立健全市场监管机制，完善法治和诚信体系，加大立法和执法力度，促进消费品安全立法，依法打击制假、贩假行为，加大力度管控和规范市场行为。创新市场监管方式，严格把关审核程序，从源头严格控制消费品质量和安全，杜绝出现虚假广告等行为或现象，尤其要强化对食品药品商业市场的监管。适当降低中小型消费信贷企业准入门槛，在风险可控制的范围内支持中小型消费信贷企业发展。企业要注重信誉和品牌建设，完善社会信用体系，加强与消费者信用信息互联互通，开展诚信经营，提升消费者信心。

（三）大力推进对外开放，寻找新的增长点，提升对外开放水平，促进国际收支结构优化再平衡

加快推进对外开放步伐，实行更加积极主动的开放战略，要创新思路、拓宽视野、提升境界，以开放倒逼结构调整、以开放带动结构升级、以创新驱动开放发展，再造山西经济增长新动力。

注入对外开放新活力，坚持招商与引资并举，重点引进战略性、新型产业项目，积极引进相关研发中心、销售中心和结算中心，同步承接服务业转移和服务外包，大力鼓励外商与民营企业开展投资合作。培育对外开放新优势，以山西科技创新城为依托，联合经济开发区和产业园区，共同打造科技研发中心，服务山西、辐射华北乃至国内外。开拓区域合作新局面，充分发挥地缘优势，加强与周边省份接壤区的交流合作，整合区域经济发展，实现资源优化配置，促进产业从“微笑曲线”的底端逐渐攀升至产业链、价值链的高端。开创对外开放新格局，主动融入“一带一路”发展战略，找准定位，主要在基础设施、能源资源、园区和产业投资等方面与沿线国家开展对外合作，扩大开放、内引外联，加快推进外贸结构调整优化，进一步推动山西经济转型升级。

B.5

优化区域空间结构 加快山西转型发展

秦志琴　倪云松*

摘　要：采用第六次人口普查资料中分行业就业人口数据，通过主成分分析和聚类分析方法对山西省区域“核心－外围－边缘”空间结构进行分析，发现山西省区域空间结构与资源的空间分布及资源型产业发展紧密相关，呈现明显的不连续性特征。采用空间相互作用模型分析山西省区域功能联系特征，结果表明山西省已形成以太原为一级核心的多层级功能联系网络；太原都市区表现为空间一体化趋势；太原都市圈开始由点轴结构向网络结构发展；三大城市群空间点轴结构初步形成；其他区域的功能联系结构尚不明显。在此基础上，提出山西省区域空间优化应关注的几个问题。

关键词：核心－外围－边缘　网络性　空间结构　山西省

山西省是我国典型的资源型地区和重要的煤炭能源基地，对全国一、二次能源的贡献率在15%以上，远高于其他能源输出省份。党中央、国务院批准设立山西省国家资源型经济转型综合配套改革试验区，使山西省转型发

* 秦志琴，山西大学经济与管理学院、山西大学中国中部发展研究中心，博士、讲师，主要研究方向为资源型地区城镇化研究；倪云松，山西大学经济与管理学院、山西大学中国中部发展研究中心。

展上升到国家战略层面。近年来，山西省资源型地区空间转型发展的相关规划逐渐展开并深入，但是针对山西省资源型经济特征的空间结构理论与实证成果还很少。本文从区域功能分异视角，分析山西省“核心－外围－边缘”结构的空间分布特征，以及各组成部分的功能联系，探讨在煤炭资源大规模开发与利用背景下，山西省区域空间结构特征的独特性。基于行业就业人口数据研究山西省区域空间结构特征，在一定程度上可以丰富和完善资源型地区空间转型相关理论及实证研究，也可以为山西省资源型经济转型相关战略的制定和实施提供科学借鉴。

一 数据来源

从区域经济学角度看，空间结构是指区域经济的核心、外围、边缘和网络等不同功能区相互联系组合所形成的特定空间图式。区域空间结构是区域空间组织理论体系研究的重要组成部分。其中，关于区域“核心－外围－边缘”结构的界定与特征分析是空间结构研究的重要内容，受到经济地理学与区域经济学等领域学者的普遍关注。在已有的研究成果中，李小建等（2006）以县域人均 GDP 为衡量指标，采用等级划分方法对河南省经济空间结构进行分析[①]；陈修颖（2007）通过构建区域发展综合评价指标，采用聚类分析方法获得了长江经济带空间分异的基本特征[②]；乔家君等（2006）利用 GIS 空间分析功能，借用密度分析理论，对中原城镇密集区的不同地域结构进行了空间界定和分析[③]；刘承良等（2007）通过构建经济联系强度模型，对武汉都市圈的空间结构予以界定并进行了层域划分[④]；于涛方等（2006）采用人口普查资料中行业就业人口数据，通过主成分分析和聚类分

① 李小建、樊新生：《欠发达地区经济空间结构及其经济溢出效应的实证研究》，《地理科学》2006 年第 1 期。

② 陈修颖：《长江经济带空间结构演化及重组》，《地理学报》2007 年第 12 期。

③ 乔家君、李小建：《河南省城镇密集区的空间地域结构》，《地理研究》2006 年第 2 期。

④ 刘承良、余瑞林、熊剑平等：《武汉都市圈经济联系的空间结构》，《地理研究》2007 年第 1 期。

析方法探讨京津冀地区结构模式与空间组合特征①。整体来看，多数研究采用社会经济统计数据，通过反映经济发展水平、人口规模以及交通通达性等意义的单一指标或综合指标对区域“核心－外围－边缘”结构特征进行分析，而采用人口普查数据的相关研究较少。

空间结构形态实际上是由空间结构的基本地域单元的功能分异而形成的，采用人口普查资料中行业就业人口数据对区域空间结构进行界定与分析，其优点在于行业就业人口数据可以全面地反映区域三次产业的就业结构，从而较好地解释区域“核心－外围－边缘”等不同地域的功能特征与地域分工关系。但是从地域功能分异视角分析区域空间结构的相关研究较少。而且，地域功能分异深刻影响区域之间的经济联系，进一步影响区域空间结构的发展方向。尤其对于资源型地区而言，在资源型产业主导的工业化模式下，区域功能的空间分异及联系特征具有明显的独特性。

本报告数据主要包括山西省第六次人口普查资料中就业人口数据、《山西统计年鉴》（2011 年）中社会经济统计数据以及有关部门的专项统计数据与相关文献资料。山西省第六次人口普查资料中的就业人口共涉及 20 类行业，分别是农林牧渔业，采矿业，制造业，电力、燃气及水的生产和供应业，建筑业，交通运输、仓储和邮政业，信息传输、计算机服务和软件业，批发和零售业，住宿和餐饮业，金融业，房地产业，租赁和商务服务业，科学研究、技术服务和地质勘查业，水利、环境和公共设施管理业，居民服务和其他服务业，教育，卫生、社会保障和社会福利业，文化、体育和娱乐业，公共管理和社会组织，国际组织。这 20 类行业全面反映了各研究单元的三次产业结构。

二　山西省“核心－外围－边缘”结构特征

（一）分析方法

核心、外围和边缘的空间分异是生产力要素的质量和密度的空间差异的

① 于涛方、吴志强：《京津冀地区区域结构与重构》，《城市规划》2006 年第 9 期。

反映。一般而言，经济最发达的城市地区，就业人口的空间密度最大，生产性服务业就业比重最高；经济次发达的城市地区，就业人口的空间密度较大，制造业、建筑业等第二产业以及一般服务业就业比重较高；而经济不发达的地区，就业人口的空间密度最低，农林牧渔业的就业比重较大。据此，可将区域空间结构划分为核心地域、外围地域和边缘地域等类型。本报告将山西省所辖的 107 个市、县级市、县作为研究单元对山西省空间结构的“核心 – 外围 – 边缘”结构特征进行分析。首先，根据每个研究单元各行业的就业比重和就业密度构建 40 × 107 数据矩阵，通过主成分分析方法揭示各研究单元的就业结构特征。据此，判断研究区域的区域类型。其次，对地理单元邻近的区域进行聚类分析，进而对山西省区域空间结构的“核心 – 外围 – 边缘”结构进行划分。在此基础上，从地域功能分异视角分析山西省区域空间结构特征。

（二）结果分析

1. 空间类型主成分分析

通过主成分分析，前 5 个主因子的累计方差贡献率为 84.9%，接近理想值 85%。第一主因子在金融业，教育，制造业，电力、燃气及水的生产与供应业等行业的就业密度，以及科学研究、技术服务和地质勘查业的就业密度与就业比重方面占有较大比重。这反映出具有较强区位性的先进制造业、生产性服务业的特点，体现出资源型地区区域中心城市在综合服务功能、资本密集型制造业等方面所具有的显著特征。第一主成分在农林牧渔业与采矿业就业比重两个指标上均为负值，这体现了核心城市就业结构中农林牧渔业与采矿业就业人口比重低的特点。第二主因子中金融业，教育，交通运输、仓储和邮政业，采矿业等行业的就业比重贡献率较大。农林牧渔业的就业比重和就业密度的贡献率仍为负值，体现了资源型地区次核心区域经济活动空间密度较低的特点；服务业尤其是生产性服务业的主成分得分较低，表明次核心区域的中心性功能较弱；采矿业的就业比重较高则体现出资源型地区核心城市的资源型经济特征。第三主因子与第四主因子包括采矿业就业比重及就业密度、制造业就业比重、农林牧渔业就业密度。金融业，房地产业，科学研究、技术服务和地质勘查业的就业比重与就业密度的贡献率均为负值，体现了资源型地区外围区域以粗放式、低水平的采矿业和制造业为主导的地域特征。第五主因子为农林牧渔业就业密度与就业比重，反映了不具有矿产资源优势的地区以农业为主导的区域特征。这类地区大多经济发展水平落后，体现出空间结构中外围区或边缘区的特征。

2. 空间类型聚类分析

根据以上主成分分析结果，对地理单元邻近的市、县级市、县进行空间类型的聚类分析，进一步将该结果反映在以城市为基本分析单元的地图上（见图1）。山西省空间结构可分为六种类型：以生产性服务业和制造业为主导的核心地域；以采矿业和一般服务业为主导的次核心地域；以制造业和一般服务业为主导的次核心地域；以采矿业为主导的外围地域；以制造业为主导的外围地域；以农林牧渔业为主导的边缘地域。这六种类型构成了山西省“核心－外围－边缘”的空间结构体系。同时，基于就业人口的空间结构也反映了各研究单元在地域分工中的关系和地位。

从聚类结果来看，基于就业人口的空间结构划分，大致可以反映出山西省经济转型初期各类型区域的功能特征及空间分布。

（1）核心区为太原，以生产性服务业和制造业为主导，体现出资源型区域中心城市的典型功能特征。太原为老工业基地城市，在经济转型过程中生产功能逐步向服务功能转化。作为省域中心城市，太原在区域分工中生产性服务业具有绝对优势，对省内区域经济的辐射带动作用大大增强。但是其产业结构中资源依赖型制造业占有相当比重，资源型产业仍然是太原市城市经济发展的重要支撑，这在一定程度上削弱了中心城市的区外竞争力，也会削弱其对省域其他地区的辐射带动效应。

（2）次核心区域有两类：长治、晋中、运城、忻州、临汾、侯马等城市以制造业和一般服务业为主导；大同、阳泉、晋城、朔州、怀仁、介休、霍州、吕梁等城市以采矿业和一般服务业为主导。这些区域多数具有丰富的

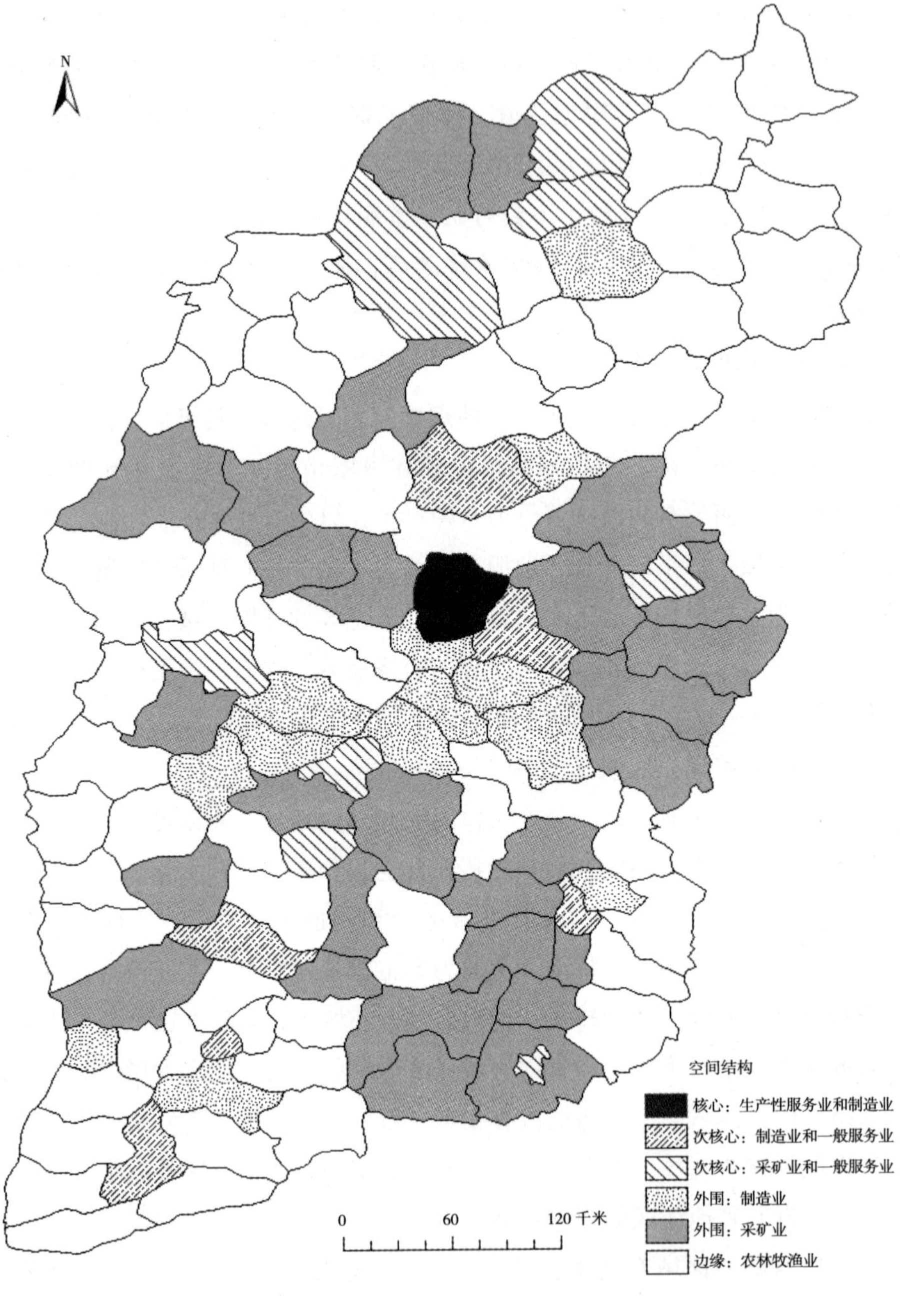

图 1　山西省区域“核心－外围－边缘”空间结构

煤炭资源，或者布局有老工业企业。在产业转型过程中，多数区域发展较慢，制造业或采矿业处于低水平、粗放式发展状态，第三产业发展水平较低，城市服务功能弱。因此，作为核心城市与外围地区、边缘地区的承接地带，山西省次级核心城市承上启下的作用并不显著。

（3）外围区域也可以分为两类：以制造业为主导的城市共有 13 个，在太原、晋中、吕梁等城市周围呈现集中连片分布；以采矿业为主导的城市共有 28 个，在晋中东部、晋东南地区呈现集中连片分布。这些地区的经济发展与资源的开发和利用具有显著相关性，“因矿（厂）设市、随矿建镇”是这些城市发展的直接原因和基本动力。煤炭资源的开发和利用是这些区域最主要的经济来源，近年来煤炭资源的开发和销售规模较大，县域经济发展势头强劲。但是受煤炭开采量和市场价格的影响，经济脆弱性很大。

（4）边缘地域以农林牧渔业为主导，该类城市共有 61 个，占研究单元总数的 57%，在晋北、晋西以及晋南地区分布较集中。边缘地域多数是资源稀缺的贫困县，属于黄土高原自然环境条件较差的区域，区域功能以发展特色农业为主导，整体经济发展水平落后。

综上分析，山西省区域“核心 - 外围 - 边缘”空间结构特征与煤炭资源以及大中型工业企业的空间分布紧密相关，体现出资源型地区空间结构特征的独特性。区域经济发展对资源型产业的严重依赖，使得空间结构中各类型区域呈现较为明显的集中连片分布特征。这种不合理的空间结构会影响经济要素在各等级城市之间的流动效果，从而加剧了区域“核心 - 外围 - 边缘”结构的不连续性。

区域空间结构由具有有机联系的不同功能区组成。地域功能的分工与互补关系深刻影响区域经济的联系方向和联系强度，进一步影响区域空间结构的发展方向。将就业人口作为衡量指标对区域空间结构进行划分，从功能分异视角反映了区域“核心 - 外围 - 边缘”空间结构的分布特征。要揭示区域各组成部分之间的功能联系，需要进一步对空间结构的网络性特征进行分析。

三　山西省区域空间结构的网络性特征

目前，山西省正处于城市化中期阶段，经济要素的空间流动以向核心城市集聚为主，市与县级市是区域经济发展的主要增长极。因此，本报告选择山西省所辖的22个市、县级市对省域功能联系的空间结构特征进行分析。借助空间相互作用模型的分析思路，本报告构建以下模型。

$$R_{ij} = (\sqrt{P_i G_i} \times \sqrt{P_j G_j}) / D_{ij}^2$$

式中，R_{ij}为两个城市之间的功能联系强度；P_i、P_j 分别为两个城市的就业总人口；G_i、G_j 分别为两个城市的地区生产总值；D_{ij}为两个城市之间的公路里程。对指标进行标准化处理后，计算出山西省22个主要城市的功能联系强度。选取结果大于1的数值绘制成山西省区域功能联系网络（见图2）。

从图2可以看出，太原是山西省区域功能联系网络的核心，以太原为中心，受距离衰减规律作用向外呈现辐射状同心圆式圈层结构。第一圈层包括太原与晋中两个城市，与太原都市区空间范围基本一致。第二圈层包括忻州、阳泉、古交、原平、孝义、汾阳等城市，这些城市是太原都市区的外围地区。同时，忻州与原平，阳泉与晋中，介休与孝义、汾阳等彼此邻近的城市也具有较强的经济联系。以太原为辐射核心的第一圈层、第二圈层与太原都市圈空间范围基本一致。第三圈层包括大同、长治、临汾、高平，与这些城市的功能联系体现出太原对晋北、晋东南、晋南地区核心城市辐射带动的强度和发展方向。除以太原为核心的圈层状联系网络外，大同与朔州，长治与高平、晋城、潞城，运城与河津、永济、临汾、侯马等分别构成了晋北、晋东南、晋南地区的功能联系网络，这些城市均是晋北城市群、晋东南城市群以及晋南城市群的主要增长极。但是，吕梁作为晋西地区的主要核心城市，与省内其他城市的联系尚不显著。

整体来看，山西省区域功能联系网络的极化现象非常明显，空间结构呈现以太原为核心的“一级集中”的多层级点轴结构形态。根据山西省“十

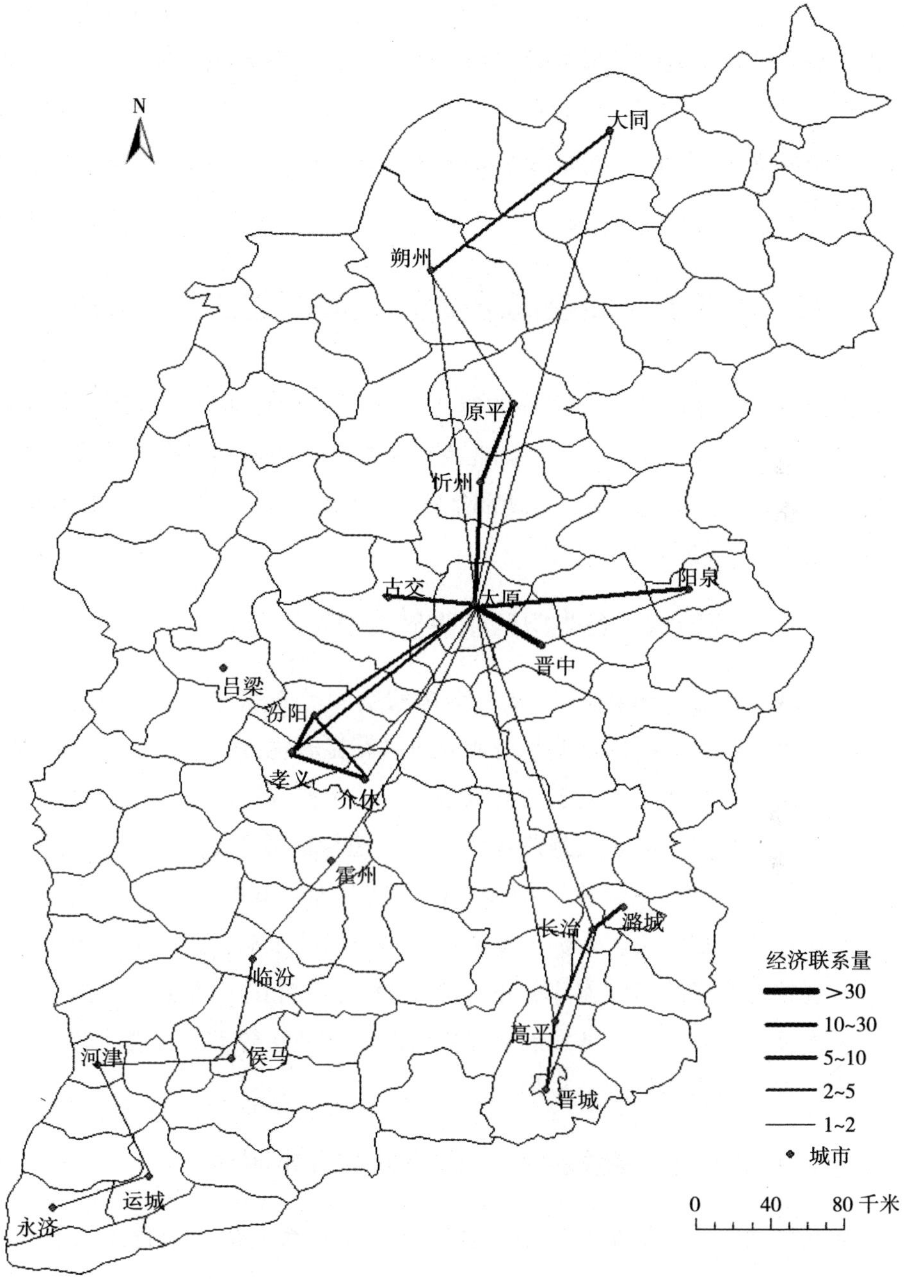

图 2　山西省区域功能联系网络

二五”规划中“一核、一圈、三群”① 城镇体系框架，太原都市区内的太原与晋中是省域内功能联系最为紧密的区域，空间一体化发展趋势明显；太原都市圈范围内，呈现以太原为中心的辐射状点轴结构，并且局部区域网络状结构开始形成；“三群”范围内主要城市之间功能联系较弱，点轴空间结构初步形成。

四　山西省区域空间结构优化应关注的几个问题

山西省是以煤炭产业为主导的资源型地区，具有显著的资源型经济特征。本报告基于人口普查资料中就业人口数据，从地域功能空间分异视角研究山西省区域空间结构特征。由此我们认为，未来山西省区域空间结构的优化应关注以下问题。

（一）空间结构中各类型区域明显集中连片分布

从区域“核心－外围－边缘”结构的空间分布来看，核心区为太原，在生产性服务业和资源依赖型制造业方面具有显著优势；次核心区包括所有地级市以及几个经济实力较强的县级市，以采矿业或制造业、一般服务业为主导；外围区域以采矿业或制造业为主导；边缘区域以农林牧渔业为主导。山西省“核心－外围－边缘”地域功能空间分布与煤炭资源空间分布及资源型产业发展紧密相关。受资源型产业空间布局的影响，空间结构中各类型区域呈现较为明显的集中连片分布特征，“核心－外围－边缘”结构呈现明显的不连续性。若区域经济发展对煤炭资源的依赖性得不到有效缓解，这种不合理的空间结构还将进一步加剧。

（二）省区域功能联系网络的极化现象非常明显

从区域网络性特征来看，山西省区域功能联系网络的极化现象非常明

① 一核，即太原都市区；一圈，即太原都市圈；三群，即晋北中部城镇群、晋南中部城镇群、晋东南中部城镇群。

显，空间结构呈现以太原为核心的“一级集中”的多层级点轴结构形态。山西省“一核、一圈、三群”各区域中，太原都市区空间一体化发展趋势明显；太原都市圈呈现以太原为中心的辐射状点轴结构向网络结构发展趋势；“三群”范围内点轴结构初步形成。未来山西省空间结构的重组与优化，应进一步强化都市圈以及城市群的发展对区域的带动与辐射作用，加强区内经济联系，加快区域经济网络格局的形成。

（三）空间结构发育过度依赖资源型产业的发展

山西省区域“核心－外围－边缘”结构及区域功能联系等方面均体现出空间结构发育与资源型产业发展的紧密关系。在未来资源型经济转型过程中，资源型产业的转型发展是引导山西省区域空间结构优化与重组的重要途径。根据钻石结构原理，结构效应是巨大的，最优的结构实现最优的功能。从不同区域层面对资源型产业（企业）空间布局变化与资源型地区空间结构演变的关系及调控机理的研究和探索应该引起重视。

产业转型篇

BLUE BOOK

Industrial Transformation

B.6
加快产业结构优化升级 促进山西经济转型发展

崔海燕*

摘　要：改革开放以来，山西省经济发展迅速，但产业结构比例出现了严重失衡，这已成为制约山西经济可持续发展的瓶颈。本报告首先分析了山西省产业结构变动的趋势；其次实证剖析了山西省产业结构和经济发展的关系，结果是第二产业的发展对山西省的经济增长起决定性作用，其他依次是第三产业、第一产业；最后结合山西省产业结构存在的问题，对山西省产业结构的优化升级、促进山西经济转型发展提出了相应的政策建议。

* 崔海燕，山西大学经济与管理学院、山西大学中国中部发展研究中心，博士、副教授、硕士生导师，主要研究方向为数量经济、产业经济。

关键词：产业结构　经济发展　政策建议

山西省是典型的资源型省份。改革开放以来，山西省经济发展迅速，取得了很大的成就，地区生产总值由1978年的87.9亿元跃升至2013年的12602.2亿元（是1978年的143.4倍），人均地区生产总值由1978年的365元提高到2013年的34813元（是1978年的95.4倍）①。但山西省在经济迅速发展的同时，产业结构也面临日益严重的失衡问题，主要表现在：第一产业基础薄弱，第二产业所占比重较大，第三产业发展滞后。2013年山西省产业结构分布情况是：第一产业比重为6.1%，第二产业比重为53.9%，第三产业比重为40.0%。与全国相比，山西省第一产业低于全国3.9个百分点，第二产业高于全国10.0个百分点，第三产业低于全国6.1个百分点。由此可见，山西省产业结构比例出现严重失衡的状况，产业结构问题已经成为制约山西经济可持续发展的瓶颈。李克强总理在2015年政府工作报告中提出，“把转方式、调结构放到更加重要的位置，加大结构性改革力度，协调推动经济稳定增长和结构优化”。因此，山西省必须充分抓住我国转方式、调结构的重大机遇，以转型综改为契机，加快推进产业结构优化升级，促进山西经济的转型发展。

一　山西省产业结构变动的趋势分析

“产业结构”的基本含义主要包括两个方面：质的方面主要是指结构高度与效益问题，即产业结构是由哪些部门和行业构成的，各产业间的联系或关联方式如何；量的方面主要是指结构均衡问题，即各产业部门在社会生产总量中所占的比例。一个区域的产业结构是质与量的统一，二者缺一不可。产业结构按照其研究对象和标准不同可以进行不同的划分，本报告主要考察

① 山西统计信息网，www. stats - sx. gov. cn。

产业结构变动对经济发展的影响程度，侧重于产业结构变动。因此，本报告采用国际上通用的三次产业分类法。对三次产业的划分是：第一产业包括农林牧渔业；第二产业包括采矿业，制造业，电力、燃气及水的生产和供应业，建筑业；第三产业包括除第一、第二产业外的其他行业。

自 1978 年以来，山西省的三次产业结构得到了明显改善。如图 1 所示，1978 ~2013 年，第一产业所占比重明显下降，1978 年为 20.7%，到 2013 年则下降为 6.1%；第二产业所占比重略微下降，1978 年为 58.5%，到 2013 年则下降为 53.9%；第三产业所占比重明显提高，1978 年为 20.8%，到 2013 年提高为 40.0%。这些数据说明山西省的产业结构调整取得了显著的成效。

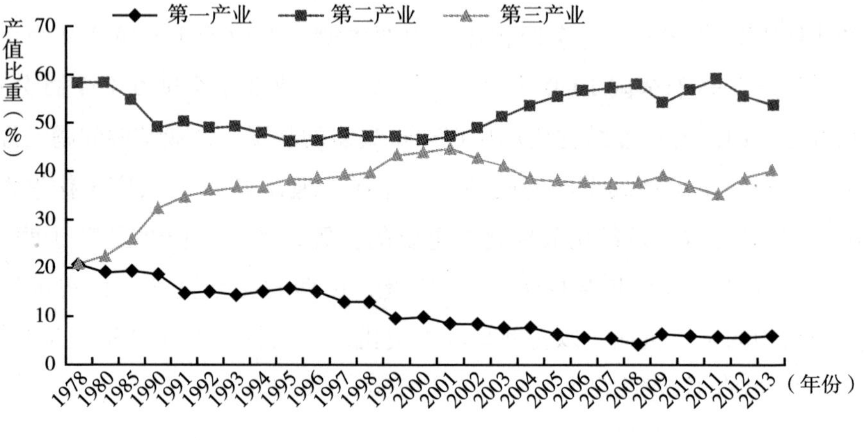

图 1　山西省三次产业占 GDP 比重的变动趋势

资料来源：根据《山西统计年鉴》（1979 ~2014 年）及山西统计信息网相关数据整理而得。

从图 1 可知，改革开放初期，山西省的第一产业占比略微下降，第二产业占比下降较快，第三产业占比有所提升。随着改革进程的不断深化，第一产业占比在 2008 年达到最低，为 4.3%，较 1978 年的 20.7% 下降了 16.4 个百分点。第二产业占比在 2000 年达到最低的 46.5%，之后开始上升，历年所占比重都比较大，一直处于国民经济的主体地位，其变化趋势始终处于平缓状态。第三产业占比呈现上升的趋势，在 2001 年达到最高，为 44.5%。

这说明随着人民生活水平的不断提高，以及大部分农民解决了温饱问题后，一部分社会资源开始向第三产业转移，从而促进了第三产业的发展。

二　山西省产业结构和经济增长的实证分析

（一）变量的选择与数据来源

本报告分析所用的样本数据是1990～2013年的年度数据，数据来自《山西统计年鉴》（1991～2014年）及山西统计信息网。使用山西省地区生产总值（Y）来反映山西省的经济增长情况，用X_1、X_2、X_3分别表示山西省第一产业、第二产业、第三产业的产值。因为对数据进行自然对数变换后，原来变量之间的关系不会改变，而且能够使其趋势线性化，也可消除时间序列中存在的异方差现象，因此，分别对地区生产总值（Y）、第一产业产值（X_1）、第二产业产值（X_2）、第三产业产值（X_3）进行自然对数变换，分别用$\ln Y$、$\ln X_1$、$\ln X_2$、$\ln X_3$表示地区生产总值、第一产业产值、第二产业产值、第三产业产值的对数形式。

（二）计量经济模型设定与回归结果分析

利用Eviews 6.0软件进行描述性统计分析后发现，$\ln Y$与$\ln X_1$、$\ln X_2$、$\ln X_3$之间呈现近似线性关系。根据$\ln Y$与$\ln X_1$、$\ln X_2$、$\ln X_3$之间的线性关系，以及其他影响经济增长的因素，用随机项（μ）表示，设定的计量经济模型如下：

$$\ln Y = a_0 + a_1 \ln X_1 + a_2 \ln X_2 + a_3 \ln X_3 + \mu \quad (1)$$

采用普通最小二乘法估计模型（1），得到样本回归方程如下：

$$\ln Y = \underset{(23.51)}{0.9638} + \underset{(13.50)}{0.0982} \ln X_1 + \underset{(53.43)}{0.5566} \ln X_2 + \underset{(30.45)}{0.3435} \ln X_3 \quad (2)$$

$$R^2 = 0.9999 \quad \overline{R}^2 = 0.9999 \quad F = 235395.6 \quad D.W. = 1.5349$$

从回归估计的结果看，$R^2=0.9999$，$\bar{R}^2=0.9999$，说明模型拟合很好；从回归参数的 t 检验看，它们都大于5%显著性水平下的临界值 $t_{0.025}(20)=2.086$，说明第一产业、第二产业、第三产业对山西省的经济发展都具有显著性影响。由于采用时间序列数据作为样本时，模型容易出现序列相关性问题，$D.W.=1.5349$，因为在5%显著性水平下，查表得 $d_l=1.10$，$d_u=1.66$，而 $d_l<D.W.=1.5349<d_u$，因此无法判断模型（2）是否存在序列相关性。下面采用拉格朗日乘数检验。含1阶滞后残差项的辅助回归为：

$$e_t=-0.008-0.0032\ln X_1-0.0093\ln X_2+0.0128\ln X_3+0.1115e_{t-1}$$
$$(-0.25)\ (-0.49)\quad(-0.94)\qquad(1.16)\qquad(0.56)$$
$$R^2=0.1258$$

因为 $LM=23\times0.1258=2.8934$，该值小于5%显著性水平下的临界值3.84，因此判断模型（2）不存在序列相关性问题。

由模型（2）可知，当第一产业产值每增加1%，会使山西省地区生产总值提高0.0982；第二产业产值每增加1%，会使山西省地区生产总值提高0.5566；第三产业产值每增加1%，会使山西省地区生产总值提高0.3435。由此可见，第二产业的发展对山西省的经济增长起决定性作用，其次是第三产业，最后是第一产业。

三　山西省产业结构存在的问题

由山西省产业结构变动的趋势分析以及产业结构和经济增长的实证分析得知，山西省是“二、三、一”的产业结构，主导产业是第二产业，其中，煤炭产业和钢铁产业等重工产业支撑着山西经济的增长。而我国一些发达城市和地区（如北京、上海），呈现的则是一种“三、二、一”的产业结构形态，这说明我国发达城市和地区的产业结构变动速度明显快于山西省产业结构演进的速度，所以，需要进一步加快山西省产业结构的优化升级。

山西省大力发展煤炭采掘生产、冶金、炼钢、装备制造业和电力等重工产业，尽管其经济总量的增长相当可观，但只能说明是经济总量的狭义增长及规模的扩大。实际上，山西省的经济发展过度依赖第二产业的带动，尤其是高度依赖第二产业中的煤炭、焦炭、冶金、电力等高污染和高能耗的重工产业，导致产业结构严重失衡。因此，为了促进山西经济的转型发展，加快产业结构优化升级势在必行。

四　加快产业结构优化升级，促进山西经济转型发展的政策建议

山西经济要实现转型发展，必须调整和优化产业结构。针对山西省产业结构目前存在的问题，提出相应的对策建议。

（一）第一产业的结构调整对策

山西省的第一产业所占比重较低，大量的劳动力仍然滞留在第一产业，严重制约了其他产业和整个国民经济的快速发展。

1. 加快农村剩余劳动力转移

劳动力资源的低效率配置会阻碍农民收入的增长。加快农村剩余劳动力向城镇第二、第三产业转移，可以提高农民的收入。所以，政府要通过制定相应的惠民政策，减轻农民工的就业负担，提高社会保障水平，开展各类培训工作，建立公平竞争的机制，规范劳动力市场，为农村劳动力的转移提供一个公平宽松的就业环境。

2. 加快新型城镇化发展

新型城镇化能够带动农村经济的发展，加快山西省新型城镇化的进程，有利于乡镇企业的发展，促进农民就业；有利于提高农民收入，缩小城乡差距；有利于农村服务业的发展，优化农村产业结构；有利于扩大内需，促进农村经济更快发展。

3. 加快推进农业现代化

山西省的农业现代化程度比较低，难以适应市场经济发展的需要，因

此，政府要引导农民根据市场调整自己的种养结构，大力支持种养大户、家庭农牧场、农民合作社、产业化龙头企业等新型经营主体发展，搞好农村改革试验区和现代农业示范区，提高初级农产品的附加值，支持农产品深加工，提高农业整体效益，使农民的利益得到保障。

4. 推进社会主义新农村建设

政府要继续坚持“多予、少取、放活”的方针，加大对农业和农村的投入力度，加强水、电和道路的建设，改善农村的生活环境，对贫困地区搞好扶贫开发，深化以税费改革为主的农村综合改革，稳步推进山西省的社会主义新农村建设。

（二）第二产业的结构调整对策

第二产业对山西省的经济发展起着重要的作用，其中的重工业所占比重较大，而轻工业和高新技术产业的发展比较缓慢。所以，要对第二产业的结构进行合理调整。

1. 建立新型煤化工基地

山西省煤炭资源丰富，但煤炭是不可再生资源，所以，要科学合理地开发利用煤炭资源，拉长煤炭产业链，发展新型煤化工基地，这样既能够提高煤炭资源的利用效率和经济效益，同时又保护了生态环境。

2. 改造传统产业

在第二产业内部结构中，采矿业中的煤炭、炼焦、冶金等部门是高能耗、高污染的重工业部门，随着经济的快速发展，它们会面临资源枯竭和环境恶化问题。因此，改造和提升采矿业有利于山西经济的可持续发展。在改造过程中，要充分利用高新技术，以信息化带动工业化，开发利用网络化、数字化、智能化等技术，改造传统产业，同时也要提高企业的管理水平。

3. 大力发展轻工业产业

重工业产业一直是山西经济发展的重要支撑，而轻工业则是经济发展中的短板，有着很大的发展空间。因此，政府需要制定相应的配套政策，大力发展轻工产业，企业也要发挥自身的优势，以创新驱动促进企业发展，生产出具有竞争力的品牌产品，进一步改善山西省工业内部结构。

4. 发展循环经济

根据山西省的实际情况，要在煤炭、焦炭、电力、冶金和煤化工等污染重、能源和物质再利用潜力大的重点行业，大力发展循环经济。建立生态工业园，降低能耗，节约资源，保护环境。

（三）第三产业的结构调整对策

2013 年山西省第三产业所占比重为 40.0%，低于全国 6.1 个百分点，更是远远低于西方国家服务业所占比重（60% ~70%）。所以，山西省需要进一步加强第三产业的发展。

1. 大力发展现代服务业

发展现代服务业，主要从以下几方面做起。第一，加快发展现代物流业。利用信息网络技术改造重组传统运输产业，建立物流电子网络系统和公共信息平台；支持第三方物流发展，增强物流服务能力。第二，积极发展知识产业。目前，金融、保险业等的市场准入限制还比较严格，市场竞争不充分，制约了服务水平的提高，不利于行业结构的优化。因此，要打破行业垄断，实行公平竞争。要进一步加大投资、信贷、税收等方面的政策扶持力度，促进知识产业的发展。第三，大力发展通信和网络服务业。加快发展信息服务业，积极发展电子商务，实施信息技术改造和提升优势产业规划。第四，提升科技服务业功能。要加快科技服务的市场化进程，实现科技资源优化配置；要重点支持一批市场竞争力较强、无形资产价值较高、具有示范作用的骨干科技服务机构。第五，发展中介服务产业。鼓励发展资产评估、法律、会计、审计等知识密集型的中介机构；大力发展人才和就业中介服务，同时使各类中介服务的成员实现信息、客户、技术等资源共享。

2. 大力发展旅游业

山西省文化旅游资源非常丰富，大力发展旅游业，对于加快山西省产业结构的优化升级、促进山西省经济发展意义重大。发展旅游业，主要从以下几方面做起。第一，在突出自身特色的基础上，不仅要重视开发文物资源，而且要重视开发自然资源和生态资源；加强旅游景点的宣传，提高旅游景点的服务水平，形成旅游市场的良性循环。第二，重视旅游业的可持续发展。要注重保护自然生态环境，开发绿色产品，提倡绿色消费，建立绿色旅游管理体制，实现旅游业的可持续发展。第三，精心打造山西省的“三大品牌”和“五大景区”①，扶持优势旅游企业的发展。第四，加大公共性基础设施的投入力度。公共性基础设施的改善对旅游行业的顺利发展和服务业水平的提升至关重要。公路、铁路等方面的基础设施建设，所供应的水、电、暖以及酒店和餐厅等服务性基础配套设施必须有所完善，在方便旅客的同时增加对游客的吸引力。因为随着旅游产业如火如荼地开发和发展，旅游企业之间的竞争也愈演愈烈，旅游交通的便利性和设施配套的完善性成为游客选择旅游景点要考虑的重要方面。

总之，山西省只有全面推动三次产业的发展，才能真正加快产业结构的优化升级，实现经济增长方式的根本性转变，促进山西经济的转型发展。

---

① “三大品牌”是指晋北佛教古建文化游、晋中晋商民俗文化游和晋南黄河根祖文化游；“五大景区”是指云冈石窟、恒山景区，五台山景区，平遥古城、绵山及晋商四大院景区，壶口瀑布、洪洞大槐树景区，关帝庙、历山景区。

B.7

山西省工业结构同构度测算及决定因素分析*

张嘉琪　赵建凤**

摘　要：随着全国对资源能量需求的不断增长，山西形成了重工业占绝对优势的工业结构特征。本报告对山西省工业结构同构度进行了测算，并对同构度决定因素进行了分析。结果表明，在过去的十几年内山西省各市工业结构趋于同化的现象相对比较严重，影响了山西资源优势向经济优势转换的进程。具体地说，造成山西省工业结构同构水平较高的主要因素是对外贸易和资本投资。相对能降低地方工业结构同构度的是交通运输能力和金融服务水平，技术进步虽然有一定作用但是不稳定，制度创新与人力资本的作用也不突出。

关键词：山西省　工业结构同构度　决定因素

一　山西省工业结构同构问题的提出

2014 年中国 GDP 增长速度为 7.4%，中国经济到了结构性减速的

* 山西省社会科学界联合会2014～2015年度重点课题研究项目“山西省上市公司治理机制有效性研究”(SSKLZDKT2014029)研究成果。

** 张嘉琪，山西大学经济与管理学院，工业工程专业；赵建凤，山西大学经济与管理学院、山西大学中国中部发展研究中心。

阶段。而 2014 年山西省地区生产总值比上年仅增长 4.9%，其中第二产业增加值为6343.3 亿元，仅增长 3.7%，工业在经济建设中的作用日益下降，令人担忧。其中，山西省煤、焦、冶、电等传统主导行业受市场需求不足和产能严重过剩的影响增长较慢，也进一步减弱了对经济发展的贡献，山西地区经济改革与工业结构调整正日益成为各界关注的焦点问题。这既是加快建立和完善全国性统一大市场的根本要求，也是地区经济乃至全国经济加速发展的迫切需要。此进程受到多种因素的制约，山西省各市的工业结构问题是主要影响因素。所以，对山西省各市之间工业结构同构问题的认识是促进山西省经济快速发展的前提和基础。

国家在 21 世纪之初做出了中部崛起的重大决策，通过了解有关中部崛起的各种政策，我们发现中部地区各省份面对的主要问题一直就是发展特色优势产业和工业结构调整与优化升级。目前，虽然已经有文献提供了比较多的理论分析，但主要研究了中部地区的总体层次，并没有切入某一省份的具体工业部门。所以，要分析山西省的工业结构特色或者相关政策的落实效果，只用总量指标是缺乏说服力的。有关结论是否能直接应用到工业结构调整的理论研究与政策实践中还存在适用性问题。

目前，系统研究山西省各市工业结构同构问题的文献比较少，这或许与工业结构同构的测算方法有关。现有文献大多以某一产业占整体产业的比值来计算工业结构，也有一部分文献用工业结构相似系数来测量地区工业结构同构，但主要通过将一个地区与整体结构状况相比较来计算，而具体区域内部不同个体的相关因素并未考虑进去。

本报告的基本出发点是：山西省各市的主要任务之一是工业的发展与结构调整问题，那么山西省各市如何形成有自己特色的工业结构？工业结构同构度应如何降低呢？

二　同构度测算方法[①]

（一）结构相似系数法[②]

结构相似系数是用来比较地区工业结构相似度的指标，它既可以用来比较两个地区的工业结构，也可以将全国的工业结构作为标准对全国与各地区的工业结构进行比较。

相似系数用公式表达为：

$$S_{ij} = \sum_{k=1}^{n}(X_{ik}X_{jk}) / \sqrt{\sum_{k=1}^{n}X_{ik}^2 \sum_{k=1}^{n}X_{jk}^2} \qquad (1)$$

其中，i 和 j 是两个进行比较的地区，S_{ij}是 i 地区和 j 地区的结构相似系数；i 地区 k 产业占整个产业的比重用 X_{ik}表示，j 地区 k 产业占整个产业的比重用 X_{jk}表示。$0 \leqslant S_{ij} \leqslant 1$。两个相比较的地区工业同构度越大，$S_{ij}$的值就越大；反之同理。若两个地区的产业结构一致，则 $S_{ij}=1$；若两个地区的产业结构完全不同，则 $S_{ij}=0$。工业结构趋于相同时，相似系数会趋于上升；反之同理。

（二）相关系数法

相关系数用公式表达为：

$$r_{ij} = \frac{\sum_{k=1}^{n}(X_{ik}-\bar{X}_i)(X_{jk}-\bar{X})}{\sqrt{\sum_{k=1}^{n}(X_{ik}-\bar{X}_i)^2(X_{jk}-\bar{X})^2}} \qquad (-1 \leqslant r_{ij} \leqslant 1) \qquad (2)$$

其中，X_{ik}和 X_{jk}分别表示 i 地区和 j 地区 k 产业在其工业结构中所占的比重，

① 冯立欣、胡平东:《产业同构的测度方法》,《中国集体经济》2009年第1期。

② 工业结构相似系数由联合国工业发展组织（UNIDO）国际工业研究中心编写的《世界各国工业化概况和趋向》一书提出。

$\bar{X}_i$ 和 $\bar{X}_j$ 分别表示 i 地区和 j 地区各产业在其工业结构中所占比重的平均值，r_{ij} 表示 i 地区和 j 地区工业结构的相似系数。若 $r_{ij}=-1$，则两地区的工业结构相反；若 $r_{ij}=1$，则两地区的工业结构相同；若 $r_{ij}=0$，则两地区的工业结构无关。两地区的工业结构相似度越高，r 就越接近 1。

三　工业结构同构度的初步测算

（一）测算指标设计

在分析山西省工业结构时，将每个市看成一个经济单元，i，$j \in n$，共有 11 个市，所以 $n=11$。i 市在 t 时期与山西省其他市的工业结构同构程度，可以采用产业结构相似系数来测算。计算公式如下：

$$RS_{i,t} = \frac{\sum_{j=1,j\neq i}^{n-1} S_{ij,t}}{N-1} \tag{3}$$

其中，t 时期 i 市的工业结构同构度用 $RS_{i,t}$ 表示，t 时期 i 市与 j 市（$j\neq i$）的工业结构相似系数用 $S_{ij,t}$ 表示。在 t 时期，$S_{ij,t}$ 可以由公式（1）计算得到。其中 k 工业在 i 市和 j 市工业总量中所占的比重分别用 X_{ik}、X_{jk} 表示。$0\leq S_{ij}\leq 1$，值越大表示两市工业结构越相似。$S_{ij}=1$ 表示两市工业结构一致，$S_{ij}=0$ 表示两市工业结构完全不同。

（二）计算方法

提取 30 个行业中两位数规模以上的工业总产值数据。为了计算方便，我们按照工业关联原则，把这 30 个行业归为 10 个类别①。

① A_{i1} 包括通信设备、计算机及其他电子设备制造业；A_{i2} 包括煤炭开采和洗选业；A_{i3} 包括通用设备制造业，电气机械及器材制造业，专用设备制造业，仪器仪表及文化、办公用机械制造业；A_{i4} 包括石油和天然气开采业、化学原料及化学制品制造业、石油加工业；A_{i5} 包括化学纤维制造业、纺织业；A_{i6} 包括食品制造业、饮料制造业、农副食品加工业、烟草制品业；A_{i7} 包括有色金属矿采选业、黑色金属矿采选业、非金属矿物制品业、非金属矿采选业、金属制品业；A_{i8} 包括纸制品业和医药制造业；A_{i9} 包括交通运输设备制造业；A_{i10} 包括热力、电力的生产和供应业。

令 $X_{ik}=\frac{A_{ik}}{\sum_{k=1}^{10}A_{ik}}$，代入公式（1），可以计算出 S_{ij}。$RS_{i,t}$由 i 市与其他 10 个市的 S_{ij}代入公式（3）得到。设 2003 年为 $t=1$，令 $t=1, 2, \cdots, 11$，可以得到 2003 ~2013 年的 $RS_{i,t}$数据。

（三）测算结果

表 1 列出了山西省 11 个市 2003 年与 2013 年的 S_{ij}值和 $RS_{i,t}$值。从表 1 可以看出，2003 年同构度最低的是晋城和忻州，最高的是吕梁。到了 2013 年，晋城的同构度依然最低，但同构度最高的是阳泉。这说明山西省内各市的工业结构同构度是有相对变化和差异的。

从两市间的 S_{ij}数据来看，2003 年工业结构相似水平最低的两市是太原和忻州，最高的是大同和吕梁。2013 年，工业结构相似水平最低的是吕梁和忻州，最高的是阳泉和晋中。这些数据表明，在 2003 ~2013 年的 11 年间山西省各市的工业结构发生了一定变化，各市的发展速度、模式并不是一样的。从表 1 还可以看出 11 年间各市的 $RS_{i,t}$值大致呈上升趋势，左下方阴影中的 S_{ij}值（2013 年）也大多高于右上方的数值（2003 年）。这说明经过 11 年的发展，山西省各市的工业结构同构度并没有下降，反而更加趋同。

表 1　山西省各市 2003 年与 2013 年的 S_{ij}值和 $RS_{i,t}$值

市	朔州	晋城	吕梁	大同	运城	长治	太原	临汾	阳泉	晋中	忻州	$RS_{i,t}$（2003 年）
朔州		0.78	0.45	0.91	0.76	0.86	0.67	0.88	0.86	0.84	0.52	0.78
晋城	0.74		0.69	0.68	0.89	0.82	0.75	0.79	0.74	0.75	0.46	0.55
吕梁	0.47	0.72		0.97	0.46	0.50	0.67	0.52	0.49	0.50	0.34	0.80
大同	0.77	0.94	0.73		0.85	0.77	0.83	0.81	0.74	0.77	0.51	0.65
运城	0.82	0.80	0.72	0.92		0.87	0.71	0.80	0.77	0.54	0.45	0.66
长治	0.81	0.93	0.56	0.81	0.89		0.58	0.60	0.57	0.64	0.38	0.72
太原	0.75	0.79	0.54	0.78	0.95	0.68		0.72	0.74	0.84	0.22	0.75
临汾	0.68	0.87	0.52	0.78	0.73	0.54	0.46		0.74	0.77	0.82	0.77

续表

市	朔州	晋城	吕梁	大同	运城	长治	太原	临汾	阳泉	晋中	忻州	$RS_{i,t}$（2003 年）
阳泉	0.74	0.78	0.57	0.80	0.89	0.78	0.86	0.82		0.94	0.79	0.79
晋中	0.80	0.84	0.54	0.91	0.91	0.90	0.69	0.92	0.99		0.76	0.77
忻州	0.48	0.56	0.40	0.56	0.62	0.41	0.89	0.93	0.88	0.79		0.55
$RS_{i,t}$（2013 年）	0.82	0.60	0.83	0.79	0.83	0.74	0.80	0.82	0.85	0.82	0.63	

四　山西省工业结构同构度影响因素分析

（一）模型设定与变量说明

（1）建立如下的基本分析模型：

$$RS_{i,t} = \alpha + \beta Z_{i,t} + \varepsilon_{i,t} \tag{4}$$

其中，$RS_{i,t}$是某市的工业结构同构度，$Z_{i,t}$是控制变量所构成的向量集，$i \in [1, 11]$ 表示某市，$t \in [1, 11]$ 表示年份，α 是常数向量，β 是系数向量，$\varepsilon_{i,t}$是随机扰动项。

（2）控制变量包括技术进步水平（*HIT*）、资本投资（*INV*）、人力资本（*HC*）、交通运输能力（*TR*）、金融服务水平（*FIN*）、工业化水平（*pGDP*）、对外开放度（*FT*）等。

（二）样本与数据

本报告以山西省各市为分析单位，分析对象是每个市的两位数工业。分析区间为 2003 ~2013 年的 11 个时期。所以共有 11 个观察截面，样本延续期为 11 年，共 121 个观测值①。在分析过程中对 *FIN*、*HIT*、*INV* 三个变量做了平减处理而且都取了对数值。

① 各市的工业部门产值数据来自相关年份《山西省工业经济统计年鉴》，金融业增加值、GDP、运输密度等数据来自相关年份《山西统计年鉴》，高新技术产业产值数据来自相关年份《中国高技术产业统计年鉴》。

（三）分析结果

1. 数据统计

各模型回归结果见表2。

表2 各模型回归结果汇总

变量	模型1	模型2	模型3	模型4	模型5
INV	0.060 *** (6.589)	0.101 *** (5.136)	0.103 *** (5.286)	0.094 *** (4.784)	0.095 *** (4.664)
INV2		−0.004 *** (−2.352)	−0.004 *** (−2.652)	−0.004 ** (−2.172)	−0.004 ** (−2.233)
HIT	−0.026 * (−1.924)	−0.018 (−1.333)	−0.019 (−1.411)	−0.025 * (−1.751)	−0.022 (−1.561)
HC	−0.130 (−0.821)	−0.098 (−0.628)	−0.091 (−0.584)	−0.090 (−0.584)	−0.077 (−0.492)
FIN	−0.021 ** (−2.479)	−0.022 *** (−2.643)	−0.021 *** (−2.610)	−0.018 ** (−2.172)	−0.019 ** (−2.147)
TR	−0.048 *** (−2.772)	−0.039 ** (−2.262)	−0.038 ** (−2.224)	−0.045 ** (−2.583)	−0.043 ** (−2.441)
pGDP	−0.016 (−0.411)	−0.015 (−0.381)	0.002 (0.043)	0.001 (0.038)	−0.032 (−0.779)
FT				0.151 * (1.816)	

注：*** $p<0.01$，** $p<0.05$，* $p<0.1$；括号内数值为 t 统计量。

2. 工业结构同构度的决定因素

从表2可以看出，在5个模型中变量 *INV* 的系数都显著为正，这表明导致山西省各市工业结构同构度没有降低反而上升的主要因素是工业部门的物质资本投资。

在5个模型中变量 *HIT* 的系数全为负，但并没有稳定的显著性，在模型2、模型3、模型5中不显著，在模型1、模型4中显著。而这5个模型中都加进了不同的变量，说明技术进步在各市产业结构调整过程中的作用受到了其他因素的影响。如技术进步随着经济外向化程度的加深，对工业结构差异化的演进有着明显的贡献（模型4）。如果不考虑这方面的因素，技术进步没有明显的作用。

在5个模型中变量 *HC* 的系数虽然都为负，但是也不显著。这在一定程度上说明了山西省各市工业结构调整受人力资本投资的影响不明显。我们提出了一种“结构制约”观点：相对于其他发达城市来讲，山西省各市的工业结构变化比较缓慢，工业结构长期处于一种低水平状态，进而阻碍了工业的升级换代，高质量人力资本投资的现实需求也就降低了。工业结构优化调整的恶性循环由此形成：高质量人力资本的缺乏从根本上阻碍了工业的技术进步，使工业结构的创新突破缺乏根本动力，显然，工业结构的发展与优化转型的实现很困难。

综合分析，容易发现山西省工业结构的同构度很难降低，其主要原因是物质资本投资结构策略不恰当，人力资本投资没有效果，技术进步有条件限制，对其他因素的分析结果也不太令人满意。*pGDP* 变量系数的正负符号在5个模型中既不稳定，也不显著，说明山西省各市工业结构的优化调整并不必然受到各市所处的工业化阶段的影响。

在5个模型中变量 *FIN* 的系数全为负，而且显著，可以说明山西省各市构建差别化的工业体系会受益于金融服务水平的提升。Abegaz 曾经指出，发展中国家制造业结构收敛的基本推动力在于技术效率与金融效率等因素①。但我们认为，金融服务业创新的有效性，不仅深化了工业部门的分工体系，而且降低了落后地区获得资金的难度，从而推动了工业的发展。在5个模型中变量 *TR* 的系数也为负，这或许说明10多年来国家投资的基础设

① Abegaz B.，“The Speed of Structural Convergence in the Manufacturing Industries of Newly Industrializing Economies”, *South African Journal of Economics*, 2008, 76 (2).

施建设项目开始发挥作用，山西省的交通问题得到了有效的缓解，当地工业的结构调整与发展由此受益①。

变量 *FT* 加入后，我们发现对外贸易活动的两面性主要表现在：①如果只考虑变量 *FT*，在模型 4 中自身的系数是正的而且显著，这表示各市的进出口贸易产业种类可能很接近，从而造成了工业结构的趋同；②技术进步对降低工业结构同构度的贡献因对外开放度而明显地改善了，所以生产力的提高需要制度更好地服务于工业经济建设。

五　主要结论与政策建议

（一）主要结论

本报告通过对山西省工业同构度进行测算，并对同构度决定因素进行分析，发现山西省各市在过去的 10 多年内工业结构趋同化现象严重，延缓了山西省资源优势向经济优势转换的过程。总的来说，对外贸易和资本投资是山西省工业结构同构水平难以下降的主要因素，交通运输能力与金融服务水平相对能降低地区工业结构同构度，技术进步的作用不能均衡稳定地体现出来，人力资本与制度创新的作用不太明显。

（二）降低工业结构同构度的政策建议

综合上述分析，我们发现工业结构同构度高是制约山西省产业结构调整目标实现的重要因素。经过 10 多年的发展，各地工业结构同构度并没有降低，原因可能在于各地粗放式的发展战略。结合山西省转型综改的战略部署，未来山西省各市建设应重点从以下几个方面入手。

1. 建立利益协调机制，避免地方政府选择同构

地区间在市场作用下有效地竞争与合作有利于消除地方政府的市场分

① 陈佳贵等：《中国工业化进程报告》，社会科学文献出版社，2007。

割。因此在制度上，考虑将政府的补偿与区域间的对话协商及合作结合起来，设计一种比较合理的激励机制，实现利益协调，使得地方政府进行资本投资时，在考虑区域产业布局的同时，能够发挥各自的优势，实现自身的利益，促进经济的协调发展。在此背景下，政府的监督与调控作用要适时发挥，方可高效推进全面小康社会的实现。

2. 发展重要产业，走出独立发展的困境

发展重要产业，能够对提升各地工业结构调整效率起到关键的作用。各地必须明白，工业项目与工业产业选择有效匹配与协同是很重要的。只有加大新兴产业项目投资力度，并与当地工业体系关联协调，才能实现工业结构突破与创新。这也是在制定未来的工业结构调整政策时需要考虑的重点之一。在工业结构调整中，创新是山西省工业，尤其是煤炭业实施转型发展、跨越发展的必由之路。因此各地政府要强化创新，重视 R&D 投入，发展重要产业，实现创新对经济转型的有力助推作用。

3. 发展非资源类工业，形成与资源类工业的关联发展机制

多年来，各地资源类工业并没有与非资源类工业的发展关联协调，严重制约了当地资源类工业贡献效率的提升。因此，各地应结合自身的资源优势，从工业结构合理化与高级化的角度出发，重点打造其与资源类工业的协调关联发展机制及其实现路径，努力摆脱“资源诅咒”困境，真正实现经济、社会、生态的可持续发展。

4. 发展高新技术产业，构建与传统产业良性互动的发展机制

各省份在新型工业化指导下应加快推进传统工业改革，转变产业发展方式，致力构建传统产业与高新技术产业良性互动发展机制，加快技术进步与创新，最终完成工业的内部结构调整。从战略层次上安排各产业，实现新旧产业的协调与更新。宏观上要着力推进交通运输能力的提升，为产业转移创造有利条件，从而降低工业结构同构度。

5. 注重金融业发展，提供资本基础

产业结构变革调整的重要生产要素来源就是金融业。因此，实行工业结构调整，必须注重金融业的发展速度与质量，构建有效运作的资本市场，为

工业结构调整做好坚实的后盾。政府部门应在转型发展中重视对金融业的投资，促使其做好经济结构调整的坚实后盾。

6. 促进人力资本的投资与积累，储备智力人才

当今时代，人才是关键，是提高竞争力的核心因素。因此，应尽快优化调整工业结构从而吸引更多的人才。没有先进、扎实、协调的工业基础，就很难留住优秀人才。工业结构的调整是一个根本性的、整体性的、长远性的过程，需要坚持不懈的努力，而不是枝节性的、暂时性的、零散性的。

B.8

提高旅游业整体满意度 推进山西旅游可持续发展

孟慧霞　朱培娟*

摘　要： 山西具有独特的旅游资源，发展势头良好，但旅游资源与旅游收入失衡，其原因在于旅游战略单一、旅游环境不佳、旅游形象模糊、服务质量欠佳。在此基础上，本报告从游客满意度的角度提出了推进山西旅游业持续发展的三条路径：挖掘提炼旅游特色，合理宣传旅游形象；树立旅游消费导向，洞察适应需求趋势；加强旅游服务培训，全面提高服务质量。

关键词： 旅游资源　旅游收入　旅游形象　满意度　服务质量

作为典型的第三产业，以吃、住、行、游、购、娱六要素为特点的旅游业与众多产业相互支撑，其发展可以拉动相关行业的同步发展，对社会的整体经济效益具有撬动作用，因而被世界旅游组织称为“一个有耐力的有足够稳定性的行业”，是无烟工业和无形贸易。近年来，随着居民收入的增长和公共假日的增多，休闲娱乐消费呈现上升趋势，2013 年交通通信和文教娱乐服务占城镇居民家庭人均现金消费支出的 27.9%，比 2004 年（26.1%）高出 1.8 个百分点①，为旅游业发展带来了新的机遇。作为

---

* 孟慧霞，山西大学经济与管理学院、山西大学中国中部发展研究中心，博士、副教授、硕士生导师，主要研究方向为服务营销、消费经济；朱培娟，山西大学经济与管理学院。

① 根据《中国统计年鉴》相关数据计算而得。

中华民族古老文明的发祥地之一，山西具有厚重的文化积淀，拥有丰富的文化遗产，素有“华夏古文明，山西好风光”的美誉。早在1999年，山西省人民政府发布了关于加快旅游业发展的决定，提出形成以“中国古代文化艺术博物馆”为山西旅游主体形象的思路。然而，由于长期倚重重工业，山西省虽然是旅游资源大省，但旅游收入不尽如人意。长期以来，山西省的旅游收入不仅低于上海、北京等发达地区，在中部六省中也名列后位，甚至低于广西、云南等西南地区省份，旅游资源之丰富与旅游收入之落后不相匹配。近年来，山西省加大了旅游宣传力度，旅游目的地整体知名度有所提升，旅游收入也随之呈现增长趋势。但是与此同时，有关山西旅游的负面新闻并不鲜见，时有游客乘兴而来、败兴而去，旅游满意度平平。这不仅会影响旅游目的地的客源扩展，无疑也会影响山西旅游业的整体形象，殃及山西旅游业的可持续发展。为此，本报告认为有必要客观分析山西省旅游业发展的现状与问题，从旅游目的地形象满意度提高视角，提出增加旅游收入的路径，以期助力山西旅游业整体发展，促进旅游大省的资源优势得到充分发挥。

一　山西旅游业的发展现状

（一）旅游资源独特，发展势头良好

1. 丰富独特的山西旅游资源

山西省境内文物资源丰富，被誉为“中国古代建筑博物馆”。这些文化遗产不仅历史悠久而且独具特色。其中著名的有大同云冈石窟、平遥古城两处世界文化遗产，有五台山佛教圣地，还有大同市、代县、平遥县、祁县、新绛县五座中国历史文化名城。有以建筑、雕刻和园林著称的历史文化遗产晋祠，有忠义诚信文化的代表解州关帝庙，有寻根文化的载体洪洞大槐树移民遗址，有中国金融业鼻祖创建的王家、乔家、渠家、曹家、常家等晋商大院。作为老革命根据地，革命活动遗址和文物遍布山西省，其中位于长治武

乡县的八路军纪念馆堪称红色经典。

山西省自然资源亦颇具特色，如被誉为“华北屋脊”的五台山，北岳恒山，气势磅礴的壶口黄色大瀑布，具有“中国死海”之称的运城盐湖，集雄、奇、峻、美于一体的太行山大峡谷，还有集林海、草原、天池、沙漠、冰川、佛洞于一身的宁武风景区，等等。山西还拥有独特的民俗风情，如口味独特的各色面食、五十四种风格迥异的各路帮子曲艺等，均成为吸引游客的重要砝码。

2. 快速发展的山西旅游产业

山西旅游业起步较晚，但呈现良好的发展势头。《2013 年中国旅游业统计公报》数据显示，在中部六省中，山西省与湖南省的国际旅游外汇收入并列第三，但与上年相比，山西省的旅游外汇收入同比增长 14.2%，位居中部六省榜首。

近年来，山西省倾力打造“晋善晋美”文化旅游品牌，带动旅游业成为山西省国民经济中发展最快、最具活力的新兴支柱产业。表 1 反映出 2003～2012 年山西省旅游总收入与接待入境过夜游客量的变化情况。

表 1　2003～2012 年山西省旅游总收入与接待入境过夜游客量

年份	旅游总收入（亿元）	接待入境过夜游客量（百万人次）
2003	101.47	0.12
2004	199.77	0.30
2005	291.99	0.42
2006	428.39	0.57
2007	581.57	0.74
2008	739.31	0.94
2009	892.53	1.07
2010	1083.46	1.30
2011	1342.59	1.55
2012	1813.01	1.89

资料来源：根据《山西统计年鉴》（2004～2013 年）相关数据整理而得。

由图1、图2可以直观地看到，随着旅游业发展环境的不断改善，2003～2012年山西省旅游总收入与接待入境过夜游客量呈现明显的增长趋势。山西省旅游局对2014年“十一”假期山西省旅游经济运行情况的分析显示，全省共接待国内外游客2869.40万人次，同比增长16.29%。其中，过夜游游客和一日游游客同比增长均在15%以上，旅游综合收入达到183.79亿元，同比增长15.33%①。

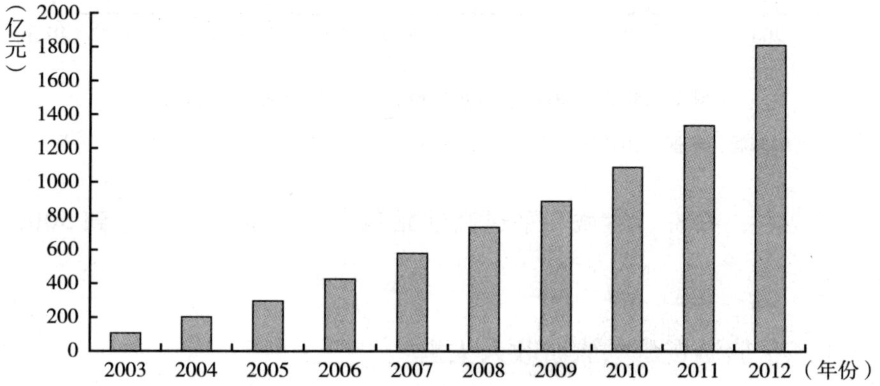

图1　2003～2012年山西旅游总收入增长趋势

资料来源：根据《山西统计年鉴》（2004～2013年）相关数据整理而得。

旅游业的发展进一步带动了山西交通运输、文物、文化、邮政通信等相关行业的发展，促进了产业结构的调整。一些景区通过融入本土民俗和饮食文化，吸引游客到当地品尝美食特产以及购买具有当地民风特色的旅游纪念品，带动了当地饮食与文化产业的发展；各市投入并引入大量资金改善基础设施建设，铁路、公路四通八达，景区道路平坦畅通，景区停车场重新修建，加大绿化、美化力度，大大增加了山西旅游的可进入性。2014年“十一”假期以来，山西省高铁旅游

① 山西省旅游局信息中心：《2014年“十一”假期山西省旅游经济运行情况分析》，2014年10月8日。

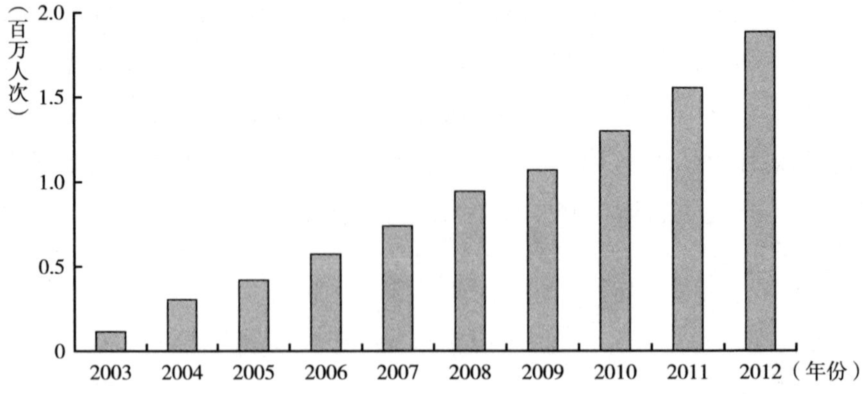

图 2　2003～2012 年山西接待入境过夜游客增长趋势

资料来源：根据《山西统计年鉴》（2004～2013 年）相关数据整理而得。

成为新亮点，临汾、运城和平遥高铁站每日进出客流量均达到 5000 人次以上。

（二）旅游资源与旅游收入失衡

尽管山西省旅游资源丰富，收入增长迅速，但不容忽视的是，多年以来，山西省的旅游收入增长不尽如人意，与丰富的旅游资源并不匹配。

与同样拥有丰富旅游资源的山东省相比，山西省无论是旅游外汇收入还是接待入境过夜游客均远远落后于山东省。截至 2012 年底，山西省的旅游外汇收入仅为山东省的 1/4；即便是与位处西南的云南省相比，山西省的旅游外汇收入也不过是其一半略强。

《2013 年中国旅游业统计公报》数据显示，在中部六省中，山西省与湖南省的国际旅游外汇收入并列第三。然而，山西省接待入境过夜游客量是最少的，仅为 53.84 万人次，且与其他五省相距甚远，是唯一一个接待入境过夜游客量为两位数的省份，与上年相比增长率仅为 0.3%。虽然山西省旅游外汇收入增长幅度较大，但在游客接待量上为数甚少。由表 2、表 3 数据分析可知，山西省整体的旅游收入与丰富的旅游资源并不匹配。

表 2　2002～2012 年山西省、云南省、山东省旅游外汇收入与接待入境过夜游客量

年份	山西省		云南省		山东省	
	旅游外汇收入（百万美元）	接待入境过夜游客量（百万人次）	旅游外汇收入（百万美元）	接待入境过夜游客量（百万人次）	旅游外汇收入（百万美元）	接待入境过夜游客量（百万人次）
2002	75.00	0.25	419.00	1.30	472.00	0.98
2003	36.27	0.12	340.14	1.00	370.13	0.78
2004	81.23	0.30	422.45	1.10	566.55	1.19
2005	116.22	0.42	528.01	1.50	780.23	1.55
2006	164.20	0.57	658.44	1.81	1014.05	1.93
2007	222.00	0.74	860.00	2.22	1352.00	2.50
2008	300.65	0.94	1007.57	2.50	1391.10	2.54
2009	377.94	1.07	1172.21	2.84	1765.30	3.10
2010	464.60	1.30	1323.65	3.29	2155.04	3.67
2011	567.19	1.55	1608.61	3.95	2550.76	4.24
2012	720.24	1.89	1947.08	4.85	2923.65	4.70

资料来源：根据《中国统计年鉴》（2003～2013 年）相关数据整理而得。

表 3　2013 年中部六省旅游外汇收入与接待入境过夜游客量

省份	旅游外汇收入（亿美元）	接待入境过夜游客量（万人次）
山西省	8.23	53.84
安徽省	16.60	271.95
江西省	5.25	123.89
河南省	5.14	127.38
湖北省	12.19	267.96
湖南省	8.23	230.66

资料来源：根据《2013 年中国旅游业统计公报》相关数据整理而得。

二　制约山西旅游业发展的因素

山西省旅游业发展滞后的原因主要有以下几个方面。

（一）旅游战略单一，资源开发不足

山西省内许多地方没有将旅游业视为一个整体的产业，长期以来将重点

放在景点的开发建设上，单纯追求门票收益。旅游业是一个综合性产业，它包括一个完整的产业链条，是集吃、住、行、游、购、娱六大要素于一体的整合性市场经济活动。许多地方把旅游资源等同于旅游产品和文物资源，将文物资源直接推向市场，导致其没有发挥出本身的价值，而且将大量的资金用于重复建设，在旧庙的基础上修建新的寺庙，造成资金的浪费，导致将旅游产品集中在“游”这个单一要素上。

交通运输和餐饮住宿是旅游产业的重要组成部分。然而，由于缺乏协调、高效的旅游行业管理体制，山西省旅游饭店量多质差，娱乐场所少、设施落后，旅游纪念品的开发也刚刚起步，旅游购物尚不成熟。交通状况虽然得到了一定的改善，但在景区与景区之间以及景区内部仍有交通不便的情况存在。2013 年山西省旅游外汇收入为 8.23 亿美元，在中部六省中与湖南省并列第三，接待入境过夜游客量仅为 53.84 万人次，排名倒数第一①。由此可见，山西省的餐饮住宿对游客的吸引力不足，旅游业的发展不能带动整体经济效益的提升。

（二）旅游环境不佳，制约游客量增长

舒适的旅游环境是吸引游客、提升游客满意度的关键因素。旅游环境有大小之分，其中大的旅游环境是指山西省整体的生态环境，小的旅游环境是指与旅游产业相关联的一系列行业特别是餐饮行业、运输行业、旅游产品销售行业的服务环境。

作为典型的资源型省份，煤炭、钢铁、化工等产业在山西省经济发展中占据主导地位，给山西环境改善带来了巨大压力，加之景区缺乏对环境的充分重视，景区的森林、空气、水源等环境有效管理不足，给追求户外休闲的广大游客留下了不良的印象，严重阻碍了山西旅游业的发展。

一些旅游景点将旅游投资重点放在了建设旅游硬环境上，但是对于旅游文化、内涵的挖掘不足，如在很多景点设置了一些古色古香的摆件、复制了

① 国家旅游局：《2013 年中国旅游业统计公报》，2014 年 9 月。

古代的一些生活场景，但仅限于静态展示，让游客不明就里；同时，餐饮、酒店业仅限于提供餐饮、住宿服务，购买、娱乐配套设施相对不足，大大降低了游客前往的意愿。

（三）旅游知名度不高，整体形象模糊

多年前，许多旅游目的地就开始着力塑造独特的旅游品牌形象，如云南重在打造“七彩云南”的形象，山东的口号是“走进孔子，扬帆青岛”，大连是“浪漫之都”。而提及“休闲之都”，游客都会不约而同地想到“成都”，提及“古都”，西安、北京、南京，甚至安阳、洛阳都会浮上游客的心头。

而山西旅游，用什么特点来概括呢？2003 年以来，山西省一直使用“华夏古文明，山西好风光”的旅游宣传口号。但这一宣传口号未能显示出山西整体的旅游形象，不能给游客留下深刻的印象，未能带来良好的经济效应。直到 2011 年底，旅游宣传口号“晋善晋美”才脱颖而出，这才使得山西旅游拥有自己独特的定位。相比其他地方晚了近十年，游客接受一个地方的品牌形象需要一定的时间，如表 2 所示，在这十余年间山西的品牌效应就远远落后于云南、山东等省份。

2013 年在 CCTV 黄金时段，“晋善晋美”作为山西旅游主题宣传口号连续播出，用简洁直白的语言塑造了山西“人善景美”的旅游形象，对于提高旅游知名度起到了不可或缺的作用。但是，这一旅游宣传是以各城市为主线的，虽然晋商文化、红色文化等形象在一些展示中有所体现，但是并未真正体现“晋善晋美”的含义，未让游客真正了解山西的“善”与“美”，尤其是山西的旅游整体形象和特点。山西的旅游文化特色没有得到很好的诠释，这无疑会对山西旅游发展产生一定的制约作用。

（四）旅游满意度平平，服务质量欠佳

《2014 年上半年山西省游客满意度调查报告》显示，全省满意度综合得分略有提升，达到 78.2 分，总体处于基本满意水平。但是，从分项指标得

分来看，公共服务（79.9 分）、忠诚度（79.2 分）和景区服务（78.2 分）得分较高，对游客满意度综合得分的贡献较大；旅行社（77.5 分）、住宿（77.1 分）、餐饮（76.9 分）、购物（76.9 分）得分居中；娱乐（76.8 分）、交通（76.1 分）得分相对较低①。

不容忽视的是，2014 年“十一”假期，通过旅游团出行的游客量大大减少，而大部分游客以家庭为单位自驾出游，停车场等设施的短缺为游客带来了诸多不便。还有一些景区存在入厕难的问题，不仅需要排长队等候，厕所卫生条件更是让游客抱怨连连；旅游购物产品不丰富、旅游餐饮不规范、景区间与景区内部交通不便等老问题依然没有得到有效解决。同时，不可回避的是，在山西境内旅游，依然存在黑车、黑导、黑收费的旅游乱象，给游客留下了不好的印象，降低了游客的满意度。在五台山佛教圣地，一些人假扮僧人以交功德钱的名义骗取游客财物；游客在平遥古城游玩、在酒吧门口拍照留念，被索要经营场所费；在运城盐湖，游客任意碰触有害于身体健康的工业盐而无人制止；宁武冰洞人满为患，检票员态度恶劣。诸如此类的现象时有发生，并通过各类媒体得到快速传播，严重影响游客的旅游体验，完全背离了山西“晋善晋美”的旅游形象，导致一些游客对山西的旅游质量不满，一些游客望而却步，影响了山西旅游业的整体发展。

三　全面提升山西旅游业满意度的路径

基于旅游业在山西国民经济发展与产业结构调整中发挥的重要作用，山西省已推出了一系列战略性措施来推进旅游业发展。虽然山西旅游业的市场知名度在不断提高，但是决定旅游发展的并非游客“知不知道”某一景点，而是“乐不乐意”前往，也就是旅游的整体满意度决定了游客的出行意愿。如前所述，全省及各景区缺乏具有鲜明特点的主体形象和较高的服务质量，

① 山西旅游局信息中心：《2014 年上半年山西省游客满意度调查报告》。

是未来山西旅游业发展的瓶颈，因此，山西各旅游景点应着手从以下几个方面加以改善，以全面提高满意度，促进山西省旅游收入与旅游资源相互匹配，实现旅游业的持续发展。

（一）挖掘提炼旅游特色，合理宣传旅游形象

随着全球经济的发展以及地球村的实现，游客可选择的旅游目的地不再仅仅局限于国内，还可在全球范围内尽情游走。目的地形象是旅游决策和目的地选择的关键因素，缺乏鲜明的形象设计与独特的品牌资产，旅游目的地就很容易被其他地方所取代。而反映当地独具特色的旅游形象是影响游客进行选择的关键。因此，目的地形象的塑造就变得十分重要。山西省在2011年提出“晋善晋美”的宣传口号之后，2012年山西省的游客量与旅游收入都有了明显的提升，国内游客接待量为19434万人次，同比增长29.8%；海外游客接待量为189.18万人次，同比增长21.8%；旅游总收入为1813.01亿元，同比增长35.0%[①]，可见这一宣传对于山西旅游形象的塑造具有正面的促进作用。

但是，2014年11月广电总局清理整改广播电视用语不规范现象，“晋善晋美”名列其中。山西不得不改变这一使用了三年的宣传词为一句传唱较多的“人说山西好风光”。尽管整体的风格不变，但是“好风光”任何地方都有，既难以生动地传递山西省作为中华文明发祥地之一的深厚历史底蕴，也无法准确传递山西省作为国家级重点文物保护单位居全国第一的独特优势，作为“古建艺术博物馆”的主体形象也无从表达。与整体形象相对应，各地、各景区也应深入挖掘景区的特色，避免千人一面式的宣传，尽可能避开“文化深厚、历史悠久、转型发展”等空洞描述，将最能体现当地民俗文化的旅游特色用简洁生动、朗朗上口的语言或形式表达出来。

在竞争激烈的旅游环境中，“酒香不怕巷子深”式的观念已经过时，各地、各景区塑造提炼旅游形象，还要通过多渠道对这一个性特色加以宣

① 根据《山西统计年鉴》（2013年）整理而得。

传，以使游客认可这一形象，吸引他们前往一游。2014 年，被命名为“运城旅游号”的高铁，综合运用大型广告牌、移动海报和高铁广播，全天候开展旅游宣传，有效地传播了“到运城，体验古中国之旅”的旅游形象[①]，对运城的旅游业起到了带动作用。大型实景山水闯关节目《冲关大峡谷》和《庄园乐翻天》，以旅游景点和民俗文化为依托，因有效融合闯关、励志和旅游等元素而热播，对山西旅游尤其是太行大峡谷和常家庄园的旅游发展起到了一定的推动作用。中国平遥国际摄影展也吸引了大量中外拍电影爱好者，《又见平遥》的热映，使平遥古城独特的风貌、古朴的民风得以在更大的范围传播。

要特别注意，游客的满意度取决于出行前对目的地的期望与实际旅游时所见所闻的对比。一些景点为了吸引游客，不惜以虚假宣传夸大景点特色，大大抬高了众多游客的服务期望，导致最终的失望而归，满意度大大降低。因此，有理有据，合理有度，是旅游形象宣传中应遵循的原则。

（二）树立旅游消费导向，洞察适应需求趋势

战略制胜，观念先行。旅游知名度的提高，只会吸引游客慕名而来，而真正能带动旅游业持续发展的，却是旅游能够符合游客的需求。因此，景区在旅游业发展中应改变思维方式，一切的投资建设、一切的服务设计都应以消费为导向。

第一，应了解消费需求趋势。随着收入的增长，消费者的旅游新观念层出不穷。一些消费者不再满足于“到此一游”的经历，而追求旅游全程的体验是否能留下独特的回忆，因此，排他性元素的设计在旅游过程中尤为重要；一些游客注重旅游过程与自我生活的吻合，对吃、住、行、游、购、娱的品质有独特需求，应有相应的路线定制服务；还有一些消费者崇尚在安静中游走，非热点景区可趁势而上，做针对性的设计，还游客以一片遐想的空

① 山西省旅游局信息中心：《2014 年“十一”假期山西省旅游经济运行情况分析》，2014 年 10 月 8 日。

间；“五一”“十一”假期人满为患，也促使一些游客选择错峰旅游。2014年各假期期间，山西省传统名胜类景区接待人次有所下降正是这一趋势的体现。为此，各景区可通过独具特色的旅游路线和旅游体验来吸引这些小众游客前往；而快节奏的生活和自我的迷失，又促使很多游客怀旧情绪陡增，这无疑为具有传统文化优势的山西旅游带来了发展契机。例如，2001 年，晋中地区利用农民过大年、闹元宵的传统风俗和丰富多彩的剪纸艺术以及皮影戏等民间艺术推出了“晋商社火节”，重现了中国传统佳节的热闹快乐和多元形式，不失晋中独有的民俗形象，此后第二年，全市接待游客同比增长了3 倍多，使得冬季旅游成为晋中旅游的新亮点。总体来看，伴随收入增长和消费层次的提升，游客的出游逐步趋于理性，更加注重出游的舒适度、个性的彰显和旅游的整体体验，各旅游景点应长期开展市场调查与旅游数据分析，从中洞察旅游需求的变化趋势，以期各种战略策略与之相适应。

第二，应了解旅游满意度形成的机制。无论意识到与否，游客在旅游出行时，总是力求实现投入与所得之差最大化、期望与感知之差最小化。在所获利益恒定的情况下，顾客在金钱、精力、时间等方面做成本上的平衡取舍，在付出成本相同的情况下，又会比较旅游服务带给他们的感知价值。因此，提高旅游感知价值、降低旅游服务成本是吸引游客的不二法则。各地、各景区可从此入手，通过增加游客在一次旅游中的各种收获，降低旅游中各类可有可无的成本，真正提高游客满意度，促使游客对该景点形成偏好，进而提高游客在旅游过程中的消费率，保留游客于该消费圈内，提高游客的重游率，并通过“口口相传”的口碑效应，让更多的人了解山西、走进山西。

（三）加强旅游服务培训，全面提高服务质量

相较于以现代都市为中心的旅游景点，山西很多旅游景点和民俗风情均具有浓厚的历史积淀，对于游客来说，别有特色。因此，山西的旅游资源不仅具有形式多样的特点，更具有不可复制的优势，在旅游市场中具有天然的进入壁垒，有利于整体市场的开拓与发展。但是，在旅游过程中，消费者不仅关注是否完成了一次梦想的旅行，更注重旅行的过程是否愉悦，在出行的

时候是否能够感受到与在家一样的舒适温暖，而这一切，得益于与游客密切接触的各种服务是否真诚贴心、高效及时。而旅游服务生产与消费同步进行的特点，更是从客观上决定了应把努力放在游客消费之前。

为有效提高山西省旅游服务满意度，并以独特的服务赢得竞争优势，就需在观念上高屋建瓴，并将它渗透于企业的服务竞争全过程。一般而言，消费者对于服务质量的感知来源于服务的有形性、可靠性、保证性、响应性和移情性。其中，有形性可通过现代化的设施设备以及干净得体的外表来体现，而后四种服务质量的提升则有赖于服务员工的招聘和培训。

目前，山西省旅游行业的服务人员素质参差不齐，一些导游素质低下，仅以重复的导游词，甚至无聊低俗的传说赖以为生；一些景点只是让员工身着旧时衣装招摇过市，对其内涵却一问三不知，与深厚的山西旅游文化格格不入。各景点应意识到，游客正是在与这些一线员工接触的过程中，逐渐形成对服务质量的感性认知，进而形成对景点的印象。因此，景点一方面要对服务人员的招聘环节严格把关，不仅关注应聘者是否具有良好的形象条件，也关注他们是否具有扎实的文化素养，以确保员工具有完成旅游服务的基本素质；另一方面应加大对服务人员的培训力度，将每一个服务细节标准化、制度化，帮助他们理解游客导向的服务理念，确保他们能够具备迅速有效提供服务的愿望，以及及时履行服务承诺的能力。同时，还要对服务人员进行服务礼仪与消费心理的培训，让每一个服务人员具有旅游服务的应知应晓礼节，并能敏感、有效地理解游客需求，设身处地地为游客着想。此外，还应加强对山西旅游文化与历史内涵的修养训练，避免只知其表不知其里的表面式服务。唯其如此，才能真正改善游客的旅游体验，让来山西的游客感受到一次真正的幸福之旅、难忘之旅、愉悦之旅。

除此之外，加快改善山西省整体环境，还青山绿水于“三晋”民众；借鉴中外旅游目的地的经验，增建现代化的旅游设施；加大分散旅游资源的集中整合和设施共享力度，缩小游客对山西整体旅游期望与实际感知之间的差异；等等，也是促进山西旅游持续发展的选择。

B.9

新常态下山西特色文化产业发展的现状分析与政策建议

和芸琴*

摘　要：经济发展的新常态要求不断丰富文化产品，促进文化消费，推动新型文化业态的发展，这为山西特色文化产业的发展带来了机遇与挑战。基于此，本报告运用钻石模型分析了山西发展特色文化产业的生产要素、市场需求、相关支持性产业、文化企业以及政府政策条件，提出完善解决的对策，以此来推动山西特色文化产业的发展，更好地适应经济新常态的要求，推动山西产业结构均衡发展。

关键词：新常态　特色文化产业　钻石模型

一　新常态对山西文化产业的新要求

2009 年初，比尔·格罗斯（Bill Gross）和穆罕默德·埃尔埃利安（Mohamed El-Erian）提出“新常态”一词，用以归纳 2008 年金融危机之后世界经济的特征，特别是发达国家所发生的变化。这些变化表现为“三高一低”：高失业、高通胀、高负债、低增长。2014 年 12 月 11 日结束的中央经济工作会议明确提出中国经济发展进入新常态，将向形态更高级、

* 和芸琴，山西大学经济与管理学院、山西大学中国中部发展研究中心，博士、讲师、硕士生导师，主要研究方向为企业战略与文化、文化产业管理。

分工更复杂、结构更合理的阶段演化。其中经济的增长速度由高速增长转向中高速增长，经济发展方式从规模速度型粗放增长转向质量效率型集约增长。

新常态下，要大力发展创新型经济，不断促进产品和服务创新，催生新兴业态，带动就业，满足多样化消费需求，提高人民的生活质量。为此，在经济新常态的大格局中，山西文化产业要进一步挖掘潜力、发挥作用，突出表现在以下两个方面。

第一，大力促进文化消费，引导文化产业升级。中国居民的消费热潮在经历了基本生活用品消费、彩电和冰箱等耐用品消费以及汽车和住房消费后正在转向旅游、教育、娱乐等文化类消费，文化消费将成为新常态下新的经济增长极。“十二五”以来，我国居民人均文化消费总额逐年增长，文化消费占比逐年提高，但绝对水平依然较低，增长潜力很大。消费需求的增长将引导文化产业升级，要求文化生产企业进一步提高资源配置效率，以创造更多更好的文化产品满足市场需求，提升文化消费水平。

第二，多元跨界融合创新，推动山西经济结构均衡发展与转型升级。促进跨界融合创新，将相对饱和的传统产业与文化产业相结合，注重科技和文化的融合创新，推动文化产业新业态、新兴商业模式不断涌现，积极探索创意设计版权保护的新方法，扶持小微文化企业作为创新的生力军，实现经济结构的均衡与持续性发展。

经济发展进入新常态，对于产业结构发展不均衡的山西而言，面临的形势尤为严峻。山西文化资源异常丰富，文化产业自然成为资源型产业接替产业的一部分。发挥山西文化资源的比较优势，形成具有竞争优势的文化产业，将极大地提升新常态下山西经济社会转型发展的竞争力。

在各地争相发展文化产业的过程中，对各自地方特色文化资源的挖掘与创新不足，互相模仿，产业趋同化现象十分严重，难以有效提升区域文化软实力与产业竞争力。目前，山西亦面临同样的发展瓶颈。为此，山西亟须整合地域文化资源，重点突破性发展特色文化产业，打造更具影响力的区域特色文化品牌，这将极大地促进山西文化的大发展大繁荣，并有利于山西文化产业竞争力的提升，有利于山西适应新常态下资源型经济的转型发展。

二　山西特色文化产业发展的要素条件分析

近年来，山西结合省内的文化资源优势，由政府出面科学规划，秉持规模化、集约化的思路持续加快文化产业基地和特色文化产业建设，其中包括加大对宇达集团、王家大院民居艺术馆等7家国家级文化产业示范基地，以及山西出版传媒集团、山西日报报业集团等34家省级文化产业示范基地的支持力度，着力建设广灵剪纸文化产业园、定襄晟龙木雕文化产业园、平定砂器文化产业园、平遥漆器文化产业园等15个文化产业园，加强“一个中心、五大特色文化产业区”建设。山西特色文化产业已具备一定规模，产业集聚效应初步显现。

迈克尔·波特在《国家竞争优势》一书中提出“钻石模型”（Diamond Model），用以分析一个国家某种产业为什么会在国际上有较强的竞争力。“钻石模型”着重提出生产要素、市场需求条件、相关与支持性产业、企业战略及其结构以及同业竞争四大要素，还有机遇与政府两大随机变量，新常态经济的稳速高质量增长将为山西特色文化产业的发展创造更多的发展机会，而政府的政策则影响更加重大。本报告即用此模型分析山西特色文化产业的发展。

（一）生产要素条件

1. 文化资源条件分析

山西地处黄河中游，是中华文明的发祥地之一，文化资源蕴藏丰厚，特色鲜明。悠久的历史、源远流长的文明、众多的历史文化名人、丰厚的物质与非物质文化遗产，这些文化资源为山西特色文化产业的发展奠定了坚实的基础。

山西有着人所共知的悠久灿烂的历史文化，但文化资源的深度挖掘与利用不够，文化资源的市场价值没有得到充分体现。众多的非物质文化遗产项目未得到有效的传承与保护，资源丰富，但没有形成特色文化产业规模，品牌效应缺失。

2. 文化基础设施与人力资本条件

文化艺术机构及从业人员是文化产品的主要提供者，自2009年全国文化体制改革全面提速开始，山西省的文化艺术机构与人员数量也呈现稳定增长的态势，但增幅较小，文化艺术机构及从业人员占比极小。2012年，省级公益文化设施建设达标率为56.06%，美术馆、少儿图书馆等基础设施的建设有待加强，图书馆、群众艺术馆、大剧院等基础设施的利用也要更加符合居民的文化消费需求。

文化产业发展所需的储备人才的重要来源是高等学校，山西省自2008年以来，无论是高等学校数量还是学生规模都在逐渐增大。在文化产业各类人才培养过程中，专业文化人才的培养将直接关系到文化市场的繁荣，影响到其他相关文化产业人才培养的需求与动力。2011年，山西省文化部门的教育机构有19个，从业人员有1444人，占全国从业人员的比例为11.2%，其中文化类专业教育机构中2011年的毕业生人数为2916人，招生人数为2752人，在校生人数为11056人，仅占山西省2011年高校在校生人数的1.86%。同时，还必须看到的是，在培养的高校学生中真正的特色文化人才及管理人才仍然十分匮乏。

（二）市场需求条件

文化需求催生文化产业，转型发展推动文化产业。根据国际经验，人均可支配收入达到1000美元时，进入文化消费的快速启动阶段；人均可支配收入达到3000美元以上时，对文化的需求将会出现大的飞跃。调查数据显示，2013年山西城镇居民人均可支配收入达到22456元（按照2013年美元兑人民币平均汇率为6.1932计算，为3626美元），农村居民人均纯收入达到7154元（1155美元）。2013年山西城镇居民人均消费性支出为13166元，其中对衣着、家庭设备用品及服务和交通与通信的需求在经历较快增长期之后，逐步回归到正常需求水平，居民消费转向居住、医疗保健和教育文化娱乐等健康型和享乐型的更高层次（见表1）。

表1　2010～2013年山西城镇居民消费情况

类别	2010年		2011年		2012年		2013年	
	绝对额（元）	增速（%）	绝对额（元）	增速（%）	绝对额（元）	增速（%）	绝对额（元）	增速（%）
城镇居民人均消费性支出	9793	4.7	11354	15.9	12212	7.6	13166	7.8
食品	3053	-0.6	3558	16.6	3856	8.4	3677	-4.6
衣着	1206	3.8	1462	21.2	1530	4.6	1627	6.4
居住	1245	-5.6	1328	6.6	1439	8.4	1612	12.1
家庭设备用品及服务	613	8.7	833	35.9	833	-0.03	871	4.6
医疗保健	775	-1.9	851	9.9	906	6.4	1021	12.7
交通与通信	1341	22.4	1488	10.9	1672	12.4	1776	6.2
教育文化娱乐	1230	14.9	1419	15.4	1506	6.1	2065	37.1

资料来源：《山西居民收入水平较快增长　消费结构不断升级》，山西统计信息网，2014年4月10日，http：//www.stats-sx.gov.cn。

可见，随着经济的发展，以及人均收入的上升与恩格尔系数的降低，山西居民的文化消费进入了快速增长阶段。同时，伴随着对外开放程度的加深，山西独具特色的文化资源在海内外的影响力将不断增强，市场需求广阔，必将拉动特色文化产业的发展。

（三）文化企业情况

山西省主要文化机构数量呈现逐年上升的态势。经过文化体制改革，山西省主要的大型文化企业完成改制任务，市场主体意识增强，能够积极主动地去满足市场需求。文化产业法人单位增加值保持稳定增长，2012年山西文化产业法人单位增加值为200.30亿元，比2011年增长9.7%（见图1）。

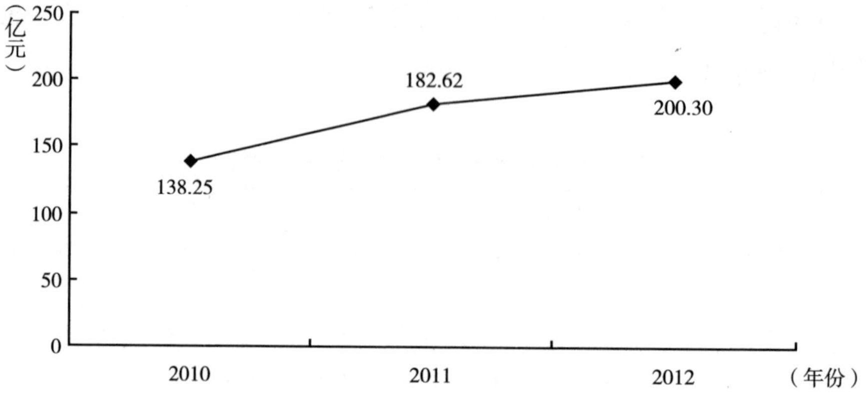

图1　2010～2012年山西文化产业法人单位增加值

资料来源：根据《山西文化产业发展概览2013》相关数据整理。

（四）政府政策

大力发展特色文化产业是新常态下山西调整产业结构、培育新的经济增长极的重要举措，也是实现转型发展、和谐发展的必然要求。为此，山西省委、省政府陆续颁布了《中共山西省委山西省人民政府关于深化文化体制改革的实施意见》《山西省人民政府关于加快服务业发展的实施意见》《山西省“十一五”时期文化发展规划纲要》《山西省文化产业发展规划纲要(2009～2015年)》《山西省“十二五”时期文化改革发展规划纲要》《山西省文化厅“十二五”时期山西文化改革发展规划》等一系列有关文化产业发展繁荣的政策文件，其中对于特色文化产业的发展都做出了相应的要求与指导。

为改进创新环境，山西省加大经费投入与科研投入。2012年，山西省共投入R&D经费132.3亿元，比上年增长16.7%，这是发展特色文化产业较为有利的条件。但从全国31个省（自治区、直辖市）看，山西省R&D经费投入仅排第19位，在这其中，对文化发展投入不足，具体表现为投入总量偏低、增长缓慢，文化事业费增幅明显低于同期财政收入和支出增幅。山西省对文化投入的增幅低于全国及地方平均水平，与相关地区、周边省市的差距明显，在中部六省中的比较优势被削弱。山西省文化发展不平衡，地区差异、城乡差异明显，与相关行业的差距进一步拉大，投入总量仅是教育的1/38、科技的2/5、医疗卫生的1/13、环保的1/10、社保的1/33。政府对公益性文化事业投入不足，经营性文化产业过度依赖政府。这些严重制约了特色文化产业的长效发展。

近年来，为打造良好的文化形象，充分发挥地方特色文化的优势，山西省有计划地组织策划一系列在全国乃至国际有影响的文化活动。如“平遥国际摄影大展”“五台山国际旅游节”等国际性文化活动，还有“晋商社火节”“吕梁红枣节”等民间文化活动以及“山西黄河文化论坛年会”“山西旅游文化产品展览”等重要文化活动，不断提高各类文化活动的影响力，促进山西特色文化产业的发展。同时，以社区、企业、村镇、校园文化为载体，搭建公益文化活动平台。以群众文化需求为导向，创作文化精品剧（节）目，培育植根群众、服务群众的文化载体和文化样式，满足人民群众多样化的文化需求。这为山西特色文化产业的发展创造了机会，培育了市场。

三　新常态下山西特色文化产业发展的对策建议

（一）优化政策管理模式，政府做好规范者与引导者

国内外特色文化产业发展的实践表明，政府在推动特色文化产业发展过程中发挥着重要作用。在山西特色文化产业的发展中，政府也要加强对特色文化产业发展的规划与引导，做出合理的产业定位，使规划的产业具有良好的前瞻性、地方特色和可操作性，以完整、科学、可行的产业政策代替简单的产业布局。首先，政府政策的作用主要是改善创业环境，鼓励企业对话合作；其次，要加强行业协会等代理机构的功能建设，提供信息咨询和培训，支持企业研发和技术创新；最后，要建立透明的非歧视性投资规则、普惠的政策框架和功能合理的基础设施，吸引更多的社会资本投资，促进特色文化产业持续性成长。

（二）完善人才吸引政策，注重文化人才的本土培养

特色文化产业是源自个人创意、技巧及才华的行业，其发展的关键在于人才。特色文化产业的发展首先是人才的培育与发展，人才吸引了企业的入驻。首先，要健全代表性传承人保护及传承机制，加强市、县级传承人队伍建设。落实传承人保护措施，鼓励和扶持代表性传承人提高技艺、开展传习活动，在确有需要、条件成熟的地区建设非物质文化遗产保护利用设施，建设一批传习基地（传习所）、主题公园（展示园）等，推进代表性传承人“大师工作室”建设。其次，应完善产业发展所需的高素质文化创意人才的各项政策。尽可能消除阻碍人才流动的制度性障碍，制定各种优惠政策，积极引进各类急需的专业技术人才和复合型人才。最后，要为特色文化产业人才的培养提供基础性支持。在有条件的中专院校或高等院校设立与特色文化产业发展相关的专业，开设相关课程，并为其与外地或海外机构的交流合作提供经费支持，为特色文化产业发展提供大量高素质的设计、策划、制作和经营管理人才。

（三）完善有关版权保护的政策法规，保障特色文化企业的合法权益

特色文化产业是一种知识密集型产业，其产品的核心是创新、创意和观念。因此，版权无疑应成为特色文化企业的基本战略性资产。积极探索并逐步完善对特色文化产业版权的保护将有助于实现特色文化企业资产增值、延伸产业价值链，推动文化产业的转型升级。为此，要不断增强人们的版权保护意识，加强版权制度建设，加大版权保护的执法力度，并尝试在有关法律体系尚不健全、难以给予有效保护的情况下，利用行政手段有针对性地进行版权保护工作。可参考国际上通行的知识产权管理和保护模式，如推动特色文化产业集聚区内的企业自发建立行业自律组织等方式。

（四）完善对特色文化产业的财政金融支持，促进企业创新发展

目前，山西特色文化产业发展中资本投入不足，以政府注资为主，投资主体相对单一，不利于长远发展。首先，要继续加大对特色文化产业发展的财政支持力度。扶持具有鲜明“三晋”文化特色的传统工艺美术产品的研发生产和市场开拓，如发展夏县宇达青铜、广灵剪纸、平遥漆器、定襄雕刻、祁县工艺玻璃等重点文化产品生产企业，设立特色文化产业发展专项基金，中小特色文化企业可以积极利用技术创新基金及信托公司、风险投资公司发放的专项基金谋求发展。政府要制定和应用税收政策、鼓励社会资本对特色文化产业发展基金的捐赠。其次，可通过调整税收政策、鼓励企业资本运作的方式吸引战略投资者，通过社会资本投资、银行贷款筹资、上市融资等多种途径，实现投资主体的多元化。最后，要加大对小微特色文化企业贷款的政策性支持。鼓励政策银行或商业银行成立面向中小型特色文化企业的贷款部门，建立相应的法规制度，确保对小微特色文化企业的贷款比例，扶持小微特色文化企业实现创新和发展。

（五）提升特色文化企业竞争力，加强对外交流与合作

产业的竞争力来源于产业内企业的竞争力。政府主动推动特色文化产业的发展只是阶段性现象，企业才是特色文化产业发展的主体。为此，在特色文化产业发展的过程中，要不断加强产业链的构建和延伸，提高企业与企业间的关联度。首先，要继续推动文化事业单位改制转型，释放文化资源，在充分挖掘文化资源价值的同时，通过与特色文化产业对接，实现特色文化资源的市场化、产业化与社会化，在促进企业转型与发展的同时，也促进特色文化产业做大做强。其次，要以大中型文化企业为龙头，通过产业链上下游的延伸与拓展，衍生一批具有分工协作关系的关联企业，鼓励以资本为纽带，通过兼并、收购等形式，推动特色文化企业向集团化、规模化方向发展，并对发展中的中小微特色文化企业进行鼓励和扶持，形成大中小微文化

企业互补互通的格局，满足不同消费群体对不同层次文化产品和服务的需求。

当前，文化产业竞争的全球化趋势日趋明显，文化产业的竞争优势更要靠特色来体现，发挥优势就需要强化特色。特色文化产业的发展，要注重与其他国家和地区在产业领域的合作，促进特色文化产品的出口与开展对外文化交流，为山西企业与山西地区在国际竞争中树立良好的形象。

B.10 转型背景下的山西文化产业发展现状与对策

史美荣*

摘　要：山西转型发展必须做好非煤产业发展这篇大文章，全力破解“一煤独大”的困局。文化产业作为可持续发展的朝阳产业，对山西实现“六大发展”、促进富民强省具有重要意义。本报告从翔实的数据分析入手，分析了山西文化产业发展的优势与不足，并在此基础上，从培育强而大的实体企业、文化与旅游业的深度融合、文化人才精细化培养等方面探讨了山西壮大文化产业的实现路径及政策选择。

关键词：文化产业　转型发展　政策选择

党的十八大报告提出了促进“文化软实力显著增强”的文化建设目标，专门阐述、部署了扎实推进社会主义文化强国建设发展战略，为当前和今后一段时期文化改革发展提供了指引和遵循。近年来，省委、省政府高度重视山西文化产业发展，进一步解放思想，出台配套政策，深化文化体制改革，优化文化产业结构布局，文化产业得到了健康快速发展。同时，通过历史数据分析、地区比较等，山西文化产业仍存在文化单位总量少、骨干企业赢利能力差、文化新兴业态发展滞后、文化消费动力不足等发展短板，亟待改进。

* 史美荣，山西大学经济与管理学院博士研究生，山西大学中国中部发展研究中心、山西省统计局，主要研究方向为资源型经济转型。

一 山西文化产业发展现状

（一）文化产业规模快速扩大，文化影响力越来越大

在大力倡导产业转型、发展非煤产业的大背景下，山西大力优化文化产业发展环境，文化产业规模不断扩大，产业结构逐步以煤、焦、冶、电等“黑色”主导向文化科技“绿色”第三产业转型发展。2013 年，全省文化及相关产业法人单位实现增加值 236.27 亿元，比上年增加 35.97 亿元，增长 18.0%（现价增速），高于同期 GDP 增速 9.1 个百分点，高于全国文化产业法人单位增加值增速 6.9 个百分点。2013 年，全省共有 1.42 万个文化产业法人单位，比 2008 年增长 69.0%，年均增速为 15.7%，呈现快速推进趋势。文化产业正在逐步成为转型跨越发展的强大引擎。

（二）重点文化企业带动明显，吸纳就业人员贡献大

2013 年，全省文化产业法人单位中规模以上文化制造业、限额以上文化批发和零售业以及规模以上文化服务业共有 325 家，其中规模以上文化制造业 60 家、限额以上文化批发和零售业 145 家、规模以上文化服务业 120 家。从经济指标看，数量占比仅为全部文化单位 2.3% 的规模以上文化法人单位，创造的营业收入、资产总额分别为 190 亿元、297 亿元，占比分别为全部文化法人单位的 61.2%、40.5%。从吸纳就业人数方面看，2013 年全省规模以上文化企业从业人员近 4 万人，占全部文化企业的 21.7%。其中，山西出版传媒集团、山西广电信息网络集团、山西日报传媒集团、山西广电传媒集团、山西演艺集团和山西影视集团等省属文化集团稳步提升主业，不断拓展延伸产业，2013 年营业收入、利润总额、资产总额合计分别达 123.6 亿元、4.67 亿元、132.26 亿元，充分显示了规模以上文化企业量少力大的特点。

（三）文化精品战略稳步推进，演出市场日益繁荣

在深入推进文化体制改革的同时，山西继续加大剧目建设力度，文艺创作迎来新的高峰期、高产期和超越期。围绕实现“中国梦”讲好山西故事，全省艺术创作致力于“山西精神”塑造。2013 年，各级剧团创作首演剧目 63 个，其中包括戏曲类 58 个，歌舞、音乐类 3 个，话剧、儿童剧、滑稽剧类 1 个，其他剧种 1 个。山西演艺集团创作了话剧《立春》、京剧《紫袍记》；山西画院组织开展了以“美丽山西”为主题的系列美术作品创作工作。山西晋剧《大红灯笼》、舞剧《粉墨春秋》分别入选国家舞台艺术精品工程重点资助剧目，山西受资助剧目总数达到 7 部，名列全国第 4 位。在第十届中国艺术节上，山西艺术职业学院的舞剧《粉墨春秋》荣膺“文华大奖”，说唱剧《解放》获“文华优秀剧目奖”，晋剧《刘胡兰》获“文华剧目奖”；13 个节目获节目类“群星奖”，数量、质量均创历史最好成绩。在第十三届中国戏剧节上，晋剧《巴尔思御史》《上马街》获优秀剧目奖。山西文艺精品创作演出在丰富文艺舞台的同时，也收到了良好的经济效益，全省各级剧团实现文化产业增加值 3.4 亿元，各级剧团主动面向市场、面向基层开展丰富多彩的演出活动，使自身实力不断发展壮大。2013 年，随着山西经济趋势下行，演出市场受到很大影响，剧团演出场次下降 5.7%，观众人次下降 14.1%，演出收入减少 52.2%。为克服演出市场的不利影响，各级剧团努力开拓以农村为主的演出市场，农村演出率达 84.5%，在弥补演出收入不足的同时，也为丰富农村文化生活起到了积极的推动作用。各级政府加大对剧团演出的补贴力度，尝试用政府购买公共演出服务的方式提高剧团演出收入，政府购买公共演出补贴比上年提高 81.3%，在为广大基层群众提供免费、高质专业演出服务的同时，为剧团渡过演出难关起到了积极的推动作用。

（四）文化设施建设掀起新高潮，各项文化惠民工程扎实推进

1. 政府投资、建设规模扩大，文化设施建设增速明显

全省各地积极规划和建设与城市相适应的文化设施，各级政府文化建设

的主动性进一步增强。2013年，全省文化设施建设项目共有51个，其中图书馆20个、文化馆11个、文化中心（文化馆图书馆合建项目）12个、艺术表演团体及场馆4个、文化站4个。2013年，山西大剧院、山西省图书馆新馆正式交付使用，山西晋剧艺术中心被列入省级重点建设工程，正式开工建设，忻州市图书馆、临汾市图书馆、运城市群众艺术馆等一批市级文化设施相继开工新建或改扩建；通过扶持和引导，平顺县图书馆、高平市文化馆、浮山县图书馆等一批县级文化设施相继建成或得到改善。

2013年，山西文化建设项目资金来源合计达5.15亿元，其中国家预算内资金为1.93亿元，占总投入的37.5%，包括中央投资3006万元、省级投资7377万元、市级投资8308万元，比上年均有不同程度的增长，并呈现中央、省、市逐级增加的趋势。在中央引导资金的带动下，地方各级政府对文化设施的投入形成了有效的合力。

2. 重点建设工程进展顺利，辐射带动作用明显

2009年，山西启动"百县强基"工程，参考国家建设标准和县域服务人口数量，设定了"县级公益文化设施达标率"（以下简称"达标率"）和分类达标标准（1500平方米、2000平方米、3000平方米），避免服务人口不等还按同一标准衡量的不科学性。2008～2013年，中央累计安排维修改造资金8505万元，省级累计安排新建投资资金1.45亿元，全省开工新建或改扩建县级公共图书馆、文化馆项目达130多个。截至2013年底，山西县级公共图书馆公用房屋建筑面积达23.85万平方米，平均每馆2004平方米，比2008年底增长1.13倍；文化馆公用房屋建筑面积达23.28万平方米，平均每馆1956平方米，比2008年底增长88.4%，有效地缓解了县级文化设施落后短缺的矛盾。山西将"省、市、县三级公益文化设施达标率"实现80%作为"十二五"时期文化设施建设的重要指标，纳入全省国民经济和社会发展重要约束性指标加以考核。经过三年的不断努力，山西县级"达标率"明显提高，2013年底达到76.1%，比2008年底提高35.6个百分点，为全省"十二五"文化改革发展指标的完成打下了良好基础。

3. 文化惠民工程深入推进，基层文化生活进一步活跃

全省文化工作坚持以人民为中心的工作导向，树立群众是文化创造、建设和享有主体的观念，既提高文化服务的覆盖面，又提高文化服务的整体水平。山西大剧院与保利文化集团合作，实行委托式经营管理，每年引进不少于100场中外剧目，同时打造“长风之夜”周末惠民演出，深得省城百姓欢迎，赢得了社会各界赞誉。按照中央部署，全省资源共享工程、电子阅览室建设计划、数字图书馆建设三大数字文化惠民工程全面展开，美术馆、公共图书馆、文化馆（站）免费开放进展顺利，全省57个文化馆、84个公共图书馆通过文化部评估，达到三级馆以上要求。省级开展流动文化服务车配送工程，向全省148家基层文化单位配送流动文化服务车，在全国率先实现了县级图书馆、文化馆流动文化服务车全覆盖。2013年，山西各级文化馆（站）共为群众提供文艺活动、训练班、各种展览、公益讲座等文化服务3.4万次，参与群众达到821.0万人次。通过上述工程，基层群众多层次、多方面、多样化的文化需求进一步满足，基层文化资源进一步丰富，全省公共文化服务能力迅速提高。

二　山西文化产业发展短板分析

以上数据充分说明，近年来，省委、省政府积极推进文化强省战略和文化体制改革工作卓有成效，山西文化产业得到了长足发展。同时，也要清醒地看到，同全国发达省市，甚至与全国平均水平相比，山西文化产业发展还存在不小的差距，文化产业想发展壮大成为摆脱“一煤独大”困局的重要着力点，仍有不少短板亟待弥补。

（一）山西文化产业单位总量偏少，且存在结构性问题

2013年，全国文化产业法人单位总数为92.1万个，广东省超过10万个排在第1位，占全部单位的11.3%。排在第2、第3位的分别是北京、江苏，两地文化产业法人单位分别占全国的10.7%、10.3%（见图1）。山西

文化产业法人单位数为14256个，在全国排名第20位，与山西GDP在全国的位置（第23位）基本相当。

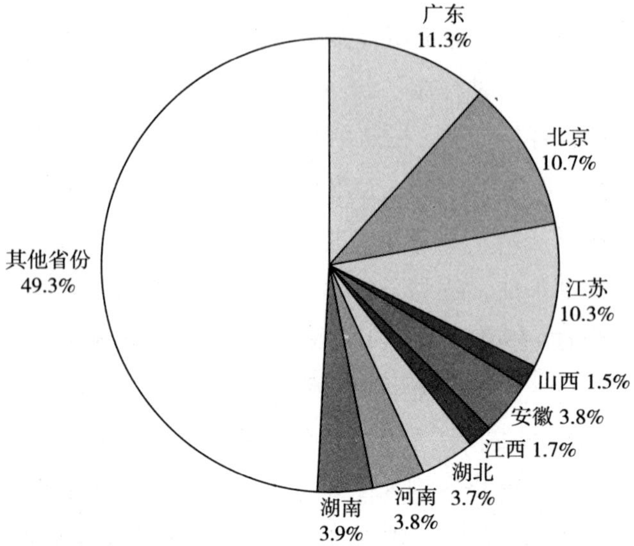

图1 部分省份文化产业法人单位分布情况

资料来源：根据《中国统计年鉴》（2014年）相关数据整理而得。

从单位分布行业的结构看，山西文化单位集中在文化服务业，占全部文化单位的79.5%，文化批发和零售业、文化制造业单位数量少，分别占12.9%、7.5%，低于国家平均水平2.3个和10.1个百分点。

（二）文化骨干企业数量少，且规模小、赢利能力不强

骨干单位少。山西重点文化企业数量在中部地区最少，且差距很大，在全国排名第21位。山西的重点文化企业有325家，远远少于湖南（2226家）和河南（1638家），占全部文化企业的比重仅为2.3%，分别比全国平均水平、湖南、河南低2.2个、3.9个、2.4个百分点（见图2）。

单位规模普遍小，赢利水平低。全省文化产业单位平均每个单位只有15人，户均从业人员最多的是文化信息传输服务，户均从业人员最少的是

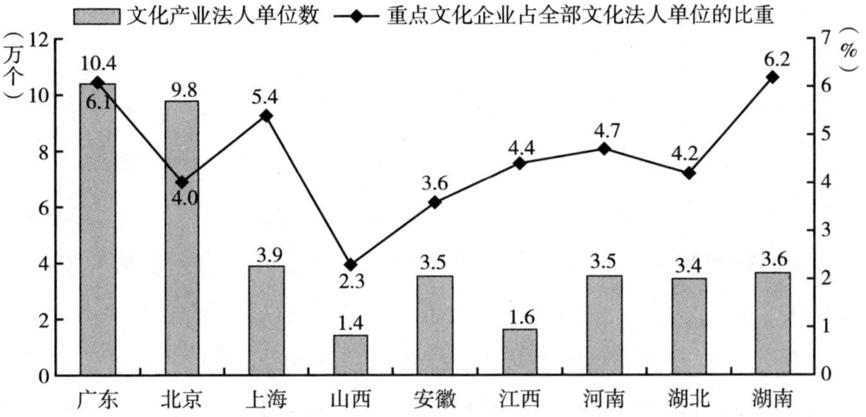

图 2　部分省份文化单位数及重点文化企业占比情况

资料来源：根据《中国统计年鉴》（2014 年）相关数据整理而得。

文化创意和设计服务、文化休闲娱乐和文化用品的生产三个行业，户均从业人员为 9 人。山西重点文化企业户均从业人员为 120 人，为全国平均水平的 65.9%。从经营情况来看，山西户均营业收入、户均营业利润均低于全国平均水平，分别为全国平均水平的 37.8%、7.8%（见图 3）。

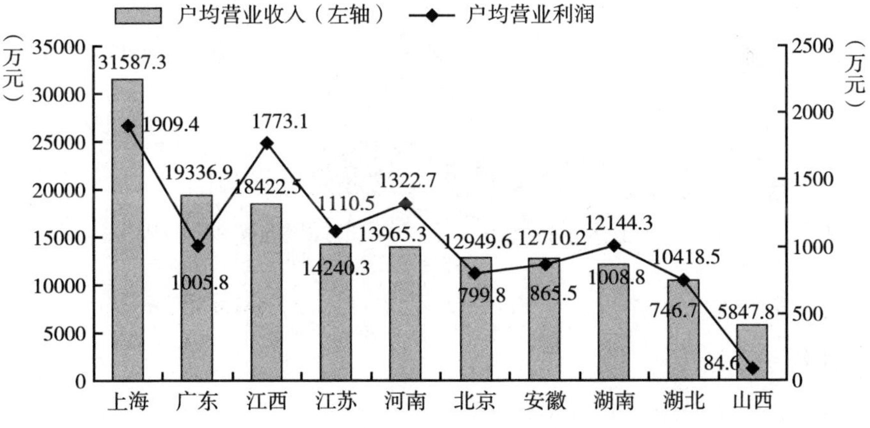

图 3　部分省份重点文化企业经营情况

资料来源：根据《中国统计年鉴》（2014 年）相关数据整理而得。

（三）产业层次偏低

目前山西文化单位绝大多数分布在附加值较低、科技含量不高的行业。2013年，全部文化法人单位中数量排在前三位的分别是网吧活动、广告业和专业性团体服务，三个行业单位数占全部单位的40.9%。科技含量较高、产品附加值相对较高的现代服务业如专业化设计服务、会议及展览服务、互联网信息服务、电影和影视节目制作、软件开发五类行业单位数量较少。2013年全省以上五类单位总数不足1000家，占全部文化法人单位的6.9%（见图4）。企业在自主创新方面明显不足，新兴文化业态的单位偏少，缺乏对具有丰富内涵的文化资源的深入挖掘，具有核心竞争力的品牌少，产业发展层次偏低，后劲不足。

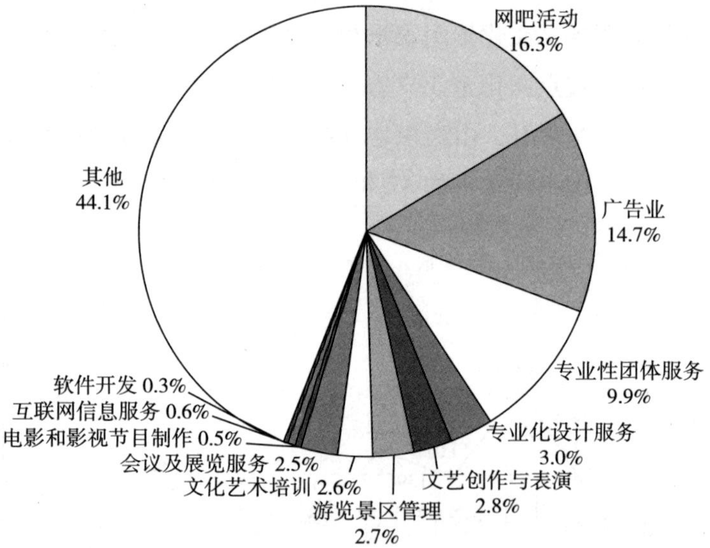

图4　山西文化产业法人单位行业分布

（四）文化消费动力不足

国家统计局山西调查总队抽样调查资料显示，2014年前三季度全省城镇居民文教娱乐人均消费支出为1528元，同比增加158元，增长11.6%，增速高于 GDP 增速。从消费能力方面看，山西收入较低，2013 年全省人均可支配收入为 15119.7 元，是全国平均水平的 82.6%，在全国排名第 20 位，在中部六省在中排名第 5 位，是上海（排名第 1 位）的 35.9%；从消费支出项目看，2013 年全省人均消费支出为 10118.3 元，是全国平均水平的 76.5%，在全国排名第 25 位，在中部六省中排名第 5 位，是上海（排名第 1 位）的 33.3%；2013 年全省城镇居民文教娱乐人均消费支出为 2065.4 元，农村居民文教娱乐人均消费支出为 502.5 元，在全国的排名分别是第 14 位、第 13 位，高于全国平均水平 228.6 元、16.6 元，在中部六省中均排名第 2 位（见表 1）。

表 1　部分省份人均收入及消费支出情况

单位：元

地　区	人均可支配收入	人均消费支出	城镇居民文教娱乐人均消费支出	农村居民文教娱乐人均消费支出
上　海	42173.6	30399.9	4122.1	963.7
北　京	40830.0	29175.6	3984.9	1330.9
浙　江	29775.0	20610.1	2848.8	1048.0
湖　北	16472.5	11760.8	1922.8	407.4
湖　南	16004.9	11945.9	2080.5	426.3
河　北	15189.6	10872.2	1550.6	399.0
安　徽	15154.3	10544.1	1904.2	376.7
山　西	15119.7	10118.3	2065.4	502.5
江　西	15099.7	10052.8	1671.2	356.4
全　国	18310.8	13220.4	2294.0	485.9

（五）产业高端人才缺乏

由于山西文化旅游企业均为“小散弱”，不少单位存在“高人请不起，能人留不住”的窘况，缺少既懂文化又懂旅游的产品创意策划人才、具有创新意识和高层次经营管理能力的人才以及在国内外有影响力的高层次文化旅游领军人才。文化和旅游的高端人才缺失导致文化和旅游产业创新能力较弱，应用高新技术能力不强，也缺乏对现有旅游和文化资源的二次开发、二次整合的视角。

三　对策建议

在全国乃至全球经济进入新常态的背景下，转型发展、绿色发展、和谐发展成为必然的选择。因此，要紧紧抓住机遇，努力把文化产业的发展潜力变为产业优势，助力山西转型发展。

（一）落实政策，整合资源，突出重点，抓好龙头

继续解读、贯彻、落实好已有各项支持文化产业加快发展的政策。通过税收减免、财政奖励、金融创新等优惠政策，利用好文化产业发展专项基金，积极培育扶持文化产业企业；培育龙头企业从大到强，扶持小微企业从小到大。鼓励大型文化企业参与实施重大文化项目建设，通过项目整合资源，引进战略投资者，形成一批潜力大、活力足、机制新、效益好的文化企业。一是做大做强一批。对于骨干企业，支持其并购上下游企业，实现多业态融合，不断延伸产业链条，形成拥有品牌商标、设计专利等自主知识产权的企业集团。二是整合提升一批。对具有地域文化特色、形成品牌影响力的企业，如广灵的剪纸、平定的砂器、长治和晋城的刺绣、平遥的推光漆器等地域品牌，加大整合提升力度，形成集聚效应。三是引导培育一批。围绕山西文化旅游、新闻出版、广播影视、演艺、休闲娱乐、印刷复制、艺术品与工艺美术、动漫游戏、文博会展九大重点文化行业，加强政策引导，搭建“走出去”平台，扩大对外交流和对外宣传力度。

（二）以培育壮大文化旅游市场主体为重要抓手，促进文化与旅游的深度融合

大力发展文化旅游产业，加强文化与旅游的融合，大力发掘“三晋”

历史文化的深厚底蕴，统筹推进文化和旅游体制改革，努力将山西打造成为名副其实的文化旅游经济强省。一方面，要做“多”主体。放宽市场准入，降低进入门槛，吸引民间资本、国外资本参与文化旅游开发，扶持鼓励名家能人、非遗传承人、专业技术人才创办文化旅游企业。另一方面，要做“强”主体。通过联合、兼并、重组、收购等方式，鼓励重点旅游景区、大型旅游企业和知名文化企业开展纵向、横向联合，培育大型文化旅游企业集团，提高产业集中度和市场竞争力。

（三）增加居民可支配收入，提高居民消费水平

文化消费是文化产业发展的根本动力，文化消费需求高度依赖于物质生产水平和收入水平。因此，只有切实让百姓的“钱袋”鼓起来，文化消费才会有真正的动力。一要采取有力措施，增加百姓实际收入，如拓展服务业发展、打破行业垄断、降低百姓税负；二要增加居民财产性收入，科学引导居民接受多样的投资理财方式；三要做好基层群众的社会保障工作，降低社保缴费率，保证居民放心消费。

（四）注重文化高端人才的培养与储备

加速推进文化产业人才的引进机制，引进一批既熟悉国际国内旅游市场又懂得文化创意的优秀人才，培养一支具有现代管理经验和经营理念的管理队伍，培训大量熟悉山西省传统文化的景区讲解人员及导游人员，确保文化旅游产业能在更高的起点上参与竞争。同时，高度关注民族民间人才，特别是非物质文化遗产的传承人，采取特殊政策启用特殊人才，努力打造一批文化旅游产业的领军人物。

科技创新篇

Scientific and Technological Innovation

B.11

山西高新技术产业自主创新能力建设报告*

辛安娜　李志强**

摘　要：本报告运用主要指标测度法分析山西高新技术产业现状，从企业层面、产业层面、融资环境和制度环境四个方面深度解析高新技术产业发展缓慢的原因。在此基础上，提出加强顶层设计、完善技术市场导向机制、加强山西区域性多层次资本市场、加大结构性改革力度、推动重点领域实现跨越式发展的相关政策性建议。

* 本报告为2014年山西省社会、经济、统计科学研究立项课题项目“山西省传统产业转型升级问题研究：基于对定襄法兰和太谷玛钢两个产业群问卷的调查与分析”的阶段性成果。

** 辛安娜，山西大学经济与管理学院、山西大学中国中部发展研究中心，博士、讲师，主要研究方向为管理创新；李志强，山西大学中国中部发展研究中心主任。

关键词：高新技术产业　自主创新能力　评价体系

大力发展高新技术产业是转方式、调结构、提升区域发展竞争力的重要举措，也是山西加快转型综改区建设、促进“六大发展”的重要抓手。根据《高新技术企业认定管理办法》，山西高新技术企业长期处于“锁定性”发展困境，数量上长期徘徊不前，质量上缺活力、存短板、弱实体等不可持续发展问题突出。因此，科学客观地评价当前山西高新技术产业发展现状，找出当前发展面临困境的问题所在，并提出相应对策，既是学术研究的需要，也是政府进行科学化决策的需要。

一　山西高新技术产业自主创新能力评价

（一）评价指标的选择

在20世纪之前，学术界对企业自主创新能力的评价多以企业技术创新能力为主。20世纪后，理论界对企业自主创新能力的评价有了更为深入的研究，目前惯常采用的分析思路是构建科学合理的自主创新能力测度指标体系，并在此基础上进行定性与定量分析，如基于运筹学理论的测度方法是数据包络分析法（DEA），基于数理统计分析的测度方法主要包括主成分分析法（PCA）和因子分析法，基于模糊数学理论的测度方法的典型代表是模糊综合评价法（FCE），等等。

本报告基于现有研究成果，根据国家统计局发布的《中国企业自主创新能力分析报告》所提出的衡量中国企业自主创新能力的四大指标，在遵照科学性与可操作性并重、系统性和层次性相结合、动态性与静态性相统一的原则基础上，从中选取10项主要指标，采用主要指标法进行测度评价（见表1）。数据主要来源于《中国高技术产业统计年鉴2014》。

表 1　高新技术产业自主创新能力评价指标体系

一级指标	二级指标	内涵
高新技术产业规模经济能力	高新技术产业资产总计	经济资源存量指标,反映高新技术产业的经济规模和总量
	主营业务收入	最直接、最重要的指标,反映高新技术的实际产出水平
创新资源与投入	科技活动人员	反映区域内所有企业潜在的技术创新能力
	科技活动人员中科学家和工程师数量	反映潜在技术创新能力中创新高度的可达性
	研究和试验发展(R&D)活动经费支出	反映高新技术产业的研发强度
创新绩效与产出	拥有发明专利数量	反映各种要素组合产生的实际成效
	利税	反映对当地经济的一个整体贡献水平
技术创新环境	政府对产业科技活动资金供给量	反映政府对创新的支持程度
	外资高科技企业数量	反映市场的开放性程度
	大型高科技企业数量	反映市场主体的竞争实力

(二)山西高新技术产业自主创新能力的评价结果

整体来看(见表2),山西高新技术产业化水平不高,创新资源与投入严重不足,科技成果转化率偏低,利用外资水平低下,高水平的对外开放没

表 2　2013 年末山西与中部及周边省份高新技术产业自主创新能力的主要指标比较

中部及周边省份	高新技术产业规模经济能力		创新资源与投入			创新绩效与产出		技术创新环境		
	高新技术产业资产总计(亿元)	主营业务收入(亿元)	科技活动人员(人)	科技活动人员中科学家和工程师数量(人)	R&D 活动经费支出(万元)	拥有发明专利数量(个)	利税(亿元)	政府对产业科技活动资金供给量(万元)	外资高科技企业数量(个)	大型高科技企业数量(个)
山西省	766.5	707.8	4430	1519	58480	58	43.2	3577	13	11
内蒙古	355.5	344.8	926	295	15532	883	53	497	10	5
安徽省	1728.1	1831.4	16432	4104	301380	3784	232.6	24182	65	31
湖南省	1220.8	2564.9	12940	5644	433737	2679	308.9	69150	81	23
江西省	2061.0	2289.6	13512	5115	214956	1486	243.9	21008	115	38

续表

中部及周边省份	高新技术产业规模经济能力		创新资源与投入			创新绩效与产出		技术创新环境		
	高新技术产业资产总计（亿元）	主营业务收入（亿元）	科技活动人员（人）	科技活动人员中科学家和工程师数量（人）	R&D活动经费支出（万元）	拥有发明专利数量（个）	利税（亿元）	政府对产业科技活动资金供给量（万元）	外资高科技企业数量（个）	大型高科技企业数量（个）
河南省	3104.7	4284.4	20230	8010	249531	1967	466.6	15620	68	45
河北省	1459.3	1381.0	11869	5282	216687	452	155.9	18193	55	15
湖北省	2407.4	2445.3	31863	12839	732174	3351	241.6	88895	92	37
陕西省	1945.8	1374.0	18377	14182	583150	2296	139.3	234036	43	35
广东省	20513.0	27871.1	198809	101724	6612820	49691	2361.6	231030	2623	523

资料来源：根据《中国高技术产业统计年鉴2014》整理而得。

有形成，大企业不大，缺乏鲜明特色的高新技术产业高地，结构性矛盾突出。高新技术产业自主创新整体水平仍属于中部偏下，与全国上述各项指标最高的广东相比差距更大。

二　当前山西高新技术产业发展出现“锁定性”困境的主要原因

（一）从企业层面来看，国有企业创新低动力，民营企业创新低能力，许多行业关键核心技术仍受制于人，重要产业技术对外依存度高，先导性战略高技术薄弱，直接影响产业结构升级和战略新兴产业发展

1. 核心技术难以突破

山西高新技术企业创新能力依然薄弱，很多基础和关键行业的核心技术长期不能突破，给企业可持续发展带来严重障碍。例如，山西将新材料、新能源、节能环保、生物、新能源汽车、新一代信息技术、高端装备制造、煤层气、现代煤化工确立为战略性新兴产业九大重点领域，但对于汽车产业来说，市场主流轿车产品技术仍依靠“外援”，在动力电动化、轻量化、智能

化等尖端、前沿领域差距仍然较大；高档数控机床等高端装备制造业已有的尖端技术与国外差距大，精密传动等基础零部件核心技术被国外垄断，特种钢材冶炼技术缺乏；光纤制造、高端集成电路制造、石化等领域的高端设备大部分依然是国外产品；半导体照明产业大功率、高亮度 LED 芯片等依然依赖进口；等等。关键技术和核心技术不突破，产业竞争力就难以提高。

2. 创新动力普遍不足

从表 3 可以看出，山西高新技术企业在整体上研发经费投入不足，企业研发经费占主营业务收入的比重也仅为 0.81%，R&D 项目在数量上和规模上都偏小，企业内部建立 R&D 机构的积极性不高，相比其他省份差距甚远。

表 3　2013 年末山西与中部省份高技术产业 R&D 活动情况对比

项目	山西省	安徽省	湖北省	湖南省	江西省	河南省
R&D 经费内部支出(万元)	58480	301380	732174	433737	214956	249531
R&D 机构数(个)	39	324	192	247	131	237
R&D 项目数(个)	334	2212	2217	1085	1190	1448
R&D 项目经费(万元)	54287	237811	599504	403221	200747	215951

3. 历史压力和随机事件强烈扰动企业发展方向，造成创新投入“锁定性”错位

企业尚未成为创新决策、研发投入、科技组织和成果转化的真正主体。例如，发展新能源、新能源汽车、光伏产业等新兴发展方向是对的，但数据显示，这些产业已出现了严重的产能过剩。形成这种局面的原因在于实际操作中企业受到了历史压力和随机事件的多重扰动。2008 年以后，国际金融危机对我国经济形成冲击，山西煤炭经济全面下滑，面对这些突发性的随机事件，许多企业没有与市场对接，忽视市场对技术研发方向、路线选择、要素价格的导向作用，仍采用发展传统产业、投资先行的老办法，看重政府的政策导向，为了多争取政府资金及优惠政策而一哄而上、大干快干，出现产能过剩的局面在所难免。

从以上分析中可以看出，企业创新能力不足是制约山西高新技术产业发展的根本内在因素，山西高新技术企业最突出的发展特征体现在两个方面：

一是“重引进、轻吸收”，陷入“引进—落后—再引进”的“锁定性”循环中；二是存在“后来者劣势”。在调研中我们发现，企业普遍缺乏熊彼特式的企业家精神，组织成员之间缺乏共同愿景，观念仍然相当保守，官本位、中庸之道、小农经济束缚形成的“文化生态锁定”严重，企业竞争能力不足导致山西高新技术产业缺乏竞争力。

（二）从产业层面来看，自主创新主体缺位，企业活动不活跃，组织结构没有重大突破，缺乏特色鲜明的高新技术产业高地，对重大产业技术变革引导的创新产业竞争准备严重不足

1. 行业分散没有发挥产业集聚效应，缺乏特色鲜明的高新技术产业高地

产业集群是当今产业组织发展的重要形式之一，它形成的区域创新网络集中了技术创新要素，也集中了技术创新事件，从而大大增加了创新创业参与者自由选择的机会，在高技术产业发展中起着重要的作用。集群存在的两个先决条件是集聚和产业联系。但从已有统计数据中可以看出，山西高新技术产业中分布在计算机及办公设备制造业的仅有1家企业，分布在航空制造业的有2家。在医药制造行业中企业数量最多，共85家，其中医疗设备和仪表制造业有18家。《山西2014年工业转型升级实施方案》已经出台，明确提出“打造医药生物产业特色。大力推进靶向性治疗药物以及用于重大疾病防治的生物技术新药，打造具有山西特色和优势的医药品牌”，但与其他省份相比（见表4），还存在很大差距，缺乏特色鲜明的高新技术产业高地。

表4　2013年末中部六省医药制造业发展情况比较

项目	山西省	安徽省	湖北省	湖南省	江西省	河南省
企业数(个)	85	324	379	424	301	424
资产总计(万元)	270.7	415.8	765.5	374.2	437.8	920.9
主营业务收入(万元)	152.9	552.5	855.8	692.6	911.1	1348.0
利润总额(万元)	11.5	49.0	77.2	60.6	66.2	133.8
利税(万元)	20.9	70.4	122.2	101.4	110.1	176.1
出口交货值(万元)	16.3	20.1	65.5	11.4	22.3	19.0

资料来源：根据《中国高技术产业统计年鉴2014》整理而得。

2. 组织结构没有重大突破，产学研协同创新网路形同虚设

产业发展实践表明，“大学－产业－政府”在发挥各自独特作用的同时加强多重互动，是提高产业、区域创新系统整体绩效的重要条件，政府在此方面也下足了功夫，推出了不少政策鼓励、刺激企业与大学进行合作。但当前山西高新技术企业进行产学研合作无论是在层次上还是在合作深度与广度上仍处于初级阶段。大多数合作目前仍以资源交易为主，企业抱着“速成式心理”希望从大学获取技术解决方案，大学则只关心从企业能拿到多少科研经费，合作层次常常停留在某一项目或技术研发上，很大一部分合作则通过临时组合来争取政府项目，属于短期化、松散式的“一锤子买卖”，其结果是导致大学抱怨无法得到更多的利益（科研突破或科技成果申报），企业则难以参与核心技术开发，忽视了通过长期性的合作共同提升创新研发、组织、应用的能力，没有形成产学研协同创新的良性循环。

（三）从融资环境来看，融资渠道单一不畅，信贷结构不合理、直接融资比例低、社会融资成本高，银行贷款、资本市场和社会资金存在“锁定性”偏好，使用效率极为低下

1. 银行贷款

从纵向来看，1979 年山西银行存贷比达到高值 167.2%，此后逐年下降，到 1996 年山西存贷比为 97.2%，存贷款差额由“贷差”变为“存差”，到 2008 年末降至 47.1%，再次成为拐点，此后逐年上升。2014 年上半年，山西存贷比为 57.88%，较上年同期提高了 3.96 个百分点，达到 2008 年以来的最高水平。

虽然存贷比例有提高，但从横向来看，山西存贷比在中部六省中处于末位，与其余五省差距较大，比全国 75.31% 的平均水平低出 18.12 个百分点。当前山西的存贷比仍明显偏低，高储蓄率、低资源配置率仍是其主要特征，货币供应明显低于发达地区，难以流向实体经济。

另外，近年来企业社会融资成本居高不下，很多企业融资成本已高达

20%～30%，直接融资比例小，银行贷款中的现汇只有30%～40%，其余都以承兑汇票支付，贴现利息达到10%以上，小企业贴现利息更高，承兑汇票经小企业层层上转，大大增加了企业的资金周转压力。

2013年末中部六省金融存贷比比较见表5。

表5　2013年末中部六省金融存贷比比较

项目	山西省	安徽省	湖北省	湖南省	江西省	河南省
金融机构各项存款余额(亿元)	26269.02	26739.30	32902.83	26876.00	19434.80	37049.49
金融机构各项贷款余额(亿元)	15025.46	19088.80	21902.55	18141.10	13111.70	23100.87
存贷比(%)	57.19	71.38	66.57	67.50	67.47	62.35

资料来源：根据各省《2013年国民经济和社会发展统计公报》整理而得。

2. 担保机构

截至2011年末，山西省合格的融资性担保公司共有233家，注册资金为98.86亿元，实收资本92.39亿元。根据银监会规定，担保机构注册资本应在1亿元以上，且必须是实收资本，才能与银行发生融资担保业务。而山西实收资本上亿元的担保机构仅为26家，实收资本为5000万～1亿元的融资性担保机构也不过47家。这意味着全省只有约10%的担保机构能够进入银行开展融资业务。另外，信用中介服务体系不完善，融资担保品种也非常单一。同时，地区发展极不平衡，融资担保机构集中于太原、晋中、大同、朔州，其他地市合格融资机构数量较少。

3. 风险投资

山西的风险投资业虽然起步较早，但长期以来无论是以大项目为投资主业的产业投资基金还是创业风险投资发展都十分缓慢，风险投资融资渠道单一，主要来自政府及政府控制的国有企业。以创业风险投资为例，目前山西只有1家合格创业风险投资公司，与中部其他五省相比，全国创业风险投资机构在山西的投资数量与投资强度上都存在很大差距（见表6）。

表 6　2012 年末中部六省创业风险投资情况比较

项目	山西省	安徽省	湖北省	湖南省	江西省	河南省
创业风险投资机构数(个)	1	42	73	41	4	11
我国创业风险投资机构所投资项目地区分布(%)	0.3	3.0	6.4	4.4	0.5	0.8
各地区创业风险投资的投资强度(万元)	415.60	1900.67	1272.57	1663.70	2380.40	1402.01

资料来源：根据《中国创业风险投资报告 2013》整理而得。

4. 政府资金

从图 1 可以看出，山西各级政府对高技术产业 R&D 活动经费的供给量非常有限，其资金投入仅比周边省份内蒙古高，而与其他中部和周边省份相比明显偏低。

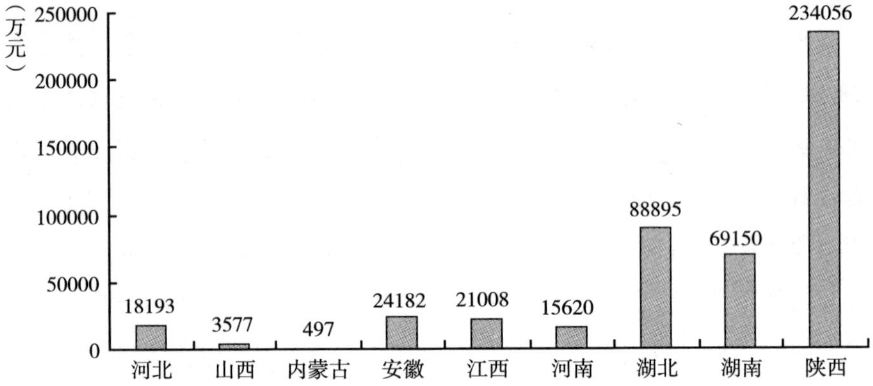

图 1　中部及周边省份高技术产业 R&D 活动经费筹集中政府资金供给量

资料来源：根据《中国高技术产业统计年鉴 2014》整理而得。

5. 资本市场

根据山西省政府对外公布的《山西省资本市场发展“十二五”规划》，截至 2012 年，山西境内上市公司数量占沪深上市公司总数的 1.45%，居全国第 20 位，且多集中于能源、传统制造业板块；股权融资额仅占全国的 2.42%；有近一半的上市公司首次公开发行股票后没有进行再融资；中小板上市严重滞后，截至 2014 年末，仅有 6 家高科技公司在三板市场上市。要素市场基础薄弱，省内2家证券公司中有1家具有保荐资格，期货公司仅有5家；证券、期货营业部分布不均；备案的8家创业投资企业管理资金总额仅18.3亿元；具有证券从业资格的会计师事务所和资产评估机构数量为0。资本市场建设不能适应高新技术产业发展的要求。

从以上分析中可以看出，资金问题也是制约山西高新技术产业处于"锁定性"发展困境的重要因素之一。银行、风险投资、资本市场是目前中国高技术企业获得资金支持的最基本渠道，但是，这些渠道并没有让所有市场主体都能分享金融服务的雨露甘霖，融资难、融资贵仍是突出问题。

（四）从制度环境来看，产业政策、投融资体系、市场准入、税收鼓励、国有资产管理等政策衔接不到位，统筹推进自主创新的机制体制不够完善，难以形成合力

1. 政府与市场关系未厘清，市场开放度不够，导致企业作为市场主体多元化程度较低

近年来，山西出台的一系列政策举措，特别是山西转型综改区建设向纵深推进，发展的基础和条件相比以前更加有利，发展空间也更为广阔。但企业数据显示政策效果并不理想（见图2），当前山西高新技术企业仍以内资企业为主，外资企业数量连续5年在个位数徘徊，大企业不大，小企业数偏少，"缺活力、存短板、弱实体"情况普遍存在，没有形成合理的创新生态群落。受准入限制，企业常常被直接排除在"门槛"之外，即便拥有准入资格也会遇到难以实际进入的问题，"玻璃门"现象普遍存在，改善平等准入和营造公平竞争环境成为企业的基本诉求之一。

《2013年中国创业风险投资报告》指出，"政策环境变化"（占18.9%）依然是影响创业风险投资决策的首要因素，其次是"市场竞争因素"（占17.4%）。山西无法受到创业风险投资青睐的原因也从另一个侧面佐证了制度环境有待于进一步改善。

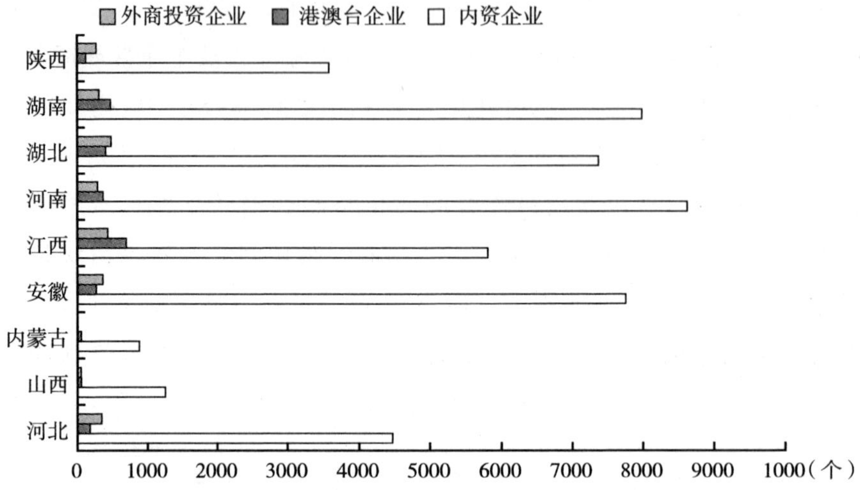

图 2　中部六省及周边高技术产业不同所有制分布情况比较

资料来源：《中国高技术产业统计年鉴 2014》整理而得。

2. 政府职能交叉重叠，条块分割严重，缺乏有效协调机制，导致科技资源浪费、使用效率不高

在政府对企业的管理方式中“行政化”干预仍然较多。以山西煤炭产业整合为例，实际上政府主导行为，而整合容易重组难。很多整合并没有实现预期的资源优化配置，加上受我国国有企业升迁制度的影响，很多国有企业高管追逐于政治生涯，对企业科技研发投入认识不足或者只是一味地追求项目资金而缺乏长远谋划，导致研发项目、专利不能顺利转化成现实生产力。除此之外，则集中反映在对国有企业多元化决策的干预问题上：一方面，企业在政府的要求下花费大成本“被动”兼并、重组劣质资产，“被动”投资不熟悉的领域，造成财务“包袱”；另一方面，企业看好的投资项目受政策或政府规划的限制而无法投资，以至于丧失市场机遇。高新技术企业资本运营效率整体低下。山西省上市公司中以高科技企业上市的太工天成近 10 年的发展轨迹就是一个例证。

产业项目重复设置、仪器设备重复购置、课题项目重复支持也是政府财

政科技管理治理中的突出问题。以科技经费为例，涉及科技经费使用管理的部门很多，如发改委、科技局、高新区管理委员会、教育局、国家级机构等，其分散程度由此可见一斑。这也给企业造成了“寻租”机会。

另一个突出问题就是产业、市场准入、用地、环保、税收、金融、知识产权保护、国有资产管理等法规和宏观经济政策协调配合不够，且落实不到位，造成市场运行效率低下。企业投入巨资开发的自主创新产品因无法进入相关产品目录、政府采购清单以及垄断行业而应用无门；政府为推动科技成果转化而出台的奖励科技人员的新政文件，却因碰到国有资产处置管理办法的“天花板”、难以运用可操作性强的股权激励政策等问题而无法兑现，使得企业和个人对创新成果转化的积极性不高、行动力不强。

总之，外部环境对企业行为起着决定性作用。在一个“创新溢价”低的环境下，若创新的企业与不创新的企业效益差别不大，企业就没有动力投入更多的资源用于创新与研究开发；在一个市场开放度不够、水平不高的环境下，企业缺乏现实的“标杆”引导，收益平平却不担心倒闭破产，也不会形成很强的管理创新激励；在一个资源环境成本低、节能减排收益小而投入大的环境下，企业更不会有发自内心推进“集约化”发展的动力。因此，高新技术企业摆脱“锁定性”发展困境、形成可持续发展的关键点就在于创造和完善当前的发展环境。

三　山西高新技术产业自主创新能力建设的建议

（一）进一步完善市场体系，简政放权，给企业“松绑”，打造公平、透明、公开的市场环境，实现激活力、补短板、强实体

企业是市场的主体。只有调动企业的积极性和主动性，才能发挥市场对技术研发方向、路线选择、要素价格、各类创新要素配置的决定性作用。

进一步简政放权，平衡放管结合，加强事中、事后监管。与此同时，进一步规范部门行政审批程序，特别是在诸如新药等事关企业创新和发展的关

键环节，严格明确时效要求。

大幅度开放市场准入。进一步缩减政府核准投资项目范围，下放核准权限，真正做到对不同所有制企业一视同仁。更加积极有效地利用外资，积极探索准入前国民待遇和负面清单管理模式。继续做大做强一批行业龙头企业，加大对民营和中小微科技型企业创新创业的支持力度，多方面、高水平引入外资和港澳台科技型企业。在市场准入过程中还需注意不能盲目充规模、充数量，要注意产业持续发展的第二个先决条件是集聚企业之间要存在产业联系。

建立以科技企业、大学和科研机构为核心，联合政府相关部门、技术中介、金融机构等的协同创新委员会，吸纳更多创新要素，顺应当今“漏斗式”封闭式创新向“筛子式”开放式创新转变的背景，推进具有实质意义的产学研协同组织。

（二）进一步加强顶层设计，积极营造稳定、可预期、有利于创新的政策环境，强化企业创新主体地位，为产业创新加油助力

顶层设计是加快实施创新驱动发展战略的关键。加强顶层设计应继续破除部门分割局限，在政府整体目标上统筹协调各部门、各地方，改变“多头治理”的局面，在完善产业、科技、知识产权、税收、金融等创新政策的同时，更应着力推动其有效衔接。

企业是技术创新的主体。要重视企业研发费用加计扣除、技术交易税收优惠、股权激励等重点普惠性政策的落实和监测评估，鼓励高新技术企业增加创新投入。支持高新技术企业更多地参与重大科技项目实施、科研平台建设。大力发展众创空间，办好高新区，发挥集聚创新要素的“领头羊”作用。大力支持中小微科技型企业创业创新。

进一步优化科技资源配置，在产业科技项目和资金管理上，要加强国家、政府在整体目标上达成一致并进行分工合作，完善政府支持企业技术创新方式，开辟财政科技投入的新渠道，加快推进科技资源开放共享，对企业、科研团体建立大型科学仪器和科研设施服务后补助机制。

鼓励科技人员向企业集聚，释放科技人员创新活力。要适应高新技术产业发展的需要，加快科技成果使用处置和收益管理改革，扩大股权和分红激励政策，完善科技成果转化和职务发明法律制度，使创新人才分享成果收益。

考虑到高新技术企业时时处在“高投入、高收益、高风险”的动荡市场环境中，应尽可能减少短期应急型政策，为高新技术企业营造稳定和可预期的政策环境。

（三）进一步加快实施科技重大专项，优化投入模式，建立投入长效机制，推动重点领域实现跨越式发展，实现在升级中发展、在发展中升级的良性循环

政府应继续发挥产业引导功能，重点支持基础研究、前沿技术和重大关键共性技术研究，鼓励原始创新，加快实施国家科技重大项目，力争在一些关键领域取得技术上的原创性突破，在技术上取得核心技术，推动重点高新产业领域实现跨越式发展。

积极推动产业结构迈向中高端化。通过推进高新技术企业“互联网 + 行动”计划，推动移动互联网、云计算、大数据、物联网等与现代制造业结合，改造传统引擎，从业态、商业模式等方面积极探索高新技术产业发展新引擎。

做大做强一批高新产业龙头企业。鼓励高新技术企业更多地参与重大科技项目实施、科研平台建设，共同建立“企业出题、先行投入、协同攻关、市场验收、政府补助”的科技项目形成和帮扶机制。

引进和支持重点领域的产业链延伸，提升产业集聚区的发展水平，引导引领中小科技型企业向“专、精、特、新、配”方向发展，形成专业化协作；鼓励建立技术研发中心、产品检测中心、产业信息中心等公共服务平台，满足集群内企业的共性技术需求和公共服务需要；支持品牌共享。

改造提升传统产业。尊重产业发展规律，挖掘产业升级潜力，采取财政贴息、加速折旧等措施，大力推广促进节能减排和产业优化升级的先进适用

技术，深入实施工业化和信息化深度融合，开发利用网络化、数字化、智能化等技术，提高机械装备行业企业的自主创新能力。

（四）进一步深化金融改革，加强多层次资本市场体系建设，建立开放、竞争、高效的金融资源配置市场，以创新性金融政策和服务助推高新企业可持续发展

积极发展和完善山西区域性多层次的资本市场体系建设，放宽民间资本市场准入，包括区域性股权市场、私募资本市场、债券市场、产权交易市场、保险市场、基金市场等金融衍生品市场。

鼓励金融机构开发、探索针对高技术企业的金融产品创新，优化与企业融资需求结构相适应的金融供给结构，推进信贷资产证券化，扩大企业债券发行规模，提高企业直接融资比重，降低社会融资成本，让更多“金融活水”能高效率地流向高新技术企业。

引导金融机构优化金融服务结构，尤其是与税收财政政策协调配合，提高运行效率。通过加强政府资金、信贷资金和社会各类资金的紧密结合与有效互动，有效运用知识产权质押、买方信贷、小额贷款、公司债券、融资租赁、科技保险等各种模式引导资金更多地投向高新技术企业开展技术创新融资，尤其是优先支持资源节约型、环境友好型高新技术企业。

B.12

科技创新驱动　破解山西资源型经济转型发展瓶颈*

常涛　袁旭红**

摘　要： 科技创新是山西省资源型地区实现经济转型的重要驱动要素。在文献研究的基础上，本报告以资源型经济转型发展为目标，构建区域科技创新基础评价框架，进而从科技创新基础、投入、产出和效益四个方面剖析山西省在资源型经济转型中科技创新的发展现状，并在加强科技创新意识、培育科技人才队伍、促进科技成果转化、加快产学研协同创新、扶持科技型中小企业、搭建公共科技信息服务平台等方面进一步提出政策建议。

关键词： 区域科技创新　资源型地区　资源型经济转型　科技创新评价

一　引言

随着知识经济及全球一体化的深入发展，科技创新已成为一个国家或地区经济增长的不竭动力。科技创新不仅推动着各国及地区经济总量的提高，

* 本研究报告为国家软科学研究项目“科技创新系统研究：基于资源型经济转型案例的探讨”（课题编号为2012GXS9K003）的部分研究成果。原报告25.2万字，在收入本书时做了必要修改和数据更新。

** 常涛，山西大学经济与管理学院、山西大学中国中部发展研究中心，博士、副教授、硕士生导师，主要研究方向为科技创新、知识管理与人力资源管理；袁旭红，山西大学经济与管理学院。

还推动着产业结构和技术结构的改造升级。因此，科技创新是实现资源型经济成功转型的关键。通过科技创新，可以将经济主导产业中以不可再生性自然资源的开采和加工为主的产业转向其他具有高技术价值的产业，以摆脱对资源型产业的依赖，最终实现经济发展方式的根本改变。

山西省作为全国重要的能源供应基地，长期以来以煤炭为主的传统粗放型发展方式造成了对生态环境的严重破坏和资源浪费，并导致山西省产业结构呈现单一化发展，从而使得其资源型经济发展的深层次矛盾日益突出、问题日益日剧，这些都严重制约了山西资源型经济的转型发展和可持续发展。

在山西省面临发展的关键时期，国务院于2010年底同意批准在山西设立我国第一个全省域、全方位的国家资源型经济转型综合配套改革试验区，从而使山西资源型经济转型发展问题上升到国家战略层面，并成为推动全国资源型经济转型的重大政策试点。因此，加快山西资源型经济转型、加快转变经济发展方式、促进山西省“转型发展、跨越发展”成为山西省实现未来可持续发展的根本出路。而通过提升科技创新能力实现创新驱动发展成为推进资源型经济转型的重要手段，以摆脱资源依赖，避免陷入资源优势陷阱。

总之，资源型经济已成为山西省未来实现经济社会可持续发展的瓶颈，而科技创新能力的提升则是促进资源型经济转型发展的关键突破口。鉴于此，本报告拟以推进科技创新为宗旨，探讨山西资源型经济转型的发展路径。具体来说，将以区域科技创新能力评价指标为基础，深入分析山西资源型经济转型中科技创新发展现状，剖析存在问题的本质，并进一步提出相应的对策建议，为山西省基于科技创新的资源型经济转型提供政策参考。

二　山西资源型经济转型中科技创新发展现状

通过相关文献回顾发现，国内许多学者已从不同视角展开对科技创新评价指标体系的探讨。从总体上看，可以将现有的相关研究归纳为两大视角：投入产出视角与知识创新视角。其中，基于投入产出视角的研究主要关注科技创新过程，通过剖析科技投入及其在一定创新基础和创新投入条件下的绩效产出，以对区域科技创新能力进行系统评价。例如，方秀文（2001）通过对区域可持续发展指标体系、科技创新竞争力、科技实力指标体系等相关研究的整合思考，进一步提出，区域科技创新能力评价指标体系应包括科技进步基础、科技活动投入、科技活动产出和科技对经济社会的影响四个方面①。类似的，胡琴（2003）把区域科技创新能力评价指标体系分为科技进步基础、科技活动投入、科技活动产出和科技促进经济社会发展四个方面②。关于知识创新视角的研究，则主要聚焦于对以知识创新及利用为核心的科技创新构成要素的剖析，通过揭示科技创新单元及其相互作用，进一步分析知识的创新与应用，以综合评价区域科技创新能力。韩刚（2009）通过因子分析统计方法的实证研究，从知识创造能力、知识获取能力、企业技术创新能力、技术创新环境、创新经济绩效五个方面对安徽省科技创新评价指标体系展开综合评价③。

本报告拟基于投入产出视角，从科技创新基础、科技创新投入、科技创新产出、科技创新效益四个方面分析山西资源型经济转型的发展现状。从这一视角进行探讨有助于深入剖析科技创新过程的内在规律及发展路径，充分揭示在资源型经济转型的动态发展过程中从科技创新资源投入到产出的整个过程，这既能反映一定时期科技创新活动的开展情况及其运作效果，也可以充分洞察区域科技创新的内在动因和各因素之间的交互关系，并进一步挖掘科技创新在资源型经济转型中存在的问题及障碍，为山西省提供政策启示。

（一）科技创新基础发展现状

科技创新基础是提升科技创新能力的根本保障，相关指标包括科技人力资源、科技物质条件、科技基础设施和科技意识四个方面，用以反映资源型经济转型地区科技创新的基本发展现状。科技人力资源是指有潜力或实际从

---

① 方秀文：《广东省区域科技创新能力综合分析与评价》，《中国科技论坛》2001 年第 5 期。

② 胡琴：《湖北省区域科技创新能力综合评价和研究》，《武汉理工大学学报》（信息与管理工程版）2003 年第 1 期。

③ 韩刚：《安徽省区域科技创新能力研究》，《中国发展》2009 年第 2 期。

事技术开发及科学研究的人力资源。作为科技创新促进资源型经济转型的基础性智力资本，其数量、质量及结构可以直接反映资源型地区科技创新基础的强弱。所以，科技人力资源是分析科技创新基础的关键因素。科技物质条件则是进行技术开发及科学研究的重要载体。改善科技物质条件，加强科技创新支撑平台建设，必然成为资源型地区各级政府推动科技创新建设以促进转型发展的优先选择。科技基础设施是进行科学研究与技术开发的基础，其中计算机、互联网和移动电话对科技创新提供了有力的支撑，它在一定程度上代表了区域科技水平和综合实力。科技意识是推动资源型地区进行科技创新的基础性前提。其强弱在很大程度上直接影响科技创新的驱动效率及效能。提高科技意识将有助于推动资源型地区解放思想，摆脱资源型依赖的束缚，对推动资源型区域经济转型发展有重要意义。

统计数据显示，山西省高学历人才数量呈现稳步增长趋势。2013 年，山西省万人大专以上学历人数达到953 人，比2012 年增长17.65%，在全省研发人员中所占比重由2012 年的40.57%提高到47.28%。科技物质条件和科技基础设施发展较为稳定，据统计，每名 R&D 活动人员新增仪器设备费为3.14 万元，接近全国平均水平，在全国排名中位。万人国际互联网络用户数为4445.86 户，在全国排名第9 位，超过全国平均水平 140 户。但是山西长期资源依赖型增长模式形成的固有发展思维，导致以科技创新促进经济转型的思想意识仍然薄弱。据统计，2013 年万名就业人员专利申请量低于全国平均水平近 60%；万人吸纳技术成果金额也比全国平均水平低近 50%①。

总体说来，山西省科技创新基础建设处于快速发展中，但以科技创新促进经济转型的思想意识仍然薄弱，有待加强。

（二）科技创新投入发展现状

科技创新投入是指投入科技创新活动中的财力和人力的总和，是促

① 根据山西统计信息网（www.stats-sx.gov.cn）相关数据整理而得。

进科技创新活动有效开展及顺利运行的基础与保障。该指标不仅反映出资源型地区主动推动科技创新的程度以及科技创新发展的强度、速度、规模和能力，也反映出资源型地区对科技创新的重视程度和意志决心。科技创新投入指标主要包括人力投入和财力投入两大类。其中，人力投入是促进区域科技创新的关键要素。科技创新活动能否达到理想的效果和目标、资源型经济能否成功转型在很大程度上取决于人力投入，尤其是研究开发人员的投入。财力投入作为资源型地区进行科技创新活动的重要资金保障，将在一定程度上对提升研究开发人员的创新积极性具有重要的激励作用。

从总体上看，近年来山西省在科技创新投入方面取得较大进展。财力投入发展势头较好（见图 1）。在人力投入方面，从 2009 年开始，呈现逐年下滑趋势（见图 2）。具体来说，2013 年万人 R&D 研究人员数为 7.25 人，比全国平均水平（11.23 人）低 35.44%，比 2012 年降低 4.48%[①]。近年来，山西省通过制定积极的财政政策、完善投融资体系等路径在推进科技创新财力投入方面取得一定成效，但在人力投入的发展上有待加强。

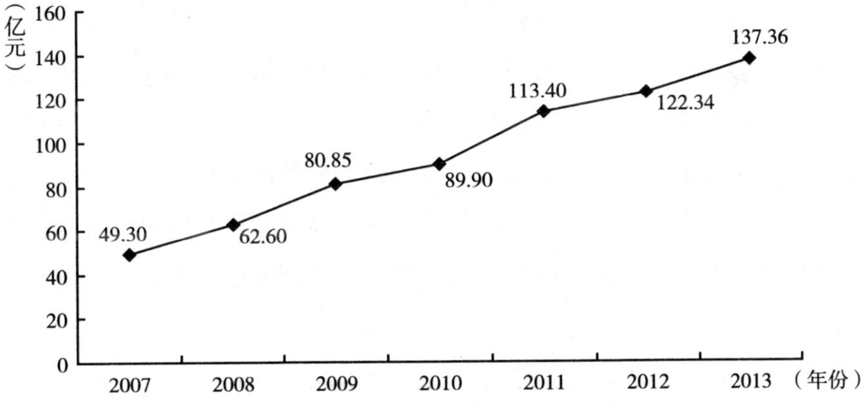

图 1　2007～2013 年山西省 R&D 经费支出

① 根据《全国科技进步监测报告（2012～2013）》相关数据整理而得。

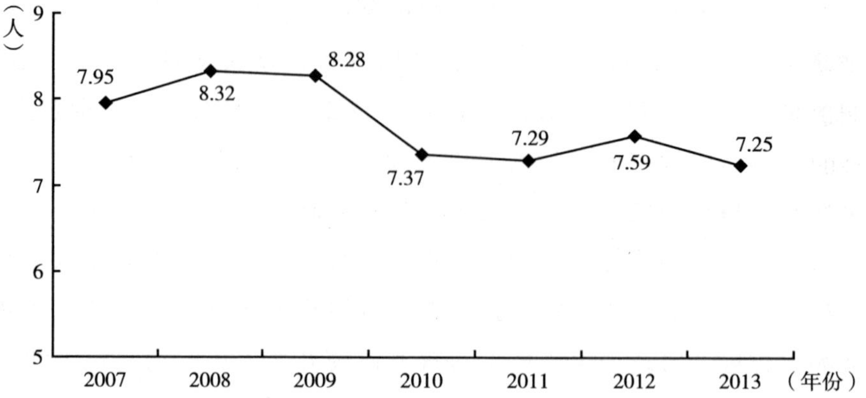

图2　2007～2013年山西省万人R&D研究人员数

（三）科技创新产出发展现状

科技创新产出是指创新主体以自身创新能力为基础，通过各种资源的有效开发与配置所取得的创新成果，是科技创新能力评价体系中最显著的外在表现。资源型地区最主要的产出就是资源及相关衍生品，科技创新成果相对较少，用产出指标最能反映科技创新对资源型经济转型的效果和作用。对科技创新产出的评价可以从科技活动直接产出、科技成果市场化、科技成果产业化三个方面展开。其中，科技活动直接产出是通过科技创新活动取得的科技成果，它反映了一个资源型地区科技创新的积淀深厚程度；科技成果市场化是这些科技成果进一步实现市场价值的重要体现；科技成果产业化则是进一步将科技成果转化为现实的生产力，是以科技创新推动资源型经济转型的关键所在。

近年来，山西省先后出台并实施《山西省高新技术产业化项目管理办法》《山西省高新技术产业发展条例》《关于加快培育和发展战略性新兴产业的意见》等政策措施，着力推进工业新型化"五个一工程"，积极打造农业现代化"三大板块"，推进创新能力建设"双百工程"和科技体制机制"五大创新"，并以转型发展重点领域关键技术攻关为突破口，大大加快了山西省重大成果推广和产业化进程，为山西资源型经济转型发展起到了重要的推动作用。山西省以煤层气抽采、现代煤化工、低碳与循环经济和高端装备制造关键技术及示范等一批重大科技专项为重点，在一批涉及全局性、战略性的重大关键技术和重大战略产品上取得了突破，并形成了一大批标志性的科技成果。同时，山西省以创新载体培育为目标，以企业技术中心建设为重点，通过进一步健全完善相关管理制度体系，初步形成了切合企业转型发展实际和适应科技创新发展需求的工作机制，促进了山西省企业科技创新能力的提升。此外，山西省在产学研合作方面的努力也有力地促进了高校、科研院所、企业的协同创新。上述工作都在一定程度上有力地推动了山西资源型经济的转型发展。

尽管山西省近年来在科技创新产出方面取得了一定成效，但科技创新直接产出仍然落后。统计显示，山西省 2013 年万名 R&D 活动人员科技论文数、获国家科技成果奖系数分别在全国排名第 25 位、第 24 位，均比全国平均水平低近 60%。同时，山西省在科技成果市场化与产业化方面的发展仍然滞缓。据统计，在科技成果市场化方面，2013 年山西省万人技术成果成交额、万名 R&D 活动人员向国外转让专利使用费和特许费等指标值均不到全国平均水平的 15%。在科技成果产业化方面，高技术产业增加值占工业增加值的比重为 1.8%，在全国排名倒数第 5 位，比全国平均水平低近 80%①。

综上，山西省科技创新产出水平总体上得到逐步提升，但在科技创新直接产出、科技成果市场化及产业化发展等方面仍然落后，高新技术产业亟待得到突破性发展。

（四）科技创新效益发展现状

科技创新效益是资源型地区科技创新发展的过程与实施的完善程度和科技创新能力高低的最终体现，可以从经济效益、高新技术产业化效益和环境

① 根据《全国科技进步监测报告（2013）》相关数据整理而得。

效益三个方面进行评析。

高新技术产业化是高新技术创新成果市场化的最终效果体现，它反映了从创新成果到形成一定规模商品生产的转化发展过程。总之，高新技术产业化是科技进步通过科技成果的转化而形成生产力的显著体现。科技创新通过科技成果市场化与产业化产生经济效益，从而转变成为促进经济增长的驱动力，推动经济发展从要素驱动向创新驱动转变，是资源型地区坚持把科技进步和创新作为加快转变经济发展方式的重要推动力。综上，科技创新能力应最终体现在资源型地区转型发展中对经济增长的贡献上。科技创新能否有效促进资源型地区人民生活水平的提高、能否有力推进资源型地区经济更好更快发展，已成为衡量科技创新能力高低的关键因素之一。

近年来，山西省在科学发展观和构建和谐社会的重大战略思想指导下，通过以科技创新推动经济发展方式转变和绿色转型，已取得一定成效。例如，为加快建设资源节约型和环境友好型社会，山西省先后推出一系列相关政策法规，如《山西省循环经济发展总体规划（2006～2010年）》《山西省固定资产项目节能评估和审查暂行办法》《山西省加快推进社会领域节能工作实施方案》《山西省节能减排综合性工作方案》《山西省人民政府办公厅关于进一步推进重点城市环境综合整治加快环境改善步伐的通知》《山西省人民政府办公厅关于全省各级行政机关积极参与全民节能行动的通知》《山西省人民政府关于加快发展循环经济的实施意见》，为绿色转型发展提供了保障。同时，山西省明确将“加大节能减排的力度，努力推动生态环境改善”作为重点工作之一。

统计数据显示，山西省2013年人均GDP在全国排名第22位，劳动生产率在全国排名第14位，可见经济效益在总体上较好。但是，高技术产业劳动生产率和高技术产业增加值率在全国排名倒数第2位。其中，高技术产业劳动生产率为7.16万元/人，比全国平均水平（22.11万元/人）低68%；高技术产业增加值率也低于全国平均水平40%①。由此可看出，高新技术产

① 根据《全国科技进步监测报告（2013）》相关数据整理而得。

业化发展缓慢。山西粗放式的资源依赖型增长模式并未得到根本改变，转型发展结构刚性依然明显。提高高新技术产业化效益仍然是提升总体科技创新效益的突破口。

综上，山西省通过科技创新大力推动资源型经济转型发展，已在提高科技创新效益方面得到一定发展。但总体上看，山西省以消耗资源、污染环境为代价的资源依赖型增长模式仍未发生实质性改变，转型发展仍存在明显的结构刚性。因此，山西省的科技创新效益在全国的综合排名仍较靠后，与全国平均水平差距较大。可见，提高高新技术产业化效益、加快产业结构调整仍然是未来山西省提升总体科技创新效益的重中之重。

总之，通过对山西资源型经济转型科技创新发展现状的分析，可以看出，山西省近年来在科技创新基础、投入、产出和效益等方面都取得了长足发展，科技创新能力也得到了明显提升。但从总体上看，山西省科技创新能力的发展还仅处于初级发展阶段，无论是与全国平均水平相比，还是与山西省转型发展目标相比，都还存在较大差距与不足。

但是，山西省作为我国重要的能源基地和典型的欠发达资源型省份，要实现从资源依赖型向创新驱动型转变，将面临巨大挑战，转型任务将更加艰巨和紧迫。为此，山西省应进一步增强科技创新促转型发展的使命感与紧迫感，坚持将科技创新驱动发展作为未来资源型经济转型的一项重要战略任务，以增强经济转型发展的内生性动力，推进山西全面可持续发展；亟须以科技创新系统为基础，全面构建科学合理、切实可行、富有活力的科技创新政策体系，为促进山西资源型经济转型的科技创新战略实施提供更有建设性的对策建议。

三　驱动山西资源型经济转型的科技创新发展建议

以上从科技创新能力评价系统视角，对山西省在资源型经济转型中的科技创新发展现状进行了剖析，山西省亟须以观念创新为灵魂，加强科技创新意识，以夯实科技创新基础；加强人才队伍建设，致力人才培养开发，以增强科技创新投入；着力促进科技成果转化和高新技术产业化，以提升科技创新产出和总体科技创新效益。

（一）深化科技创新内涵认识，从根本上转变发展理念

要深刻认识科技创新对山西资源型经济转型的关键驱动作用以及科技创新的前瞻性和长期性。加大思想教育的力度，进一步深化对提升科技创新能力必要性与紧迫性的认识，加快经济方式转型观念转变速度。进一步解放思想，丢弃自我封闭、自我满足、自以为是的落后意识，丢掉空泛谈论、坐而论道、眼高手低的工作习惯，勇于突破现实课题和棘手难题，摒弃不敢担当、不敢冒险的保守思想，敢于第一个吃螃蟹，走别人从未走过的路，跳出安于求稳、小富即安、不富亦安的心理困境，从粗放式的增长模式中解放出来，从守成求稳的心态中突破出来，将自主性科技创新提高到战略层面。

山西省应以可持续发展理念为遵循根本，充分发挥新型观念在资源型经济转型中的引领作用。通过外在制度评价和内化的自觉行动，在全社会积极倡导科学发展观、人与自然和谐发展、绿色生态发展等先进思想，引导市场参与主体彻底摆脱对资源型发展的依赖，破除陈旧的管理体制，以微观主体的转型发展为点，以点带面为山西省经济发展方式的转变开辟道路。

（二）致力人才培养开发，完善人才资本结构

以服务转型跨越发展为立足点，加快发展高等教育。要紧密围绕山西省战略性新兴产业和高新技术产业，有机整合各高校科研资源，科学调整专业设置，全面提升山西高校科学研究、人才培养、社会服务的总体水平；依托山西大学、太原理工大学等八所具有较强科研实力的大学，致力打造 30 个以上有技术发展优势、对山西省经济转型发展有重大推动作用的重点专业，并争取进入国家重点学科发展行列。要充分发挥企业的资源及资金优势与高校、科研院所的人才及技术优势的互补性，引导和激励发展潜力大、研发实力强的大型企业与山西省科研院所和高校共同投资创建研究中心、工程设计

中心、研发实验室等，联合培养适应山西转型发展的高水平科技创新人才和团队。此外，要加大在煤化工、装备制造、新材料、新能源、生物技术、生态环保等前沿性新兴产业中高精尖人才的培养力度。

建立和完善技术创新人才的保障体系。通过建立人才激励机制，引导科技人才向与资源型产业有相关性的高新技术产业转移；通过制定人才引进政策，拓展科技人才引进渠道，重点引进能对山西省资源型产业技术改造和高新技术产业发展有贡献的高级核心人才；通过完善人才培养机制，促进科技人才的自生性；通过健全人才留用机制，以提供补贴、提供科技创新项目资助、改善工作环境等各种方式，增强山西省对科技创新人才的吸引力。

（三）建立科技成果转化机制，发挥政府和企业在转型中的作用

制定相关政策规划，有效推进科技成果转化。具体的措施为：政府及有关部门通过组织和落实一系列产学研合作的计划项目，制定一系列政策法规，进一步加大政府资助的研究成果向企业推广转化的力度。最终通过立法，明确政府及研究机构对推广转化的责任，去除制约推广转化的不合理障碍，通过加速政府资助的技术成果的推广转化，提高经济的竞争力。

企业是促进科技成果转化的重要主体，缺少企业参与，将会严重阻碍任何转化机制的有效运行。因此，要鼓励企业对自主研发的产品申请专利授权，鼓励高校及科研院所积极组织开展“促销”工作，向相关产业征询意向，并最终通过双方签署《保密协议》的方式，确保相关发明或技术的专利申请权益。如果企业感兴趣，双方也可以通过签订《意愿书》《授权协议》《期权协议》等方式初步建立契约授权关系，为进一步的《授权协议》的签署奠定前期基础。如果企业认为该科技成果与市场距离较远，也可以与有意向合作的高校或科研院所在签署《意向协议》的同时，签署《共同研究协议》，使该科研项目在高校或科研院所继续开展，但企业也要派人参与其中，并分担资金、风险等，以确保科研项目的持续性。

（四）加快产学研协同创新，推动山西资源型经济转型

以科技成果转化为目标，以加快产学研合作为重点，成立相关行政性政策服务机构，为科技成果转化应用项目中企业与高校、科研机构合作搭建桥梁、提供相关政策支持，并加强政府在产学研一体化中的组织引导作用。以科技创新与市场需求有机结合、科技创新与资本运营有机结合、科技人员与创新项目有机结合为目标，积极构建山西省产学研合作的协同机制，以企业为主体，在企业、高校、科研院所之间建立内部协同创新体制机制。积极探索产学研合作的绩效评价机制，尝试将产学研合作的科技成果质量、转化效果等纳入对参与产学研合作的各主体领导和领导班子的绩效考核评价体系中。积极建立产学研支持机制，对产学研合作项目进行风险投资、贷款担保等方面的政策倾斜，为其重大科技成果转化项目建立专项资金支持或给予优先政策资助。此外，积极建立产学研合作的绩效奖励机制，对参与合作的各主体中有突出贡献的科研人员给予绩效激励，鼓励他们积极从事科技成果转化及产业方面的合作性工作。

根据共享协同原则，学习与借鉴国内外先进经验，联合山西省各大高校、重点发展产业的企业政府部门、政府科技管理部门，以实现实质性协同为目标，以科技融合和文化融合为手段，以科技成果推广、转化、产业化为重点，积极创建科技资源共享机制。采用与相关行业、企业合作的形式，有机整合科技开发与科学研究资源，合作共建科技创新与研发基地。对于企业集中度较高的传统煤炭行业，要确立以企业为重心的协同创新模式，积极促进技术改造升级。针对虽有一定规模但集中度相对不太高的行业，如钢铁行业，高校将在协同创新体系中的共性关键技术研发方面发挥更大作用。

（五）加大对科技型中小企业的扶持力度，培育高新技术产业化的主力军

加快制订山西省科技型中小企业“新星发展计划”，规划其成长路线图，重点培育一批有发展潜力、有市场发展前景的中小企业“科技新星”，

努力以“星星之火可以燎原”之势，开创“科技新星”铺天盖地、快速发展的新局面。同时，建立科技型中小企业发展基金，并持续加大力度；针对风险投资机构、科技企业孵化器、大学科技园区等为科技型中小企业服务的机构制定税收优惠政策，为其发展创造良好生态环境。积极鼓励民营科技型中小企业创新创业活动，并鼓励大型企业构建由科技型中小企业参与的配套式或补缺式的联动发展模式，协同促进大型企业与科技型中小企业的创新发展。

以高新技术产业化为重点，着力提升科技创新能力。制定并贯彻实施高新技术产业化发展规划，积极落实各项扶持政策，加快推进山西省市级生物医药、新材料、软件和信息服务业等产业基地建设，重点建设一批技术基础较好、产业化程度较高、产业带动力强的高新技术产业项目，提高高新技术产业的关联度和集聚度。搭建山西省科技综合服务平台，鼓励并引导高校、科研院所以产学研合作形式持续为企业提供科技创新支撑。积极鼓励企业在技术改造升级的同时，开发和应用新技术、新材料、新设备，主动适应市场需求，以技术创新带动产品创新。

（六）搭建公共科技信息服务平台，促进山西省科技创新信息资源共享

大力推进技术需求库、科技成果库建设，搭建山西省技术交易服务平台和信息资源共享平台；以多种形式加强与国内外知名技术转移机构的深入合作，搭建先进技术引进信息平台、科技市场交易平台；强化科技财政预算的控制管理，加强科技资源及信息配置的网络建设，促进企业高效利用科技文献与科技信息、科学数据信息、科技资源、大型科学仪器设备以及各类科研实验基地；积极探讨搭建科技资源信息共享平台的相关管理政策，完善科技网络环境，促进科技创新服务进一步集成化、网络化和快捷化。

在信息化平台建设过程中，尤其需要紧密围绕山西省传统资源型产业的技术改造升级和高新技术产业的科技进步，积极推进其母体企业或关联产业的微环境信息化建设，提高技术信息化利用效能，提高资源型产业及高新技

术产业的自主创新能力。同时，以科技信息化平台建设着力推进资源型企业发展的关联模式，如以煤炭产业、建材产业、钢铁产业为重点，为其新材料、新能源、新产生流程等方面的技术开发提供技术信息，并将其科技成果直接应用于相关母体企业或关联产业，以实现科技创新的产业联动。通过上述措施，力求通过科技信息化平台建设，促进传统资源型产业的产生方式进行改造升级，同时着力提升其科技创新水平，促进信息化与高新技术化成果的有机结合并进一步固化。

B.13

加快信息化发展　促进山西产业结构优化升级

李志伟　郭丽峰*

摘　要：信息化发展在“四化”同步中具有战略性的地位，推动信息化和工业化深度融合是促进山西产业结构优化升级的重要路径。本报告在回顾山西信息化发展历程的基础上，深入分析山西信息化尤其是电子信息产业发展的现状及特点，积极探索制约山西信息化发展的因素，在借鉴其他省份经验的基础上结合山西的具体省情，对于促进山西信息化发展、推进“两化”深度融合和产业结构优化升级提出了政策建议。

关键词：山西信息化　信息产业　产业结构　优化升级

一　引言

信息化是当今世界经济和社会发展的大趋势，信息技术正在以前所未有的速度加速发展，带来了影响深远的社会经济的巨大变革。据国际电信联盟《2014年信息与通信技术调研报告》，全球互联网用户数量目前已经超过30亿人，约占全球人口总数的40%。全球移动宽带普及率将达到32%。在美国、日本以及欧洲各国，信息网络普及基本实现了全民化。2006年中共中央

* 李志伟，山西大学经济与管理学院、山西大学中国中部发展研究中心，博士研究生、讲师，主要研究方向为产业经济发展；郭丽峰，山西大学计算机与信息技术学院。

办公厅、国务院办公厅发布了《2006～2020年国家信息化发展战略》，将信息化提升为国家层面的重大发展战略，2013年8月发布了《宽带中国战略及实施方案》，工业和信息化部同时出台了《信息化与工业化深度融合专项行动计划（2013～2018年）》和《信息化发展规划》，这些都将会加快我国宽带网络优化升级，推进我国“两化”深度融合。30多年来，信息技术、计算机技术、网络技术获得较快发展，市场规模迅速扩大，信息产业成为关系国民经济和社会发展全局的基础性、战略性、先导性产业。经过多年的持续快速发展，我国已经初步建立了规模庞大、种类丰富、有一定技术基础并在部分领域有较强国际竞争力的电子信息产业。数据显示，信息化水平增长速度与国家信息化推进政策有显著正相关关系。2014年，我国规模以上电子信息产业企业数量超过5万家，产业销售收入总规模达到14万亿元，同比增长13%。其中，电子信息制造业实现主营业务收入10.3万亿元，同比增长9.8%；软件和信息技术服务业实现软件业务收入3.7万亿元，同比增长20.2%①。目前，我国信息化发展取得较快的发展，并达到一定规模，但还存在不少突出的问题，尤其是人口基数大和区域发展结构性不平衡的基本国情使得我国的信息化发展任务更加繁重与复杂。

2014年是中国信息化发展史上具有里程碑意义的一年。2014年2月17日，以习近平同志为领导小组组长的中国网络安全和信息化领导小组成立。习近平总书记在第一次会议上发表了重要讲话，中国网络安全与信息化战略已经成为新时期国家发展和现代化的战略制高点，建设网络强国，通过信息化与工业化的深度融合，实现产业结构的转换升级和自主创新能力的显著提升是未来我国信息化发展的核心目标。同时，国务院在2014年出台了一系列的方针政策，内容涵盖物联网、宽带中国、信息消费、“两化”深度融合等诸多领域，这些政策有力地促进了我国信息化的发展，我国的信息化发展将进入一个新的历史阶段。

① 根据工业和信息化部运行监测协调司《2014年电子信息产业统计公报》相关数据整理而得。

二　山西信息化的现状及特点

（一）山西信息化现状

回顾山西信息产业发展历程，大概可以分为四个阶段。起步阶段（1979～1985年）。在该阶段，我国正处于十年浩劫之后的经济复苏阶段，山西电子信息产业发展较快，在“六五”期间，山西先后投资百余个项目，生产出了全国最早的半导体收音机、黑白电视机等先进电子产品。培育成长阶段（1986～1995年）。在这一阶段，山西的信息产业进入了快速发展时期，开发出一批全国领先的产品，如大众机械厂生产的全国第一台打印机、全国最早的计算机，以及山西无线电厂生产的春笋彩电。曲折发展阶段（1996～2005年）。在这一阶段，虽然固定电话、移动电话等通信网络快速发展，但是原有市场优势企业改制不及时和缺乏创新，导致产品缺乏市场竞争力，逐步被市场淘汰。全面升级阶段（2005年至今）。在传统邮电通信、广播电视、计算机网络行业高速发展的同时，新兴信息产业快速发展，尤其是富士康太原科技工业园投产后，大大加快了相关产业链的集聚，仅太原市与富士康集团达成的生产协作配套企业就有40多家。2013年富士康集团在山西的产值达354.2亿元，占全省电子信息产业产值的63.8%。改革开放30多年来，山西电子信息产业虽然取得了长足的发展，但相对于山西其他传统产业而言，电子信息产业规模仍然较小。2013年山西电子信息产业的销售收入总规模为555亿元，仅占全省工业总产值的3.2%。2013年以来，在国内外宏观环境日益复杂、美欧经济复苏乏力、国内经济增速放缓的大背景下，经济下行压力增大，结构性矛盾日益突出，煤炭价格持续下跌，煤炭企业的利润下降，有的煤炭企业甚至出现亏损。“十二五”是山西资源型经济转型跨越发展的关键时期，在省委、省政府的正确领导下，坚持以科学发展观为统领，实施“以煤为基，多元发展”的战略，大力实施“两化”深度融合发展战略，信息产业发展取得了长足进步。山西的电子信息产业逐步走向快速发展的阶段，年均增幅超过30%。

民营企业投资电子信息产业的速度加快，目前已有罗克佳华、科达自控、亚泰电子、四和交通等几十家民营企业投资电子信息产业。但产业规模基数低，电子信息产业整体绝对值较小，而且分布不平衡。2013年，山西信息产业规模突破800亿元，信息化发展整体处于全国中游水平。其中，规模以上电子信息制造业实现主营业务收入515亿元，居全国第20位；软件和信息技术服务业实现软件业务收入40亿元，居全国第26位，仅超过青海、海南、甘肃、西藏等省份。而且，富士康集团一家独大，占全省电子信息产业产值的63.8%。通信服务业实现收入270.43亿元，同比增长6%。软件出口从无到有，2013年实现软件出口62万美元。截至2013年底，全省已认定软件企业145家，登记软件产品1109件，拥有从业人员9236人，分别是2010年底的2.8倍、4.7倍和3.9倍，其中通过CMMI资质认定的企业有4家，获得省级企业技术中心认定的企业有3家，获得市级企业技术中心认定的企业有7家，列入国家规划布局内重点软件企业的有1家，获得信息系统集成资质的企业有81家。

通过与三大电信运营商的战略合作，山西信息基础建设发展较快。截至2013年底，全省宽带、广播电视、3G网络已基本覆盖各城镇和行政村，无线局域网（WLAN）公共场所接入点约43万个，全省互联网普及率达到48.6%，全省互联网出省带宽达1400G，光纤到户覆盖家庭用户500万户。省级IPTV集成播控平台正式投入运行，发展用户6.8万户，网络电视（IPTV）、手机电视等新业务不断普及。

在“两化”融合的发展过程中，《2014年中国信息化与工业化融合发展水平评估报告》显示，山西2014年的“两化”融合指数为54.13，排名第24位，但仍低于全国66.14的均值。重点骨干企业信息化建设正逐步向业务综合集成方向转变，太原钢铁（集团）有限公司、山西焦煤集团有限责任公司、阳泉煤业（集团）有限责任公司成为首批“国家级信息化与工业化深度融合示范企业”，贡天下山西特产网等7个项目被列入“国家电子商务集成创新试点”项目。

（二）山西工业和信息化发展特点分析

1. “两化”融合政策体系逐步完善

近年来，山西以综改区建设为契机，大力推进“两化”融合，制定出台了相关政策措施，着力提高信息化水平，以信息化改造提升传统产业，加快发展新兴产业和服务业。积极推进“宽带山西”和“三网”融合建设，加快发展物联网、云计算等新一代信息技术。山西省人民政府于2013年发布了《关于实施宽带山西2013专项行动意见》《山西省信息化促进条例》《关于推进物联网有序健康发展的实施意见》，2014年又发布了《山西省政务信息工作办法》《关于促进地理信息产业发展的实施意见》，省经信委也出台了《山西省两化融合指导意见》《两化融合示范企业认定管理办法》等，这些政策措施将为山西信息化的未来发展提供有力的政策支持。

2. 信息产业发展速度与规模快速增长

近年来，山西电子信息产业持续以超过国民经济增长的速度发展，产业规模尽管与发达省份有较大差距，但其实力不断壮大。山西信息产业产值从2009年的310亿元增长到2013年的825亿元（其中电子信息产品制造业515亿元、软件服务业40亿元、通信业270亿元），年均增长27.7%，山西目前拥有电子信息产品制造企业134家。山西根据区域产业基础和未来发展方向，围绕云计算、电子信息装备和光电制造等重点领域，重点布局太原、阳泉等六个云计算基地，太原、长治、临汾、朔州、大同、阳泉六个电子信息产品制造基地，重点推进27个重大项目，依托重大项目做大做强山西信息产业。阳泉百度云计算中心和森蓝格尔“北斗导航智慧应用云计算项目”分别于2014年6月和9月投入运营。中天信“安防监控系统研发设计、推广应用及产业化”项目即将建成投产。目前，山西的信息产业主要涉及光伏、LED、云计算、数字音视频、新型电子材料、微电子装备、锂电池等产业门类。全省已认定软件企业145家，主营业务收入上亿元的企业有同昌信息、光远科技、罗克佳华等7家，

5000 万元以上的企业有 7 家，上千万元的企业有 17 家，主要服务领域涉及煤炭、电力、装备制造、电子政务、信息安全、智能交通、智慧医疗、文化旅游等。

3. 信息产业自主创新能力逐步增强，企业市场竞争力显著提高

山西现有的电子信息产品中微光电子产品、防电磁信息泄露元器件、电子材料、感应式数字液位传感器及其测报系统等产品技术拥有自主知识产权，光纤面板、倒像器、光锥等产品的技术水平达到国际先进水平。目前山西已有中电科二所、中电科三十三所、潞安太阳能、中天信、长治高科、乐百利特、光宇半导体、山西宇皓等重点电子信息产品制造企业，有的企业已形成较强的市场竞争力。省级物联网产业园区正在积极筹建，硅微机械加速度压力传感器、感应式数字液位传感及测控设备、微电子组装设备、光伏电池生产设备等有市场竞争力的产品相继问世。潞安太阳能已具备 600 兆瓦太阳能光伏垂直一体化产能。长治高科建设了国内领先的 LED 全产业链。中电科二所形成了全国最大的微电子设备制造基地。乐百利特在大功率 LED 照明封装领域达到世界先进水平。山西宇皓是我国最大的光学级激光导光板生产基地。罗克佳华拥有国内领先的物联网技术。

4. 信息基础设施日益完善，重点行业企业信息化水平快速提升

“两化”深度融合和社会信息化成效显著。截至 2014 年末，全省移动电话用户达 3332.3 万户，其中 3G 移动电话用户为 1139.6 万户。全省宽带接入用户为 571.1 万户，增长 9.6%。山西互联网普及率和广播电视综合覆盖能力也稳步提高。2014 年，广播人口覆盖率为 98.04%，电视人口覆盖率为 98.95%，有线电视用户为 514.8 万户①。同昌信息公司开发运维了中国（太原）煤炭交易中心电子交易平台，中天信的高清摄像头已得到广泛应用。电信运营商和增值服务商利用自身优势，开发了适合政府和企业的系列产品和解决方案，如山西移动和联通在电子政务、公共安全、物流、移动执

① 根据《山西省 2014 年国民经济和社会发展统计公报》相关数据整理而得。

法、制造业等方面推出了专门的解决方案。近年来，山西省加速推进信息技术在煤炭、电力、焦化、钢铁、煤化工、装备等重点行业的深度应用，在安全生产、节能降耗、过程控制、产品研发、流程优化、企业管理等方面提升企业信息化水平，企业业务流程和商务模式日益优化，重点骨干企业的信息化建设逐步从单向应用向全面集成应用发展。重点行业典型企业装备数控化率达到64.51%，ERP普及率达45%，SCM普及率达50%。

三　山西信息化发展比较分析

（一）我国信息化的整体情况

国内的研究机构对我国的信息化发展进行了初步的研究，工业和信息化部委托中国电子信息产业发展研究院建立了信息化发展水平评估指标体系，并依据指标体系测算和评估了我国的信息化发展水平。2015年1月12日发布的《2014年中国信息化发展水平评估报告》，对2013～2014年我国信息化发展水平进行了全面评估，2014年全国信息化发展指数为66.56，比2013年增5.86。全国信息化发展总体呈现三大特点。一是我国信息化发展指数保持快速增长态势，2014年全国信息化发展指数比2013年增长了9.65%，高于同期GDP增速。二是信息网络建设受政策驱动影响明显，伴随着我国网络基础设施建设步伐的进一步加快，在三个分指数中网络就绪度指数增长最快，2014年比2013年增长了10.05，增长率达到19.75%。三是东、中、西部地区信息化发展不均衡，东部地区和中部地区信息化发展水平差距基本保持不变，西部地区网络基础设施建设和信息通信技术应用水平大幅提升。从应用层面来看，我国已经建成了世界上用户规模最大的移动通信网、固定电话交换网、广播电视网、互联网。政府网站、政府内部OA基本实现中央、省、市、县四级百分之百普及。网民规模达6.18亿人，互联网普及率为45.8%。社保卡发放量接近5亿张。从产业层面看，已经形成了涵盖半导体、通信、计算机、消费电子、软件和信息服务等的较为完备的产业体系，产业规模居世界第2位。近十年的发展历程，已经证明信息化是影响经济社会深刻变革的重要力量。

（二）山西信息化省际比较分析

据《2014年中国信息化发展水平评估报告》的分析结果，各省市信息化指数呈现显著阶梯状。信息化发展指数在80以上的省份基本上集中在东部经济发达地区，包括上海、北京、浙江、江苏、广东5个省份。信息化指数为60~80的省份有福建、天津、安徽、辽宁、四川、湖北、陕西、山东、山西、重庆等17个。信息化指数在60以下的有贵州、河南、宁夏、黑龙江、内蒙古、甘肃、云南、青海、西藏9个省份，主要集中在中西部地区。山西在全国排名第14位，位于全国第二梯队中间。2014年，山西信息化发展指数为65.29，与国内发达省份相比差距较大，比前三名上海、北京、浙江分别落后29.65、26.25、19.51，也低于全国66.56的平均水平。山西在中西部地区的排名相对靠前，在中部六省中排在第3位（见表1）。从分类指数排名看，山西信息化发展不均衡。2014年，山西信息化发展指数中网络就绪度指数为61.81，排名第10位，略高于全国60.94的平均水平（见表2），但其中的有线电视发展指数、宽带速率指数在全国排名第19位和第25位，排名相对靠后。山西信息通信技术应用指数为69.25，排名第16位，低于全国69.38的平均水平（见表3）。山西信息化应用效益指数为64.34，排名第20位，低于全国72.19的平均水平（见表4）。

表1　2014年各省信息化发展指数排名（全国：66.56）

梯队	省份	2014年数值	2014年排名
第一梯队	上海	94.94	1
	北京	91.54	2
	浙江	84.80	3
	江苏	82.49	4
	广东	80.81	5

续表

梯队	省份	2014 年数值	2014 年排名
第二梯队	福建	79.40	6
	天津	78.78	7
	安徽	69.95	8
	辽宁	68.40	9
	四川	67.88	10
	湖北	67.16	11
	陕西	66.78	12
	山东	66.31	13
	山西	65.29	14
	重庆	64.95	15
	广西	64.72	16
	新疆	63.63	17
	湖南	63.34	18
	江西	62.92	19
	海南	61.38	20
	河北	60.86	21
	吉林	60.71	22
第三梯队	贵州	58.76	23
	河南	58.48	24
	宁夏	58.47	25
	黑龙江	57.68	26
	内蒙古	56.31	27
	甘肃	55.75	28
	云南	54.92	29
	青海	52.13	30
	西藏	43.93	31

资料来源：根据《2014 年中国信息化发展水平评估报告》相关数据整理而得。

表 2　2014 年各省网络就绪度指数（全国：60.94）

排名	省份	数值	排名	省份	数值	排名	省份	数值
1	上　海	88.45	11	湖　北	60.52	21	青　海	56.02
2	北　京	86.65	12	海　南	59.43	22	安　徽	55.46
3	浙　江	77.21	13	广　西	59.29	23	湖　南	54.77
4	江　苏	76.43	14	山　东	59.19	24	内蒙古	54.24
5	福　建	72.87	15	四　川	59.18	25	江　西	53.41
6	广　东	71.22	16	吉　林	59.03	26	河　南	53.04
7	天　津	71.03	17	新　疆	58.93	27	黑龙江	52.36
8	辽　宁	65.07	18	宁　夏	58.59	28	云　南	50.55
9	河　北	63.25	19	重　庆	57.53	29	甘　肃	47.58
10	山　西	61.81	20	陕　西	56.94	30	贵　州	47.51
						31	西　藏	41.47

资料来源：根据《2014 年中国信息化发展水平评估报告》相关数据整理而得。

表 3　2014 年各省信息通信技术应用指数（全国：69.38）

排名	省份	数值	排名	省份	数值	排名	省份	数值
1	上　海	96.77	11	江　西	73.48	21	辽　宁	64.40
2	北　京	88.85	12	新　疆	73.46	22	山　东	63.55
3	广　东	84.87	13	湖　北	70.88	23	云　南	63.10
4	福　建	84.37	14	湖　南	70.16	24	宁　夏	62.27
5	浙　江	83.60	15	陕　西	69.59	25	河　南	60.46
6	安　徽	82.27	16	山　西	69.25	26	河　北	57.00
7	江　苏	78.53	17	海　南	68.43	27	黑龙江	56.71
8	广　西	75.18	18	甘　肃	67.53	28	吉　林	56.36
9	四　川	74.74	19	天　津	66.49	29	内蒙古	51.93
10	贵　州	73.69	20	重　庆	64.55	30	青　海	50.16
						31	西　藏	48.08

资料来源：根据《2014 年中国信息化发展水平评估报告》相关数据整理而得。

表4　2014年各省信息化应用效益指数（全国：72.19）

排名	省份	数值	排名	省份	数值	排名	省份	数值
1	天　津	118.85	11	重　庆	80.57	21	河　北	63.81
2	北　京	106.68	12	安　徽	74.27	22	江　西	60.83
3	上　海	104.25	13	湖　北	72.99	23	广　西	54.64
4	江　苏	102.55	14	吉　林	72.76	24	新　疆	53.39
5	浙　江	102.35	15	四　川	71.56	25	贵　州	51.41
6	广　东	91.89	16	黑龙江	70.27	26	海　南	51.20
7	山　东	86.07	17	内蒙古	69.20	27	宁　夏	50.65
8	辽　宁	83.04	18	湖　南	66.83	28	甘　肃	48.52
9	福　建	82.56	19	河　南	65.42	29	青　海	48.28
10	陕　西	80.87	20	山　西	64.34	30	云　南	47.31
						31	西　藏	40.53

资料来源：根据《2014年中国信息化发展水平评估报告》相关数据整理而得。

四　山西信息化发展中存在的问题

（一）信息产业整体规模较小，龙头企业数量少，产业发展不协调

山西信息产业虽已初具规模，但与周边和发达省份相比，山西信息产业在工业总产值、销售收入、市场占有率等方面都较低，在全国处于中下游水平。如2013年，山西在第二产业中“通信设备、计算机及其他电子设备制造业”的行业投资只有54.07亿元，仅占全部制造业投资的2.1%；在第三产业中“信息传输、软件和信息技术服务”的行业投资只有63.27亿元，在第三产业中的占比仅为1.1%。山西缺少龙头企业和支撑产业跃升发展的重大项目。已落地建成的少数重大项目产出较差，难以形成规模效应。企业研发和生产的产品多数处于产业链下游，同质化现象严重。产品大多销往省外，省内市场份额不高。LED、光伏产品在山西省认知度不高，导致本地销售不畅，市场基本让外省企业所占领。

（二）高级专业人才短缺，企业自主创新能力有待提升

高端人才引不进，中低端人才留不住。核心技术基本依赖合作方，拥有自主知识产权的产品较少。信息化所需的核心技术自主创新能力不足，多数产品处于国际产业价值链的末端，技术水平、劳动生产率、产品附加值都较低，关键设备主要依赖进口。缺乏规模大的电子信息企业，导致整体上对 R&D 的投入不足，持续的企业技术创新能力不强。

（三）工业企业对信息化认识不足，信息技术应用水平不高

山西工业长期以来以煤炭、冶金、焦化、电力、装备制造、煤化工等行业为主，导致企业较为重视工业化，而对信息化认识不足。整体上山西各行业的“两化”深度融合水平较低，只有少数大型企业信息化水平较高，而对于大量中小企业的信息化支撑力度明显不足，省内各类中小企业信息化应用发展仍严重滞后。绝大多数单位和个人的信息化应用技术水平较低，特别是农村地区。

（四）信息化布局不平衡，信息化基础设施建设有待进一步加强

信息社会建设的复杂性以及山西经济发展相对落后导致山西整体上信息化进程缓慢，信息化发展对于经济发展和协作水平有较高要求，从山西目前的发展状况来看，信息化发展的进程相对较慢，全省的信息基础设施规划、互联互通、一体化水平较低。现有教育、科研、卫生、生产、生活等方面的信息平台应用未普及、便民化程度低，未能形成全省统一的、互通共享的信息平台。

此外，由于重工业化的路径依赖等原因，山西长期依赖第二产业，信息化相关产业发展未提升到顶层战略高度，第三产业比重严重偏低，对现代服务业的信息化发展投入相对较少。

五　加快信息化发展　促进山西产业结构调整的对策及建议

（一）推动“四化”同步必须结合山西省情，坚持有所为、有所不为

目前山西正处于资源型经济转型跨越发展的关键时期，要想在建设国家新型能源和工业基地的基础上实现全国重要的现代制造业基地、中西部现代物流中心和生产性服务业大省、中部地区经济强省和文化强省，必须坚持“四化”同步，推动信息化和工业化深度融合。山西的信息化发展在考虑世界信息发展趋势的同时，还必须紧密结合山西的具体省情，坚持“有所为、有所不为”的战略，遵循务实推进、创新发展的原则，一方面大力促进具有相对优势的传统产业（如煤炭、焦炭、冶金、电力等）与信息技术产业的融合发展；另一方面大力促进新兴工业和服务业（如先进装备制造业、新型材料工业、煤化工业、特色食品工业、旅游业、现代物流业、信息服务业等重点产业）与信息化的深度融合，以信息化带动传统行业的转型升级，以信息化促进服务业的快速发展，促进山西产业结构的优化升级。根据山西的产业布局规划，应重点发展云计算、物联网、通信服务、北斗、数字音视频、电子产品制造、光电、新型电子材料、软件服务和信息安全等领域。山西必须抓住新一代信息技术产业的发展机遇，加强规划引导，强化自主创新，加快转型升级，深化应用普及，推进信息化和工业化深度融合，实现信息产业综合竞争力的提升和产业结构的优化升级。

（二）推动山西信息化发展的五大着力点

山西信息化发展应紧密结合山西省情和发展战略，根据以上的分析，建议未来推动山西信息化发展的工作重点应该围绕以下五个方面展开。

（1）继续加大信息产业重大项目和信息基础设施的建设力度。加快十二个基地建设的规划及实施；与三大通信集团深入合作，加快建设信息基础

设施；通过山西科技创新城的建设，做好电子信息产业的优化布局，制定信息产业发展的扶持政策。

（2）推进地方重点骨干企业集成关键技术应用，为大型企业业务流程再造、企业资源计划系统、供应链集成、电子商务体系建设提供支持系统，构建企业内部和外部之间的协作平台，提高信息共享水平，使企业单项业务应用逐步走向多业务综合集成应用，提高企业生产运营各环节的智能化水平，提高企业的柔性制造能力，延伸产品价值链，提高市场竞争力。

（3）推进山西省支柱产业与信息化的深度融合。加快煤炭行业的信息化建设，推进数字矿山的建设、煤炭安全的信息化和煤炭交易的电子化。顺应煤炭企业供应链电子化、煤炭交易网络化的趋势，加快中国（太原）煤炭交易中心的发展，依托该平台构建全国性煤炭交易网络系统，逐步实现煤炭交易的电子化，并逐步与煤炭企业供应链实现对接，这样不仅可以降低煤炭交易的成本，而且可以促进传统煤炭企业转型升级发展，促进煤炭信息产业的发展。

（4）加强信息产业高层次人才培养和队伍建设，努力提高全民信息素质和应用能力。信息化建设的根本保障是人才，要积极培养和引进高层次信息技术人才，加强与高等院校、大型跨国公司的合作，共同培养高层次信息化人才。要大力推广企事业单位乃至家庭利用信息化提升学习和工作效率的各种方法，加强信息化宣传和科普教育，努力提升全民的信息化水平，营造信息化建设的良好社会氛围。

（5）缩小城乡“数字鸿沟”，促进信息化全面协调发展。加快农村农业信息化建设，构建完善农村综合信息服务体系。推动智慧城市建设，促进城市与农村的资源和信息自由流动、有序对接，有效缩小城乡信息化发展差距，推动城市与农村统筹、协调发展。

B.14

山西省构建新型农业社会化服务体系试点工作标准化问题研究

山西省构建新型农业社会化服务体系试点工作领导组办公室

摘　要：开展构建山西省新型农业社会化服务体系试点工作标准化，运用系统思维和系统原理搞好试点中标准化的顶层设计，必须以加强组织和制度建设为核心，深化标准化思想认识，着力提升标准影响力；以标准化研究为重要内容，加快促进试点工作标准化，着力提升标准支撑力；以标准推广应用为重点，辐射带动农业社会化服务发展，着力提升标准引领力，进一步推进新型农业社会化服务体系试点建设。

关键词：新型农业社会化服务体系试点　标准化问题　对策

我国农业正处在由传统农业向现代农业、现代农业向集群化方向发展转型的关键时期。全国各地立足资源优势，加快专业化农业产业区建设，出现了许多具有竞争优势的农业产业集群。随着农业产业集群的壮大，出现了技术供应服务、物流供应服务、金融供应服务以及其他社会组织服务供应群的大量集聚，形成了农业产业群发展的服务支撑体系，成为现代农业产业体系的有机组成部分。绿色生态农业、物理农业、工厂化农业、特色农业、休闲农业、观光农业、旅游农业、订单农业等文化农业形态迅速发展，给现代农业赋予了新的内涵，"科学化+产业化+市场化+标准化"的发展模式逐渐成为具有中国特色的现代农业发展模式。在市场机制的作用下，农业社会化服务模式必然随着管理模式的变革而变革，标准化的技术支撑和服务作用越发突出，为山西省构建新型农业社会化服务体系建设提供了新思路。为此，成立专题调研组，对山西省构建新型农业社会化服务体系试点工作标准化问题进行调研。调研组通过专题研讨、深入农业示范基地实地查看典型项目等，广泛收集资料，系统梳理了山西省农业社会化服务试点发展脉络，在认真分析总结的基础上形成了调查报告。

一 开展构建新型农业社会化服务体系试点工作标准化的必要性

随着构建新型农业社会化服务体系建设的纵深推进，越来越需要标准化来支撑，必须注重依靠标准化来加快农业社会化服务体系建设。

（一）标准化是推进构建新型农业社会化服务体系试点工作的应势之举

为深入贯彻落实党的十八届三中全会精神，加快构建新型农业经营体系，国家标准委和国务院农村综改办围绕农业社会化服务、农村公共服务运行维护和美丽乡村建设等农村工作，着力加强农村综合改革标准化试点和基础研究工作，进一步推进农村综合改革标准化建设，注重标准化与国家“三农”政策相结合，将标准化成果进行推广应用，其重点是要正确处理政府和市场的关系，使市场在资源配置中起决定性作用。在标准化管理的全过程中，使政府行政效率逐步趋向制度化、规范化、程序化、透明化以及人性化，有助于提高政府行政效率，更好地发挥政府作用。标准化是市场竞争的制高点，正确处理好政府与市场的关系并凸显标准化的作用是推进构建新型农业社会化服务体系试点工作的应势之举。实施简政放权和进行管理创新，有利于防止政府越位、错位、缺位等现象的发生，不断冲破原有的发展桎梏，激活和释放市场活力，使标准化在推进构建新型农业社会化服务体系试点工作的作用更加突出。

（二）标准化是推进构建新型农业社会化服务体系试点工作的规范和保障

综合服务公共平台需标准化来规范。试点工作开展以来，山西省探索建立了三级新型农业社会化综合服务公共平台模式，即省级运营管理中心、县级服务中心、三星级服务站，由于建立时间短暂，各项工作没有现成的经验可以借鉴，也缺乏统一的管理规范。随着服务场地数量的增加和功能的完善，管理的难度也越来越大。一方面，一个地方建立多少服务场地才能够使服务达到“帕累托最优”，没有标准可依，有可能带来资源的浪费；另一方面，现有的场地服务质量还不能够满足企业、农户等服务对象的要求。综合服务公共平台需要形成一个相对稳定的、统一的规范，采用标准的形式将行之有效的服务规范固定下来，保证其服务质量的稳定性、优质性和连续性，为企业和农户提供更加快捷、优质、高效的服务。

先进的推广技术需标准化来集成和固化。在试点工作的推进过程中，开展了新型农机装备制造、集成技术示范等工作，多种单项农业技术得到了集成和推广，但是由于这些单项技术只是其中的一小部分，无法实现大规模的科技推广。一方面，技术没有形成标准，集成推广受到了限制；另一方面，企业、农户等服务对象对技术服务质量的要求也越来越高。试点中采用的技术，尤其是种肥同穴、精准施肥农机等关键技术，迫切需要进行标准化，形成系统的技术流程和统一的技术标准，使先进的技术在全省乃至全国范围内快速地、大范围地实现集成推广，提供高效服务。

服务模式需标准化来提升。在试点工作的推进过程中，为更好地推动公共服务体系建设，已经探索性地发展了几种新的服务模式，并取得了一定的成绩。然而，这些服务模式发展到一定阶段，必然选择实行服务模式标准化，形成自身特色，借助标准的思想和方法将其转化为固定的模式，使其逐渐成熟，在特定的环境和条件下能够帮助农户做出选择，采用最优的服务模式，带来事半功倍的效果。

服务效果评价指标体系需标准化来构建。新型农业社会化服务体系试点工作稳步开展，取得了一些明显的成效，但是这些成效多是局部的，无法准确地评估农业社会化服务质量的效果，因此，对服务效果进行全面的评价非常重要。构建标准化的评价指标体系，能够为新型农业社会化服务效果提供评价依据，更好地指导新型农业社会化服务体系试点工作。

（三）标准化是推进构建新型农业社会化服务体系试点工作的创新和引领

农业社会化服务体系孕育着农业经营体系的变革。相对于传统农业服务而言，新型农业社会化服务的重要特征是专业化、标准化。推进构建新型农业社会化服务试点建设，关键在于创新，引入标准化理念，开展标准化工作，更加注重标准理念的提升、服务观念的更新、服务体制的革新以及技术与管理模式的创新。在标准化、规范化的支撑与服务下，使服务主体供给模式实现由部门化向结构多元化转变，生产经营主体服务体系由自我服务的“纵向一体化”向多层次、复合型转变，运行体制机制由政府管理型向制度化、市场化、标准化转变。2014 年世界标准日的主题是“标准营造公平竞争环境，标准构建统一市场规则”，首届中国质量大会把标准提升到引领质量的一个新高度，更加凸显了标准化在主动适应经济社会发展中的作用。构建新型农业社会化服务体系试点，将试点成果转化为标准化成果并进行推广应用，做好示范，辐射带动省内和省外农业社会化服务发展，突出标准的引领作用。新型农业社会化服务主体建设、制度建设、市场建设的核心在于标准化。

二　山西省构建新型农业社会化服务体系试点工作的进展

党的十八大明确指出要“坚持和完善农村基本经营制度，构建集约化、专业化、组织化与社会化相结合的新型农业经营体系”。因此，大力推进农业标准化，加快构建新型农业社会化服务体系，不仅是建立现代农业产业体系的重要内容，更是巩固完善农村基本经营制度的重要任务。

（一）取得的成绩

工作机构和制度有保障。山西省成立了构建新型农业社会化服务体系试点工作领导组办公室、试点工作项目组和项目咨询委员会，制定了《山西省构建新型农业社会化服务体系试点工作方案》，围绕高校农业综合科研及科技服务体系、高校农业综合模式示范体系、高校农业综合试验服务站建设体系、高校农业综合劳动力资源培训体系和农业综合商贸体系五大体系以及新型农业社会化服务体系公共平台、技术支撑平台、农超对接公共服务平台、标准化种植示范基地四大平台建设，分阶段、分步骤地推进试点项目，开展了技术推广服务、技术培训服务以及服务网点和网络建设、专家工作平台、农业科技协同创新示范、农机外包等服务。

农业服务主体有发展。建立以市场经济运作的生产资料配送、标准化农业生产过程外包型服务、农业技术推广、多元信息化提供的公共服务体系，具体内容包括：新型农业社会化综合服务公共平台中的省级运营管理中心开始运营；已建成7个县级服务中心；已建立545个三星级服务站；已发展科技示范户6000余户，培训农业技术指导员2000余人，培训测土培肥员570余人，解答农户共性问题3800余次；组织召开现场会80多场，编写了《山西省新型农业社会化服务培训教材》《绿色标准化农产品生产规程》《病虫害防治手册》《肥料使用手册》等培训教材7册、服务期刊12期12000余册，印发农业科技宣传资料40余万份，科技下乡培训340余次；建立了10个专家工作室，综合信息化服务网络建设方案已经通过论证，服务体系专家组成员已经全部上岗，积极参与服务体系建设中的方案制定、技术培训、技术指导、服务等；绿色农产品检测中心的建设已完成，目前已开展相关业务；绿色农作农艺评价中心目前已完成前期的论证、规划报送、设计工作，即将启动建设；项目组在山西寿阳建立了集农业微生物菌种、生物有机肥生产、畜牧－农业循环和大棚温室蔬菜生产于一体的大型综合培训中心，该中心将作为职业农民教育与培训的重要实践场所，也是农业科技推广的重要培训基地。

技术研发使用有成效。新型农机准备制造，是农业种植全方位生物技术改造和农机外包服务、科技成果快捷推广的基础工程。目前，五个机型已经通过农机鉴定，2BJF－3施肥播种机、2MBJF－1/2铺膜施肥播种机、2MBJFG－1/2A铺膜施肥播种机、2BJFX－4施肥播种机、2BJF－2谷物施肥播种机、2MBF－3/12小麦铺膜施肥播种机都进入量化生产，该系列播种机均实现了种子与高效微生物菌肥同穴播种，化肥精量条施、深施，真正实现了农艺、农机与农技的有机融合，2014年已在服务体系中全面推广应用。在襄垣县夏店村建成800亩核心示范基地，全面示范山西大学玉米高产集成技术，同时襄垣县供销社组织在长治市各县示范该技术2000余亩。围绕推广的集成技术及区域农业产业的发展布局，在山西省首批进行了20个协同创新示范园的示范工作，分别以小麦、玉米、大豆、高粱、蔬菜、果树及山西小杂粮为对象，开展了集成技术示范工作。由多家科研机构完成技术集成20余项，召开技术培训会、现场会100余次，涉及科技示范户1000多户、农民15000人次，由科技人员、科技示范户及农业龙头企业共同完成多种单项农业技术的集成与组装，为集成技术的推广奠定了良好的群众基础，起到了四两拨千斤的效果。在示范基地推广种肥同穴旋播机、种肥同穴覆膜机等配套机械，降低农业生产的劳动力成本，提升农业生产效率；集绿色农业种植技术、农业生物工程技术、盐碱地生物改良技术形成一套完整的集成实用技术体系，达到优质、高产、高效目标。通过技术推广示范平台的建设，技术推广示范累计面积已达10万亩，辐射带动500万亩，亩均增收100元以上，社会效应和经济效应显著。

服务模式创新有进展。构建了大学生村官农业社会化服务模式，榆社县云竹镇大学生村官郭玉于2013年底成立了农业科技服务中心，在全县范围内开展了以大学生村官为主体、农民专业合作社为依托的集成技术打包服务，服务中心开展了免费培训农民、免费使用播种机、免费跟踪技术指导的“三免费”服务，让思想保守、传统落后的农民率先坐上了科技的“首班车”，真正体验到了新型农业种植技术带来的高效、优质、低耗的良好效果。山西农业大学彭锁堂教授在大同市左云县创办的山西蓬勃农业科技有限公司，带动了该区域马铃薯、蔬菜、小杂粮产业发展。发挥供销社资源优势，开展了农业社会化服务模式，山西大学目前已与襄垣供销社开展合作，将山西大学在农业科技上的先进经验、先进技术通过供销系统迅速传递给当地农民，组织农民进行科学生产，使农民从传统的种养模式向科学化、规模化、信息化、现代化方向发展，促使现代农村经济纵横交错、稳步、高速向前发展。构建了山西省优质安全省生猪产业化生产体系，通过机制创新，利用现有的产业资源和条件，依靠技术人才和装备，建立示范推广基地，组装配套一批科技成果，依托平定华亿、太原天禄丰、乡宁永兴康三个核心场共生产推广高繁种猪2200余头、种公猪150余头，通过35个服务站，生产优质高繁精液，辐射带动300余户养殖户，年生产高效杂优商品猪11000余头。围绕“北方旱凉及盐碱区农业科技规模化示范园区”“旱作节水高产高效（艺机肥）一体化集成技术示范基地”“蔬菜工厂化栽培技术集成示范基地”“高繁优质商品猪配套养殖技术示范基地”“绿色食品标准化生产示范基地”等10个示范基地的建设，形成了“科技+行政+农户”“科技+企业+农户”“科研+专业经销商+农户”等组织模式，专家驻村、科技入户、服务到田，落实农作物各阶段的管理、培训、指导，及时对田间虫害等问题进行监测、分析，监督关键技术点上的执行质量。与种养大户、家庭农场、农民专业合作社、产业龙头企业等新型农业经营主体相结合，实现了“做给农民看，教会农民干，帮助农民赚”的目标。构建了“产销直通”现代新型农产品营销模式和“省城京城三小时休闲旅游圈”现代新型“农旅结合”的农业产业营销模式以及现代新型循环农业产业模式等多种现代新型营销模式，打造了“朔土玉”能喝的土豆品牌，以及朔州市弱碱性蔬菜等多种特色农产品。

（二）存在的问题

山西省开展新型农业社会化服务体系试点建设标准化工作取得了一定成

效，但从整体情况来看，仍存在诸多制约因素，标准体系不健全、不完善，缺少农业社会化服务的相应标准，难以适应现代农业的发展要求和农民的多样性需求，主要表现如下。

从服务主体上看，区别于原有部门化、行政化管理模式，正在建立以公共服务机构为依托、合作经济组织为基础、龙头企业为骨干、其他社会力量为补充的新型社会化服务组织结构。但是，一些地方热衷于增加合作社的数量，而不重视合作社竞争力的形成。在服务组织建设方面，缺乏服务组织建设标准和协调运行标准。各类服务组织之间缺乏相互联运和配合，缺乏统一组织和协调，尚未形成服务合力。服务组织内部缺乏服务标准或服务规范，工作职责不清、服务水平不高、服务手段落后、服务意识不明确、人员素质不高，服务的有效性有待进一步提高。

从服务内容上看，“两重视、两忽视”的现象仍然存在，即重视产前、产中服务，而忽视产后服务；重视生产技术服务，而忽视金融保险等保障性支撑服务。产前、产中、产后全过程中的各类技术服务标准、综合服务标准、专项服务标准之间缺乏有效协调，综合服务标准的作用不明显。就现有标准来看，标准技术水平普遍偏低。一是缺少必要的技术内容；二是已有的技术标准内容落后；三是部分内容实用性不强；四是标准数量少，特别是缺少加工过程质量控制标准、农产品物流标准、储存标准、安全质量标准等。山西省有关新肥料、新农机等新型农业技术的集成推广标准严重缺乏，影响了农业社会化服务体系建设。

从服务环境上看，在市场化利益分享制度机制不完善的情况下，各类服务主体之间存在不同的利益诉求，追求利益最大化势必造成企业缺乏全力为农业社会化服务的意识，导致公司与农民之间的供需矛盾升级和公共服务资源配置的不平衡。因此，迫切需要发挥标准化的协调性与统一性、制度化与科学化作用，以需求为目标，以标准为准绳，把握农业社会化服务体系的运行规律，形成利益驱动、功能引导、政策推动的农业社会化服务多种机制多元化模式。

三　推进构建新型农业社会化服务体系试点工作标准化的对策

构建新型农业社会化服务体系工作标准化要在突破和深化上下功夫。推进标准化建设，一方面要提升标准创新力，发挥标准的支撑服务作用，为新型农业社会化服务体系试点建设注入新动力；另一方面要加快体制机制创新，努力破除体制机制障碍，探索建立与生产力发展相适应的生产关系，激发农业发展新活力。

（一）以加强组织和制度建设为核心，深化标准化思想认识，着力提升标准影响力

明确指导思想，把握标准内涵。思想是行动的先导。围绕山西省构建新型农业社会化服务体系试点工作的计划和要求，以加快农业科技成果转化为出发点，以整合、集成和优化农业科技资源，培育农村多元化合作组织模式和新型农业社会化服务综合体为途径，建立一个以国家标准和行业标准为主体、地方标准为补充的，覆盖山西省农业社会化金融、保险、法律、贸易服务等全领域、全过程的，科学合理、层次清晰、满足试点工作需要的新型农业社会化服务标准体系，并通过标准体系的实施，促进高产、优质、高效农业的发展，为农业增效、农民增收、农村经济大发展做出贡献。试点中采用的新技术，只有形成标准，才有利于及时和大面积地推广；试点中探索出的好的路径和服务模式，只有形成标准，才能得到更好的提炼和升华；服务的效果，只有运用标准，才能进行科学的分析和评价。

强化政府主导，深化部门合作。加强组织领导，明确目标和任务，深化部门合作，切实落实责任，夯实任务，及时研究解决新型农业社会化服务标准化工作中遇到的新情况、新问题，全方位地予以支持和引导，保证标准化工作有计划、分阶段、分步骤地开展。新型农业社会化服务标准化工作是一项系统工程，涉及农业、质量技术监督等各个方面、各个层次，离不开有关

部门的相互协调与配合。在试点工作推进过程中，要认真抓好标准化协调创新工作机制、标准嵌入机制和推进保障机制，具体由省质量技术监督局牵头，省标准化研究院主要负责，组织各相关部门、试点项目承担单位，在省财政厅和试点工作办公室的领导下开展工作，全面负责组织协调相关单位落实试点标准化工作。根据《山西省构建新型农业社会化服务体系试点工作方案》，制定年度《山西省新型农业社会化服务标准化工作方案》。同时，完善考核评价制度，将标准制定工作纳入试点工作项目组目标责任考核体系，促进新型农业社会化服务体系试点工作再上新台阶。

（二）以标准化研究为重要内容，加快促进试点工作标准化，着力提升标准支撑力

做好顶层设计和系统设计。强化战略思维，统筹规划，围绕技术、产品、服务及基地建设等，组织构建和完善农业社会化服务标准体系，新型农业社会化服务标准体系由公益性服务和经营性服务、生产服务和流通服务、专项服务和综合服务等各方面的标准体系组成，涵盖种子、化肥、农机等农资供应服务标准体系，环境监测、测土配肥、种植养殖管理等生产服务标准体系，新技术、新成果、新品种推广服务标准体系，动植物疫病防控服务标准体系，农产品质量安全与监管服务标准体系，农产品流通服务标准体系，涉及农业社会化服务领域内所有的服务规范，包括服务提供规范标准和服务支撑规范标准，既有国家标准、行业标准，又有地方标准、联盟标准、企业标准及地方性规程规范。坚持先易后难、先专项后综合，选择较为成熟的技术为突破口，研制技术标准，然后逐步扩大领域并深入推进，开展综合性基础标准、服务模式和服务效果评价方法标准的研制工作。

促进服务主体建设标准化。构建新型农业社会化服务体系，服务主体是组织基础。培育新型农业社会化服务主体的关键在于转变观念，目标在于壮大组织，根本在于服务标准化。依托产业基础，因地制宜，加快发展新型合作服务组织，鼓励创办专业合作组织，积极扶持民营服务组织，既要转变政府服务组织职能，继续发挥政府宏观与公益性服务组织职能，又要强化集体

服务组织的作用，重点突出合作社在支农项目建设中的主体地位，强化和完善龙头企业的社会化服务功能，打造社会力量参与平台。通过贯彻标准化理念，增强服务意识，增加服务项目，拓展服务功能，制定服务标准，开展多元化服务组织建设标准化，使性质不同、功能各异的多元化服务主体互联互动，有效地实现体系整体效益。服务主体建设标准化更为重要的是“以人为本”“以农为本”，着眼于建立为农民服务的科技推广体系和教育制度，培养农村标准化专业技术人才队伍。

促进服务资源整合标准化。以提升服务能力、服务层次和服务质量为主线，统筹技术、物资、信息、市场、资金、土地、基础设施等各种服务资源。围绕“四个平台”开展标准化工作，实现高校复合农业社会化综合科技推广服务公共平台标准化、新型农业社会化综合服务技术支撑平台标准化、城乡共建绿色农业产业链及其公共服务平台标准化和特色农业示范基地标准化。通过服务平台的搭建，进行标准需求分析，掌握相关标准、相关要素之间的内在联系与功能要求，运用标准化理念，坚持“系统管理、综合分析、统筹规划、急用先行、分步实施、动态完善”，稳步推进标准化工作。

促进服务机制创新标准化。制度建设和机制创新是带有根本性的。新型农业社会化服务体系建设应重视管理体制和运行机制的创新，建立健全农业社会化服务管理制度、经营制度和运行机制。创新激励机制，优化服务供给；创新投入机制，提高服务效益；创新参与机制，创设多元化主体参与条件；创新订单协议服务、委托服务、购买服务和派驻服务机制，提供多种服务方式；创新金融保险机制，建立针对合作组织和农户的金融信贷制度，开展农村信用消费业务。积极探索多角度、多范围、多领域的服务实现形式，增强多元化服务的针对性和实效性。同时，创新服务机制离不开优质服务环境的支撑。发挥标准化的支撑服务作用，健全法规体系，规范服务行为；完善市场环境，维系服务秩序；形成合理有效的利益分配机制，建立相互信任的契约关系；建立健全标准化考核指标体系，保障体系的有效运转。创新性地开展标准化工作，拓宽标准服务范围，延伸标准服务内容，深化标准服务内涵，提升标准服务质量。

（三）以标准推广应用为重点，辐射带动农业社会化服务发展，着力提升标准引领力

建立试点标准化示范区。典型引路，示范先行。新型农业社会化服务标准化试点示范是农业社会化服务标准实施推广的重要形式，其根本目的是将先进的农业社会化服务标准、技术集成标准和创新型服务模式大范围地应用于实践，具有推广辐射作用。以“种肥同穴”“生物肥”等集成技术的推广为切入点，结合山西省“一村一品，一县一业”和省农改试点项目“协同科技园”“农超对接示范基地”建设规划，抓好新型农业社会化服务标准化示范项目、示范区建设，以点带面，扩大示范面积，发挥辐射带动作用。通过总结标准化示范成功经验，让农业生产企业尤其是农户对新型服务模式、新型服务机制、新型农业技术有超越理性的实践认识，使新型农业社会化服务标准化实施更加顺利，更有利于辐射带动农业社会化服务发展，增加地方农业的经济效益及社会效益。

构建标准推广应用网络。努力在标准宣贯及培训上下功夫，加快标准实施步伐，切实增强新型农业社会化服务标准化意识。探索建立推进标准宣贯的长效机制，保障标准宣贯的连续性。强化标准化理念，增强农技人员、生产者、经营者以及消费者的标准化意识和质量意识，有助于不断推进标准化工作。在新品种产前、产中和产后涉及的技术研发过程中，注重将技术成果进行标准化，使先进适用的技术形成技术标准并推广应用。积极开展标准化知识培训活动，认真做好标准化人员培训工作，提高标准化工作“造血”功能，进一步提升标准化工作层次和水平。借助广播、电视、报纸等媒体，利用会议、展销、咨询等活动，印发标准化相关资料，多层次、多形式、多渠道加大标准化宣传，让更多的农户有机会了解标准化生产对促进农业增产和农民增收的作用，形成全社会参与、关心、支持农业社会化服务标准化的工作氛围。

构建标准信息服务平台。为支撑新型农业社会化服务体系四个平台建设，建立以农业标准数据库和标准检索系统建设为主的农业社会化标准信息

公共服务平台，拓宽信息交流渠道，提升农业标准化信息服务水平。借助该平台，收集、整理和发布国内外农产品标准以及技术法规等标准化信息，及时维护和更新数据库。推进地方标准网建设，加快实现与“农民信箱”等相关信息服务平台对接的步伐，尽快建成特色鲜明、功能齐全的标准化信息服务平台，为农户和农业生产经营提供标准化信息服务。

构建标准实施监督机制。加强标准实施监督工作，加大监督和处罚力度，建立标准评价体系，破解标准真空，推动标准全面有效实施，营造“人人守标、人人执标、违标可耻、违标追责”的氛围。对重要的国家标准、行业标准及地方标准制定具体的贯彻措施，确保标准在工作实践中切实发挥其应有的作用。建立标准实施情况的效果评价机制，对标准的实施情况及效果进行监督、跟踪、检查及完善。建立标准实施情况的监督检查机制，开展专项检查或抽查，制定持续改进措施。建立标准实施情况的信息反馈机制，畅通标准实施信息反馈渠道，广泛收集整理各种意见和建议，不断完善标准，提升标准化工作质量，凸显标准的引领作用。

民生改善篇

BLUE BOOK

People's Livelihood Improvement

B.15

经济发展新常态下山西城乡统筹发展研究*

李志强　王亦兵　顾 颖　李晓娟**

摘　要：本报告基于中国经济新常态的视角，在对山西城乡统筹工作情况开展调研的基础上，深入剖析山西城乡统筹发展存在的问题及主要障碍，提出加快推进山西城乡统筹发展的政策建议：以提高城镇化水平为突破口，协同推进新型城镇化与新农村建设，加速促进城乡经济融合；以创新城乡一体化发展

---

* 本报告为山西省人民政府发展研究中心委托研究项目“转型综改背景下的山西城乡统筹发展研究”（201308022）的研究成果，原报告3万字，在收入本书时进行了必要的压缩修改。

** 李志强，山西大学中国中部发展研究中心主任，山西大学管理与决策研究所、山西大学资源型经济转型发展协同创新中心、山西大学经济与管理学院，博士、教授、博士生导师，主要研究方向为制度理论与竞争力、资源型经济转型、战略与创新管理；王亦兵，山西大学中国中部发展研究中心特聘研究员，山西大学硕士生导师；顾颖，太原师范学院经济系；李晓娟，山西大学经济与管理学院。

体制机制为核心，多举统筹城乡社会事业发展，加快实现基本公共服务均等化；以环境质量持续改善为重要内容，统筹推进城乡生态建设，全面提升城乡可持续发展能力。

关键词: 新常态 山西 城乡统筹

面对中国经济新常态，推进结构性改革、保持经济稳健发展成为重要的任务。城乡结构的调整是我国社会转型中最为迟缓、最为艰巨的任务。城乡结构反映的不单纯是经济结构，更多的是一种不和谐的社会地位结构，因而城乡结构的调整必然“牵一发而动全身”，对我国调整经济社会结构发挥着极其重要的作用。党的十八届三中全会明确指出，要加快打破城乡二元结构，健全城乡发展一体化机制，实现城乡结构均衡发展。山西城乡结构问题尤为突出，要实现山西经济社会结构的“再平衡”，必须积极探索资源型地区城乡结构均衡发展的新路径、新模式，破解城乡结构失衡、农村发展滞后等难题，协调推进城镇化、工业化建设，闯出一条城乡统筹发展的新路。

一 新常态下山西城乡统筹发展的必要性

（一）统筹山西城乡发展，积极稳妥推进新型城镇化建设，是适应增速新常态的客观要求

随着中国经济步入从高速增长转向中高速增长的新常态，以人为核心的新型城镇化将成为助推中国经济向中高端水平迈进的强大引擎，且城镇化引擎的作用将愈加凸显。构建城乡统筹发展机制，提升山西城镇化的质量和水平，发挥城镇化在经济社会发展中的龙头带动作用，有利于缓解农村人口压力与土地承载力之间的矛盾，推动农村经济增长方式转变。加快农业现代化

进程，建立适应山西特点的耕作制度和农业产业结构，有利于提高农业资源利用效率，实现农业的可持续发展。只有通过创新城乡一体化发展机制，协调推进新型城镇化建设和新农村建设，才能充分释放人口城镇化的巨大潜力，开创山西弊革风清、富民强省的新局面。

（二）统筹山西城乡发展，加快促进城乡结构均衡发展，是适应结构新常态的必然选择

当前，中国经济已步入稳健发展、重调结构、调控出新、动力再造的新常态，调整经济结构成为未来经济发展的重点方向，城乡区域结构问题作为最突出的结构问题之一将在更大程度上决定经济发展质量。而目前山西存在城乡二元结构矛盾突出、城乡居民收入差距过大、地区发展不平衡、城乡文化差异扩大等问题，这些问题直接影响扩内需、稳增长政策的实施效果。通过城乡统筹发展，推动有一定劳动技能的农民进城务工经商，促进具有经济实力的农村人口到城镇发展，实现农村型消费向城市型消费转变，只有这样才能充分挖掘农村内需潜力、释放农村内需，更好地适应经济新常态，攀升新高度。

（三）统筹山西城乡发展，从根本上加快解决“三农”问题步伐，是适应调控新常态的题中应有之义

“三农”问题是关系现代化建设全局以及社会稳定的大问题，是当前经济新常态下中长期新的经济增长点，是激活整个国民经济微观基础的重要方面。在“底线思维”的影响下，稳增长、促改革、调结构的政策要想有所作为，离不开“三农”措施的持续发力。山西作为全国欠发达地区，农村人口比重大于全国平均水平，农业发展自然条件差，加之投入不足，导致农业生产力落后，所以迫切需要解决“三农”问题。但是，由于农村区域自身没有条件和能力来解决“三农”问题，因此必须跳出传统的基于农村本身就“三农”论“三农”的研究思路。城乡统筹发展是解决“三农”问题的有效途径，不再“以农言农”，在发展战略、经济体制、政策措施和工

作机制上有很大的转变，以此从根本上加快解决“三农”问题的步伐，促进农业增效、农民增收、农村和谐。

二 新常态下山西城乡统筹发展面临的主要矛盾及问题

近年来，山西城乡统筹发展取得了明显成效，城乡关系得到了初步改善，但城乡分割的二元体制短期内不可能消除，而且在中国新常态的背景下，城乡一体化建设过程中面临的一些深层次问题也逐渐暴露出来。总的来说，目前山西城乡一体化发展还处于探索阶段，仍然存在许多深层次矛盾及问题，主要表现在以下四个方面。

（一）城镇化与工业化不同步，高水平城镇化进程缓慢，适应经济新常态的支撑力亟待增强

经济减速进入新常态，过去在高增长掩盖下的矛盾与问题极有可能暴露出来，新型城镇化的发展对促进山西持续健康发展的支撑作用越发凸显。2003~2013 年的 11 年间，山西城镇化与工业化发展水平相比，工业化水平平均快于城镇化水平 12.15 个百分点，虽然差距在缩小，但城镇化发展水平始终滞后于工业化水平，工业化推进的城镇化率的提升，远远不及全国平均水平（见表 1）。

表 1 2003~2013 年山西省城镇化水平与工业化水平的关系

项目	2003 年	2004 年	2005 年	2006 年	2007 年	2008 年	2009 年	2010 年	2011 年	2012 年	2013 年
城镇化率（%）	38.8	39.6	42.1	43	44	45.1	46	47	49.68	51.26	52.56
工业化率（%）	57.3	59.5	56	57.8	59.6	61.5	54.6	56.8	53.19	51.78	—
偏差（个百分点）	18.5	19.9	13.9	14.8	15.6	16.4	8.6	9.8	3.51	0.52	—

资料来源：根据《山西统计年鉴》（2004~2014 年）相关数据整理而得。

截至2013年，山西城镇化率比2003年提高了13.76个百分点，全国城镇化率提高了13.23个百分点，山西城镇化发展速度逐渐快于全国（见表2）。然而这其中更多的是一种土地的城镇化，目前现有城镇人口中仍有大量农村户籍人口，他们并没有真正融入城市。随着农村居民退出农村的成本逐渐增高，农民工市民化的进程趋于缓慢，也直接带来了一系列严重的社会问题。

表2　2003～2013年山西省与全国城镇化率比较

项目	2003年	2004年	2005年	2006年	2007年	2008年	2009年	2010年	2011年	2012年	2013年
全国(%)	40.5	41.8	43	43.9	44.9	45.7	46.6	49.7	51.27	52.57	53.73
山西(%)	38.8	39.6	42.1	43	44	45.1	46	47	49.68	51.26	52.56
差距（个百分点）	-1.7	-2.2	-0.9	-0.9	-0.9	-0.6	-0.6	-2.7	-1.59	-1.31	-1.17

资料来源：根据《中国统计年鉴》（2004～2014年）和《山西统计年鉴》（2004～2014年）相关数据整理而得。

（二）城乡产业结构不合理，农业现代化进程缓慢，适应经济新常态的产业带动力亟待增强

农业增长的动力来自第二、第三产业的发展，而不是来自农业内部。一方面，农业、农村的稳定和发展是支撑工业化、城镇化发展的重要基础；另一方面，从产业互补、工农互惠的角度来讲，工业化和城镇化又是农业现代化和农村繁荣的重要力量。农业现代化要依靠工业装备和城镇消费带动，这就决定了一个国家的农业现代化落后于工业化。在国民经济新常态背景下，紧密结合农业发展的实际，在实现工业化、城镇化的同时实现农业现代化。

山西是农业小省、能源大省，农业基础比较薄弱，农民增收相对缓慢，近年来山西农业增加值仅占全省GDP的5%左右，主要农业指标诸如粮食产量、农林牧渔业总产值等徘徊于全国20位以后。农业整体生产水平不高，不仅受到土地贫瘠、耕地资源、旱地占耕地总量的2/3以上等自然资源约束，还存在农业资金与技术投入不足，农业有效灌溉不足，经营规模普遍偏小，市场化、产业化、机械化、现代化程度不高等问题（见表3）。

表 3　2008 ~ 2012 年山西省农业现代化情况

项目	指标	2008 年	2009 年	2010 年	2011 年	2012 年
农业机械化情况	当年实际机耕面积(千公顷)	2179.93	2367.46	2559.72	2525.92	2573.45
	占耕地面积的比重(%)	—	—	—	—	—
	当年机械播种面积(千公顷)	1765.23	1989.83	2181.66	2307.28	2444.00
	占总播种面积的比重(%)	47.4	53.9	58.0	60.8	63.2
	当年机械收获面积(千公顷)	745.96	860.51	1026.62	1306.79	1515.47
	占总播种面积的比重(%)	20.0	23.3	27.3	34.4	39.2
农田水利情况	年末有效灌溉面积(千公顷)	—	1261.00	1274.15	1324.78	1319.16
	机电灌溉面积(千公顷)	945.72	948.05	961.90	1012.03	1042.43
	有效灌溉面积占耕地面积的比重(%)	—	—	—	—	—
	机电井数量(眼)	80117	88463	81166	82286	86599
农用化肥情况	农用化肥施用折纯量(吨)	1034042	1043239	1103663	1145667	1182795

资料来源：根据《山西统计年鉴》（2009 ~ 2013 年）相关数据整理而得。

除此之外，山西产业结构总的特征是第一产业基础脆弱、第二产业重型化且素质不高，尤其是山西城乡产业布局同构现象严重。例如，山西多数县域经济仍然以煤、焦、电等资源性产业为主，占县域生产总值的 70% 以上，忽视农业的现象普遍存在，甚至一些农业大县也大搞炼焦、洗煤，丢掉了县域特色，造成了资源浪费，市场过度竞争，城乡经济效益低下。

（三）城乡收入增长失衡，消费差距不断扩大，适应经济新常态的调节力亟待增强

近年来，山西农业农村发展取得了巨大的成绩，尤其是进入“十二五”之后，连续两年农村居民的收入增幅超过了城镇居民。但相比城市，农村经济发展缓慢，城镇居民收入远高于农村居民，城乡收入差距持续拉大（见图 1）。2003 ~ 2013 年，山西城镇居民和农村居民人均可支配收入的绝对差不断扩大，由 2003 年的 2705.6 元扩大到 2013 年的 15302 元，城乡相对收入比由 3.0 增大到 3.3 的峰值，然后下降为 3.1（见表 4）。截至 2013 年，全省城镇居

民家庭人均可支配收入达到22456.0元，同比增长10%；农村居民人均纯收入为7154.0元，同比增长12.5%。山西农村居民人均纯收入明显落后于全国平均水平，2013年全省农村居民人均纯收入为全国水平的80.4%，绝对差距也从2003年的322.8元拉大到2013年的1741.9元。

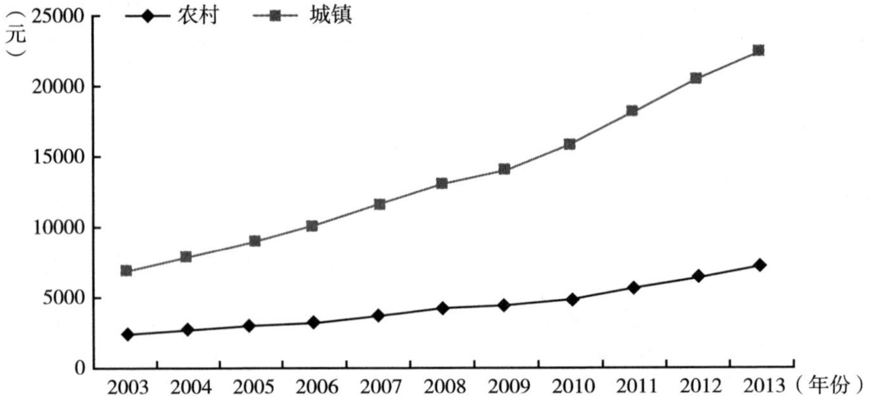

图1　2003～2013年山西城乡居民收入变化

资料来源：根据《山西统计年鉴》（2004～2014年）相关数据整理而得。

表4　2003～2013年山西省与全国城乡居民收入对比

年份	城镇居民人均可支配收入(元)		占全国平均值比重(%)	农村居民人均纯收入(元)		占全国平均值比重(%)	城乡相对收入比值	
	山西	全国		山西	全国		山西	全国
2003	7005.0	8472.2	82.7	2299.4	2622.2	87.7	3.0	3.2
2004	7902.9	9421.6	83.9	2589.6	2936.4	88.2	3.1	3.2
2005	8913.9	10493.0	85.0	2890.7	3254.9	88.8	3.1	3.2
2006	10027.7	11759.5	85.3	3180.9	3587.0	88.7	3.2	3.3
2007	11565.0	13785.8	83.9	3665.7	4140.4	88.5	3.2	3.3
2008	13119.1	15780.8	83.1	4097.2	4760.6	86.1	3.2	3.3
2009	13996.6	17174.7	81.5	4244.1	5153.2	82.4	3.3	3.3
2010	15647.7	19109.4	81.9	4736.3	5919.0	80.0	3.3	3.2
2011	18123.9	21809.8	83.1	5601.4	6977.3	80.3	3.2	3.1
2012	20411.7	24564.7	83.1	6356.6	7916.6	80.3	3.2	3.1
2013	22456.0	26955.1	83.3	7154.0	8895.9	80.4	3.1	3.0

资料来源：根据《山西统计年鉴》（2004～2014年）相关数据整理而得。

由于城乡收入差距的拉大，山西城乡居民之间的消费支出能力差距比较明显（见表5）。从表5可以看出，虽然山西城乡居民人均消费支出比从2003年3.6∶1下降到2013年的2.3∶1，基本呈稳步下降的趋势，且逐渐低于全国城乡居民人均消费支出比，但是城乡居民人均消费支出的绝对差距却拉大了，从2003年的3671.0元上升为2013年的7353.5元，表明山西仍然有巨大潜力的农村市场始终没有被激活。

表5　2003～2013年山西省与全国城乡居民人均消费支出对比

年份	城镇居民家庭人均消费支出(元)		占全国平均值比重(%)	农村居民家庭人均消费支出(元)		占全国平均值比重(%)	城乡居民人均消费支出比值	
	山西	全国		山西	全国		山西	全国
2003	5105.4	6510.9	78.4	1434.4	1943.3	73.8	3.6	3.4
2004	5654.2	7182.1	78.7	1636.5	2184.7	74.9	3.5	3.3
2005	6342.6	7942.9	79.9	1877.7	2555.4	73.5	3.4	3.1
2006	7170.9	8696.6	82.5	2253.3	2829	79.7	3.2	3.1
2007	8101.8	9997.5	81.0	2682.6	3223.9	83.2	3.0	3.1
2008	8806.6	11242.9	78.3	3097.5	3660.7	84.6	2.8	3.1
2009	9355.1	12264.6	76.3	3304.8	3993.5	82.8	2.8	3.1
2010	9792.7	13471.5	72.7	3663.9	4381.8	83.6	2.7	3.1
2011	11354.3	15160.9	74.9	4587.0	5221.1	87.9	2.5	2.9
2012	12211.5	16674.3	73.2	5566.2	5908	94.2	2.2	2.8
2013	13166.2	18022.6	73.1	5812.7	6625.5	87.7	2.3	2.7

资料来源：根据《山西统计年鉴》（2004～2014年）相关数据整理而得。

（四）城乡公共服务水平不均衡，城乡基础设施条件差距较大，适应经济新常态的调控力亟待增强

城乡互惠互利，首先在于城乡同等劳动获得同等收益、同等资产获取同等回报，以及公共产品、公共设施和社会保障的城乡一体化。而山西农村公共服务水平不及城市，农村教育、医疗、文化、卫生等社会事业的发展相对滞后。以较为突出的教育方面的问题为例，农村教育经费投入不足、中小学教师队伍建设落后且教师流失严重、学校学习和住宿条件差以及农民工子女

和“留守儿童”的义务教育等问题依然存在。

山西社会保障体系逐步完善，城镇职工基本养老、医疗、失业、工伤、生育五项保险实现制度全覆盖，2013 年农村共有 16.4 万人纳入五保供养。城镇共有 766.4 万人参加基本养老保险，比上年增加 33.4 万人；农村共有 1439.8 万人参加新型农村社会养老保险，比上年增加 42.2 万人。但是，山西的社会保障制度还不够完善，农村的社会保障覆盖面和保障水平都与城市存在很大差距（见表 6）。以 2011 年为例，农村居民人均保障支出为 310 元，仅占城镇居民人均保障支出的 1/18；从社会保障待遇看，农村社会保障待遇仅为 0.66%，还不及城市社会保障待遇的 1/10。山西城乡基本公共服务失衡，阻碍了农村的快速发展，拉大了城乡发展差距，制约了城乡统筹发展。

表 6　2009～2013 年山西省城乡社会保障情况

单位：万人，亿元

项目	指　标	2009 年	2010 年	2011 年	2012 年	2013 年
养老保险	城镇基本养老保险人数	564.1	591.0	19.8	648.5	766.4
	农村社会养老保险人数	378.2	491.0	1083.7	1397.7	1439.8
最低生活保障	城市最低生活保障人数	94.4	91.5	91.7	89.0	85.0
	城市低保资金	17.5	18.2	26.5	—	25.1
	农村最低生活保障人数	121.0	132.1	136.8	150.6	—
	农村低保资金	9.8	11.1	19.8	—	—

资料来源：根据 2009～2013 年《山西国民经济和社会发展统计公报》数据整理。

依据第二次农业普查结果，2010 年山西城镇固定资产投资为 5816 亿元，农村固定资产投资为 536.6 亿元，城镇固定资产投资是农村的 10 倍以上，且农村固定资产投资额仅占全年总投资额的 8.45%，致使农村的基础设施相对落后，尤其是在一些偏远农村，电力、水利、通信、交通等条件较差。由于基础设施落后，再加上农村收入水平较低，山西农村居民在衣食住行等生活质量上远不及城镇居民。从 2012 年城乡居民家庭平均每百户年末耐用消费品拥有量来看，山西农村居民所拥有的电冰箱、彩色电视机、空调等的数量都远少于城镇居民，且远低于全国平均水平（见表7），这些非常不利于城乡统筹发展。

表7　2012年山西省城乡居民家庭平均每百户年末耐用消费品拥有量与全国比较

单位：台，部

地区	城乡	洗衣机	电冰箱	彩色电视机	家用电脑	空调器	移动电话
全国	城镇	98.02	98.48	136.07	87.03	126.81	212.64
	农村	67.22	67.32	116.90	21.36	25.36	197.80
山西	城镇	103.44	91.81	111.17	74.07	48.17	188.39
	农村	86.62	52.90	109.24	27.67	7.57	186.76

资料来源：根据《中国统计年鉴》（2013年）和《山西统计年鉴》（2013年）数据整理而得。

三　新常态下山西城乡统筹发展的重点建议

（一）以提高城镇化水平为突破口，协同推进新型城镇化与新农村建设，加速促进城乡经济融合

1. 加快高品质城镇化进程

加快推进规模城镇化向人口城镇化转型，创新新型城镇化体制机制，促进工业化与城镇化良性互动，探索具有中国特色、符合山西实际的“一核一圈三群”新型城镇化之路。支持太原率先发展，加大力度推进地铁2号线、城市道路、汾东商务区等重大项目建设，把太原建设成为山西转型发展的先行示范区。强化省级统筹，重点推进“四通”，使太原、晋中逐步实现基本公共服务对接共享，提速太原、晋中同城化。创新城镇化推进方式与协调机制，强化生态红线的刚性约束，加快朔州东部新区、大同都市区、长治上党城镇群、晋城“一城两翼”、运城生态智慧城与临汾百里汾河经济带建设步伐，形成具有自身特色的城镇化发展形态。分层次、分模式推进大县城及乡镇建设，引入智慧城市、数字乡镇等崭新理念，探索县城及乡镇城镇化新模式。创新百镇建设机制，依据吸纳人口数量及经济实力赋予镇相应的管

理权。深入推进矿区城镇化，开展“以矿建镇”试点建设，统筹大型煤矿与城镇化建设协调发展，充分发挥产业化对城镇化的带动作用。着力构建规范透明的城镇化建设投融资长效机制，鼓励社会资本进入公用设施投资领域，促进城镇化建设投融资主体多元化发展。

2. 加快推进新农村建设

构建完善财政支农、金融支农政策体系，创新财政支农与金融支农联动机制，提高财政支持新农村建设投入比重，强化支农资金整合运用。加快推进生态畜牧经济区和现代农业示范区建设，深入实施“一县一业”“一村一品”工程，大力振兴设施农业、畜牧产业、酿造产业及中药材产业等七大产业。加快新型农业经营体系构建步伐，探索建立家庭经营、集体经营、企业经营、合作经营等多种农业经营方式协同发展机制。构建多元化农业服务体系，加大农业科技创新服务平台建设，创新农技推广服务模式，全力培育懂技术、会经营的新型农民，加快推进农业标准化、信息化。深入实施百企千村产业扶贫开发工程，加强大企业、大项目对接合作，整合扶贫资源，创新扶贫模式，着力推进贫困地区新农村建设。建立完善的农村金融制度，引导建设资金更多地投向农村，先进生产要素更多地流向农村。进一步健全农业保险制度，积极开展“三农”保险试点。加强农村基层规划管理、经营等人才队伍建设，更加注重提升农村规划管理水平，科学引导和规范农村新居建设。加快采煤沉陷区治理和农村危房改造进度，加大农村环境污染整治力度，逐步改善农村生产生活条件，促进美丽乡村建设。

3. 推进城乡双向互动发展

全面加快新型城镇化、工业化、信息化和农业现代化“四化”同步，推进城乡区域协调发展，加快转变城乡分割的经济发展方式。建立健全城乡统筹发展工作机制和管理体制，探索构建财政转移支付与农业转移人口市民化相挂钩的机制，扎实推进城乡规划、城乡要素交换、城乡资源配置、城乡基础设施、城乡社会管理和城乡公共服务“六个统筹”，制定城乡一体化发展政策及建设方案。建立以城带乡、以工促农长效机制，充分发挥工业化、城镇化及城市建设对农村发展的辐射带动作用。统筹推进城乡土地制度一体化，合理安排和调控城乡用地布局，建立统一的城乡建设用地有形交易市场和交易门户网站，推进城乡建设用地增减挂钩等改革试点。增设统筹城乡发展专项资金，整合财政支农资金，鼓励社会资本投向农村建设。探索建立劳动力、资金、信息等在城乡之间合理配置的机制，推动城乡之间生产要素的自由合理流动。完善城乡就业体制，建立健全开放统一的城乡劳动力市场体系，保障农民工同工同酬、同等待遇。统筹城乡基础设施建设和社区建设，实施农村人居环境改善工程，建设“农民半小时生活功能圈”。

（二）以创新城乡一体化发展体制机制为核心，多举统筹城乡社会事业发展，加快实现基本公共服务均等化

1. 统筹城乡就业政策

打破城乡就业壁垒，建立城乡统一的劳动力市场，制定平等的行业准入制度，落实公平的就业政策。降低农村劳动力到城市就业的门槛，向农村劳动者延伸现有针对城镇人员的就业再就业优惠政策，扩大政策覆盖面。建立城乡一致的就业服务制度，建成城乡一体的人力资源市场，实现城乡就业服务和劳动用工统一管理，把就业管理服务工作拓展到村和社区，做好农村就业服务工作，建立健全市、县、乡、村（社区）四级互联互通的就业管理服务体系。利用农民工基层服务平台，建立健全农村劳动力转移就业长效机制，促进农村劳动力有规模、有组织地转移。建立健全跨地区就业劳动力管理信息沟通机制，统筹城乡劳动力转移和稳定就业。建立健全城乡统一的供需信息交流机制，扩大覆盖半径。创新户籍管理、社会保障和职业培训等制度，破除农村劳动力进入城市就业的体制障碍。

2. 推进城乡教育事业一体化建设

深化教育体制改革，完善农村义务教育管理体制，全面普及九年义务教育和高中教育，规范落实义务教育免费政策、高中教育经费保障机制，逐步提高农村中小学生人均公用经费。支持民间力量发展职业教育和成人教育，建立以市（区）县级职业中学为龙头，乡（镇）成人文化学校和各种农业技术推广机构为骨干，延伸辐射的市（区）县、乡（镇）、村三级教育培训

体系到村组。推进农村、城镇校舍维修改造工程，健全农村校舍维修改造长效机制，缩小城乡办学条件差距。完善助学体系，扩大高中阶段教育资助范围，让城乡贫困家庭子女免费接受高中阶段教育，提升农村人口素质。建立健全城乡统一的进城务工人员子女就学保障机制。建立城市对口支援农村教育帮扶制度，使城乡居民享有同等的教育资源。

3. 增强农村公共卫生服务能力

整合城乡卫生资源，建立和发展新型农村合作医疗，搞好区域卫生规划，确保每个建制乡（镇）有一所政府举办的卫生院，建立以中心卫生院为核心的乡村卫生服务网络。合理布局村卫生站，加强卫生站的房屋和基本诊疗设施建设，加快村卫生站标准化建设，推动农村卫生机构转向社区卫生服务，并实施与城市社区卫生服务相同的公共卫生服务补助政策。健全农村卫生站（院）人员、经费保障机制，加大对乡村医生的补贴力度，落实社会保障政策。鼓励城市卫生医疗机构到农村拓展市场，加快农村卫生医疗事业健康发展。健全城乡困难群众对于重大疾病的医疗救助制度。建立和完善城乡药品监督供应体系，加强药品市场管理，保证农村用药经济、安全。建立健全城乡医疗机构对口支援的长效机制，鼓励城市医院在农村挂钩设点。

4. 创新文化管理体制和运行机制

完善覆盖城乡的公共文化服务体系，构建推进城乡文化统筹发展的体制机制，加大城市先进文化向农村辐射力度。加快推进农村公共文化基础设施建设，以及乡镇文化站、村文化大院和文体娱乐场所建设，尽快实现文化馆、图书馆达到国家规定标准。推进文化信息资源共享工程，乡镇综合文化站、广播电视村村通工程，农村电影放映工程建设。推进国家文化和自然遗产保护、历史文化名城保护、抢救性文物保护工程，加强对农村优秀民间民俗文化资源的系统发掘、整理、保护。逐步推行公益性文化场馆免费开放制度，培养扶持基层文化队伍。加快建设农村体育健身设施，广泛开展农民健身活动。广泛开展创建“文明村镇”“文明户”等群众性精神文明创建活动。

5. 建立更加公平可持续的社会保障制度

加快推进基本公共服务均等化，推进城乡基本公共服务制度有效对接，实现公共服务在不同区域间无障碍转移接续。加大社会保障财政投入力度，加强社保基金投资管理与监督，完善社会保障体系。推进城乡居民医疗保险制度整合，争取尽快建立统一的城乡居民基本医疗保险制度，使城乡居民基本医疗制度一体化。强化定点医院、药店监管，规范“两定”机构行为。规范居民大病保险工作，解决好城乡居民大病保障问题。全面推行“五险统征”，扩大社会保险参保缴费覆盖面，提高非公经济单位、灵活就业人员、失地农民等的参保覆盖率，推进社保关系跨制度、跨区域转移接续。完善基本住房保障体系，坚持政府主导地位，加快推进保障性住房建设，规范保障性住房管理与分配。以市场需求为导向构建多层次的住房供应体系，推进廉租房与公共租赁住房“并轨运行”，稳步推进城中村和城镇棚户区改造，着力增加中小户型住房供给。完善五保供养、残疾人与特困户最低生活保障等社会救助制度，扩大农村社会保障覆盖范围，逐年提高农村“五保户”集中供养率，提升农村低保水平。

（三）以环境质量持续改善为重要内容，统筹推进城乡生态建设，全面提升城乡可持续发展能力

1. 统筹城乡环境保护与生态建设

统筹划分城乡生态建设和环境保护责任，完善生态破坏和环境污染补偿机制，切实维护农民的环境权益，改善农村生存条件。进一步完善城乡一体的环境保护管理体制，形成全覆盖、网络化的环境保护监管体系。统筹加强大气和水环境综合治理，逐步实现主要污染物总量减排目标、环境质量全面达标。创新环境生态补偿机制构建模式，全面拓宽生态建设资金筹措渠道，鼓励民间资本投入，着力推进以保护饮用水源和修复生态为重点的城乡生态环境建设。协调使用污水处理、防洪等城乡水资源利用与保护设施，形成城乡一体的生态环境综合保护与建设格局。

2. 加强城乡污染综合治理

将城市污染防治和农村污染防治结合起来，实行统一规划和系统整治，加快推进城乡污染一体化防治，严格控制污染企业向农村转移，统筹布局污水处理厂、垃圾处理厂等环境设施，最大限度地提高设施使用效能。对农村污水实行村收集、镇处理制度，对农村垃圾实行村收集、镇运输、县处理制度（建有垃圾处理厂的中心镇除外）。进一步强化农业面源污染防治，重点推行改水改厕、垃圾集中处理、沼气建设、养殖业废弃物无污染治理、减少化肥农药施用等举措，全面加大城乡污染防治及垃圾处理和再利用力度。进一步完善立法和执法程序，加大污染防治、环境质量整治和保护的执法力度。

B.16

经济发展新常态下山西促进就业对策研究

顾颖　王慧　胡晓琪*

摘　要： 就业是民生之本、安邦之策、和谐之基。本报告对山西劳动就业现状进行了系统的梳理，发现山西劳动力资源总量供求矛盾仍未缓解，劳动力在三次产业、不同所有制以及城乡之间的分布仍然不尽合理；在此基础上提出要从稳增长、调结构、促改革、惠民生四个层次破解就业难题，坚持“五个更加注重”，即更加注重发挥现代服务业对就业的吸纳作用，更加注重发挥政府通过制定就业扶持政策、提供公共就业服务促进就业的作用，更加注重发挥创业对就业的带动作用，更加注重发挥劳动者在就业中的主体作用，更加注重构建促进就业公平的保障机制。

关键词： 新常态　山西　促进就业　就业政策

就业是民生之本、安邦之策、和谐之基。目前，中国经济发展步入新常态，山西转型综改步入攻坚期。在新常态下，化解劳动力供求矛盾已成为山西实现转型发展必须解决的难题。从就业角度看，一方面，煤炭行业的持续疲软、涉煤行业用工需求的下降，令山西本就严峻的就业形势雪上加霜；另

* 顾颖，太原师范学院经济系，教授、山西大学硕士生导师，山西大学中国中部发展研究中心特聘研究员，主要研究方向为制度理论与转型发展；王慧、胡晓琪，山西大学经济与管理学院。

一方面，有较强就业吸纳能力的装备制造业等新兴支柱产业的发展给山西破解就业难题带来一线生机。面对经济新常态引致的新机遇和新挑战，准确把握形势、进一步推进就业和再就业工作，为山西经济社会转型发展提供有力支撑，将是摆在我们面前的一个亟待解决的重大民生问题。

一　新常态背景下山西促进就业面临的新机遇和新挑战

新常态背景下的经济结构变化应是以市场和民生需求为导向的，对山西来说，在新常态下，就业同时面临机遇与挑战。

（一）新常态背景下山西促进就业面临的机遇

1. 产业结构调整升级带来的机遇

适应新常态，进行产业结构调整升级，必须大力发展服务业。服务业具有较大的吸纳劳动力的作用，2014 年上半年，山西省服务业增加值占 GDP 比重仅为 44.8%，仍具有很大的发展空间。同时，服务业尤其是现代服务业的发展，将极大地推动中小企业的发展。而中小企业是吸纳就业的主要载体，这对于解决高校毕业生、农民工等群体的就业问题将发挥重要作用。

2. 城镇化持续推进带来的机遇

城镇化具有辐射效应和集聚效应。其辐射效应可通过促进投资增长而催生就业需求，集聚效应则通过促进社会分工深化和细化，带动相关行业发展，从而增加大量就业岗位。截至 2013 年底，山西省城镇化率提高到 52.56%，城镇化发展已进入加快期、关键期。顺应新常态下城镇化发展的新要求，推动城镇化水平持续提高，能够提供更多的就业岗位。

3. 消费结构优化升级带来的机遇

在新常态下，消费结构不断调整优化，基础性消费比重不断降低，而享受型消费、发展型消费的比重不断提升。同时，消费形式逐渐由“线下”转变为“线上”，一些新的经济模式正在产生。这些变化不仅为行业、企业带来重大机遇，形成巨大的就业需求，而且能够促进劳动力素质的提高，缓解结构性失业。

（二）新常态背景下山西促进就业面临的挑战

1. 经济增速放缓带来的挑战

就业率高低受经济增长的影响。在全国经济增长放缓、煤炭市场萧条的背景下，山西作为传统的能源大省，与其他省份相比经济增长面临更大的压力，这也对山西省促进就业提出了更高的要求。2014 年上半年，山西省 GDP 增长 6.1%，低于同期全国平均水平 1.3 个百分点。而与 2013 年同期相比，GDP 增速下降了 2.9 个百分点，山西省经济回落较为严重。奥肯定律表明，在未实现充分就业以前，GDP 增速的下降将会带来失业率的上升。对于经济增速放缓的山西省来说，就业形势将更加严峻。

2. 经济结构调整带来的挑战

在经济增长由注重“量”的增加向注重“质”的提升转变的新常态下，传统的要素驱动、投资驱动型经济增长模式难以为继，创新驱动成为推动山西省经济发展的根本动力。创新驱动实质上是人才驱动，在实现创新驱动过程中，高层次、优结构的高端技术人才和高级产业工人是必不可少的，这对山西省进一步改善经济、政治环境，创造积极的条件招才引智提出了更大的挑战。同时，经济结构调整对持续优化资源要素配置提出了新要求，一些传统的高污染、高能耗产业逐步受到压缩，而被挤出的产业工人亟须得到更多的培训来提高自身素质。如何通过发展现代服务业容纳更多就业，提高经济运行对就业的承载能力，是目前亟须解决的民生问题。

3. 政府调控转变带来的挑战

新常态下，政府调控由“只盯增速”向坚持“区间调控”转变，由“事后救急”向保持“底线思维”转变，由“大水漫灌”向坚持“定向调控”转变，政府调控思路和方式的创新，对就业市场提出了更高的新要求。政府调控的出发点及主要任务是守住就业底线，当就业市场运行在合理区间内时，政府工作的着力点在于加快调结构，抓住重点领域和关键环节对就业市场进行定向调控，以解决就业结构性难题，而就业市场内部出现的小幅度波动，以及可能影响就业稳定的次要矛盾等，要求必须依靠就业市场中自身市场机制加以调节及解决。但当前就业市场中市场机制失灵问题较为突出，要满足当前大形势下对其市场机制提出的新要求任重而道远。

二　新常态背景下山西劳动就业现状分析

近年来，山西将保障和改善民生放在了经济社会发展的突出位置，有效应对经济下行压力，狠抓就业工作，积极落实就业政策，就业规模持续扩大。在取得一定成效的同时，如何有效应对经济新常态给山西省进一步扩大就业带来的新挑战，山西省就业工作还有一些突出问题亟待解决。

（一）山西劳动就业取得的成效

1. 积极的就业政策得到有效落实

近年来，山西省积极贯彻中央精神，把促进就业放在十分重要的位置，成立了专门的就业领导机构和工作机构，狠抓各项就业工作。先后制定出台了一系列就业创业相关政策力促就业创业：将专项基金和创业基金列入财政预算中；在资源型城市和独立工矿区发展与市场需求相适应的产业；出台相关扶持政策促进用人单位吸纳劳动力。出台了一系列促进就业的文件，明确规定加大资金投入力度，完善和落实各项扶持政策，通过构筑现代产业体系拓宽就业渠道、稳定就业岗位，将高等学校毕业生和农业富余劳动力、城镇困难人员、退役士兵的就业摆在重要位置。2013 年，就业形势持续稳定，城镇新增就业 51.5 万人，转移农村劳动力 37 万人，城镇登记失业率控制在 3.3% 以内，低于年度控制目标。

2. 公共就业服务体系不断完善

新常态下，就业问题是重点关注的社会问题。伴随着经济结构的调整和产业结构转型的深入推进，山西坚持以就业需求为导向，不断加强人力资源市场标准化建设与科学管理，规范公共就业服务机构秩序与行为，人力资源市场建设不断完善，人力资源服务机构功能持续人性化、多元化，服务范围、服务领域不断拓展，公共就业创业服务体系日臻完善。创建了高效的人力资源市场大平台，合并公共人才服务机构与公共就业服务机构，各类就业群体求职就业与各类企事业单位招聘用人的便利性显著提升。同时，进一步取消了农村劳动力进城和跨地区流动的限制，公共就业服务体系覆盖面逐渐扩大。继续加强公共就业服务信息网络建设，人力资源信息共享度大大提升。不断加强劳动保障培训中心功能，广泛开展职业技能培训、创业提升培训、劳动预备制培训和定单式培训，为促进就业发挥了积极作用。

3. 大力推进创业带动就业政策

新常态下的经济增长与稳定就业并不矛盾，山西始终把创业看作促进就业的重要途径，采取各项措施大力推动以创业带动就业。继续实施创业就业工程，不断健全政策扶持、创业培训和创业服务“三位一体”的工作机制。深入推进创业型城市创建活动，发挥其示范带动作用。营造鼓励自主创业的社会环境，为劳动者自主创业提供优质服务。对有创业意愿的高校毕业生、返乡农民工、复员退伍军人、残疾人等进行培训，提升创业者素质。鼓励和扶持劳动者创办小型、微型企业，扶持创办家庭服务企业，鼓励以创业带动就业。重点落实小额贷款贴息、税费减免、社会保险等创业服务“绿色通道”扶持政策。通过加强创业孵化基地、创业项目库、创业指导服务机构建设，加强创业实训，完善创业指导服务功能，提高创业能力和创业成功率，充分发挥其促进就业的倍增效应。

4. 多措并举保障重点群体就业

山西不断出台并充分利用各项优惠政策，深入开展援助活动，保障高校毕业生、农村劳动力和就业困难人员等重点群体实现就业。2013 年，制定实施了促进高校毕业生就业的 16 条措施、为就业困难人员提供“一对一”就业帮扶等“一揽子”帮促就业政策。2014 年，山西省出台扶持高校毕业生创业措施 12 条、促进毕业生就业新政 9 条，始终将高校毕业生放在就业工作的首要位置，推进新一轮的“大学生创业引领计划”，不断探索各项政策，力促高校毕业生就业。针对农村劳动力，加强对农民工的技能培训、创业培训，强化就业服务和信息引导，并结合城镇化推进，鼓励其就地就近就业和返乡创业。创建农村劳动力转移就业示范县，建设劳务品牌和劳务协作基地，扩大农村劳动力转移就业规模，增强农村劳动力外出就业稳定性。对于“零就业”家庭等困难群体，实行托底安置，开展“一对一”帮扶。

（二）山西劳动就业存在的问题

1. 劳动力资源总量供求矛盾仍未缓解

经济发展新常态下劳动力供求结构发生新变化，然而，经济转型成效所显现的结构性矛盾仍然存在。一方面，山西省劳动力资源供给总量不断增加。2010～2012 年的 3 年间，山西省劳动力资源占比持续提高，2010 年为 72.14%，2011 年为 74.86%，2012 年提高到 75.32%，2012 年劳动力资源总数为 2719.8 万人。另一方面，山西省社会从业人数的增长速度低于劳动总人数的增长速度。社会从业人数占劳动力资源的比例（就业率）由 2010 年的 65.39% 降低到 2011 年的 64.64%，然而该比例 2012 年又有所上升，达到 65.82%，3 年间社会就业率仅增长 0.43 个百分点，就业率增长缓慢，大量的劳动力资源仍没有就业。当前劳动力市场面临一线普通工人招工难和技术工人严重短缺的问题，全省劳动力资源供给和需求之间的矛盾没有得到有效缓解，新增就业压力依然严峻。

2. 劳动力在三次产业的分布较不合理

新常态引致的产业结构调整升级为第三产业拓展就业空间提供了重大的机遇，然而，山西省三次产业的劳动力分布现状仍然存在诸多不适应新常态的现象，产业梯度转移对就业岗位的带动力有待提高。山西省第一产业从业人数居高不下，向第二、第三产业转移缓慢，存在大量的农村剩余劳动力，农业就业质量和生产效益都比较低下。山西省第一产业从业人数从 2010 年的 638.2 万人增加到 2012 年的 647.1 万人，从业人数在三次产业中所占的比例最大。第二产业就业人数在三次产业中相对较少，呈缓慢增长态势，就业吸纳能力较弱。2010～2012年，第二产业就业人数占社会总从业人数的比例累计增长仅为1.1%。第三产业就业人数以远远快于第一、第二产业的速度增长，由2010年的604.9万人增加到2012年的653.1万人，从业人数首次超过第一产业从业人数。2012年山西省劳动力在三次产业中的就业比例为36.1∶27.4∶36.5，与目前发达国家5∶30∶65的比例相差甚远，山西省劳动力资源在三次产业间的分布较为不合理，三次产业的就业结构有待进一步优化（见图1）。

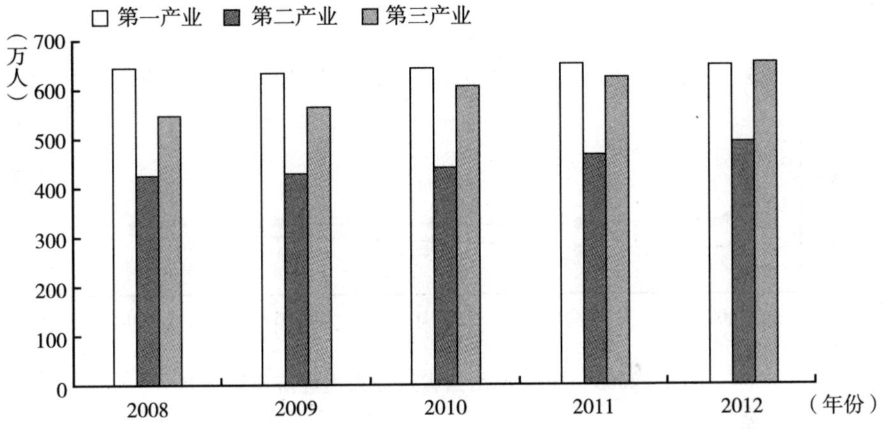

图1　2008～2012年山西省从业人员三次产业分布

3. 集体和国有经济仍是就业的绝对主体

党的十八届三中全会提出“积极发展混合所有制经济”，国有资本、集体资本、非公有资本等交叉持股，相互融合。新常态下，山西省出台国资国企改革方案，把发展混合所有制经济作为激活国企活力、解决就业问题的重要举措。然而，从吸纳劳动力的主体来看，山西省集体经济和国有经济仍是就业的绝对主体，私营经济和个体经济就业人员有所增长，但占比相对偏小。2008～2012年，集体经济从业人数占从业总人数的比例年均在55%以上，山西社会就业主体人员是农村集体农民和城镇集体单位职工。国有经济从业人数在5年间不断减少，由2008年的15.84%下降到2012年的13.40%，但其占从业总人数的比例仍大于除集体经济之外的其他各经济类型，国有经济仍是目前劳动就业的第二大主体。2012年，山西省个体经济和私营经济从业人数占比分别为10.70%和9.76%，排在各经济类型的第3、第5位（见图2）。抓住混合所有制经济的机遇，改变集体经济和国有经济作为就业绝对主体的现状，开辟吸纳劳动者求职就业的新渠道，是实现富民强省摆在我们面前首先要解决的重大民生问题。

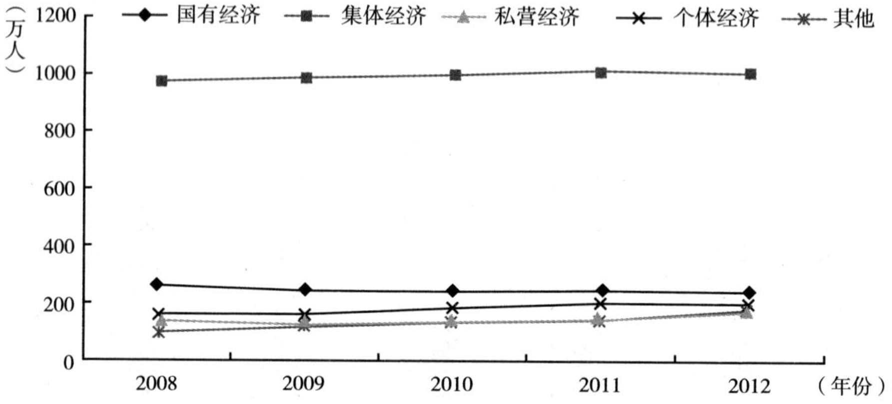

图2　2008～2012年山西省从业人员经济类型分布

4. 城乡就业发展极为不均衡

随着社会就业人数的不断增加，山西省城镇就业人数和农村就业人数也在随之增长。其中，城镇就业人数由2010年的585.89万人增加到2012年的652.8万人，年均增长率为5.56%，占总就业人数的比重由2010年的34.75%增长到2012年的36.47%，增加了1.72个百分点；农村就业人数由2010年的1100.01万人增长到2012年的1137.37万人，年均增长率为1.68%，低于城镇就业人数的增速。同时，农村就业人数占总就业人数的比例不断减少，由2005年的65.25%降低到2011年的63.53%，减少了1.72个百分点，但是农村就业人数绝对量仍明显多于城镇就业人数（见图3）。

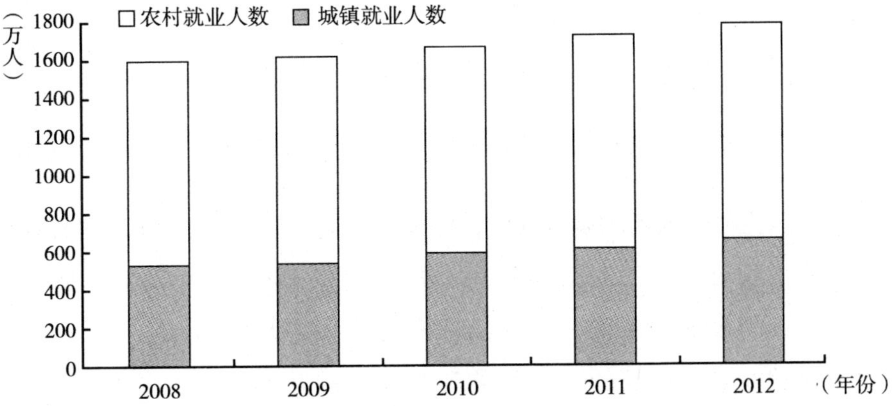

图3　2008～2012年山西省城乡就业人数

三　新常态背景下山西促进就业的思路和政策建议

（一）破解就业难题，必须把握四个层次的问题

第一是在保就业的前提下稳定经济增长。在新常态下，就业的优先级要高于GDP的轻微下降。要破解就业难题，就必须以坚守就业底线为先决条件，稳定经济增长，做大做强就业需求这块“蛋糕”。第二是在调结构的过程中培育新的就业增长点（行业、性别）。结构优化再平衡是未来较长一段时期内我国经济的新常态，加快破解结构性失衡问题成为时代要求。要破解就业难题，必须积极把握当前结构调整的最佳时机，以就业结构的再平衡为重点内容，培育新的就业增长点。第三是在促改革的过程中打破制约就业公平的体制机制障碍。破题经济新常态，关键在于改革及结构调整。要破解就业难题，必须以加快推进就业改革为核心，消除就业市场中行业、性别、地区等一切阻碍就业公平的因素，释放更多就业红利。第四是在惠民生的过程中切实提高劳动者实际收入。就业是劳动者生存发展的收入来源，是国家稳定与和谐的关键。要破解就业难题，必须以惠民生为根本出发点，坚持

“就业优先”，以提高劳动者技能素质、帮助下岗人员再就业、提高劳动者维权意识为重要抓手，让更多的人通过就业实现更高质量的生产生活。

（二）积极促进就业，必须处理三个方面的关系

1. 以民生改善为目的确保就业，处理好增速新常态和扩大就业的关系

经济增长与扩大就业密切相关。发展经济是解决就业的根本途径，而促进就业的根本和关键是保证经济的持续快速健康增长。李克强总理指出，保就业是稳增长的重要目的和惠民生的基本内容。显然，稳增长的内涵并非只有 GDP 增速这一项，而是一个包含了充分就业、经济转型等多重目标的综合体。就业是民生之本，就业不足和失业率攀升下的经济持续增长本身是没有实际意义的，因此必须在保证就业的前提下实现经济增长和就业的协调发展。随着经济进入减速换挡期，一方面要积极适应增速新常态，努力提高经济发展质量和效益；另一方面还不能低估经济减速引致的失业风险，要通过大力发展服务业以降低就业增加对经济增长的依赖性，实现就业数据的稳中提质，处理好增速新常态与扩大就业之间的关系。

2. 以结构调整为契机促进就业，处理好结构新常态和扩大就业的关系

不同的经济结构调整方式，对促进就业直接产生不同的影响。新常态下更加注重结构调整，产业结构、城乡结构、社会结构等都在发生新的转向，要协调好产业结构、城乡结构等结构优化再平衡同劳动力结构调整之间的关系。坚持就业与民生的底线思维，重新制定以促进就业为核心的产业政策和经济结构调整纲要，在提高产业科技含量的同时重视发展劳动密集型产业，通过服务业及新兴产业支撑就业稳定。行政垄断行业、基础设施领域、城市公用事业等的市场准入限制进一步放开，拓宽非公有制经济的就业渠道。以新型城镇化为契机，完善公共就业服务和相关就业创业优惠扶持政策，促进农民工就业创业；同时，促进就地城镇化，完善县域城镇化就业生态系统，推进各项保障制度，以产城融合助推城乡一体。

3. 以落实政策为关键扩大就业，处理好调控新常态和扩大就业的关系

在新常态背景下，政府的调控思路必定会随之变化，需求导向的强刺激不再是一种合理的选择，政府调控的目标将从经济增长转向就业等民生领域。要实现经济包容性增长和可持续增长，必须通过不断创新调控手段进行定向调控，处理好就业增长与调控新常态的关系。首先要坚持就业优先战略，从完善公共就业服务体系、增加就业创业渠道、保障重点就业群体就业等多方面入手，实施更加积极的就业政策。其次要建立经济发展和扩大就业的联动机制，推动就业领域改革，力促形成政府激励创业、社会支持创业、劳动者勇于创业的新局面。伴随着区间调控、定向调控、财税扶持步步落子，还要进一步提高就业政策对民生福祉的惠及程度，进一步提升就业质量，将已出台的政策不折不扣地落实到位。

（三）实施更加积极的就业政策，必须坚持“五个更加注重”

1. 必须更加注重发挥现代服务业对就业的吸纳作用，培育新的就业增长点

现代服务业具有就业容量大、就业弹性系数高的特点，它作为引领经济要素流动和产业分工的主导力量，通过增加新产业领域的新岗位成为促进就业的重要支点。因此，要秉持先进的理念，强化大力发展现代服务业的导向，努力引导企业摆脱传统观念制约，参与、介入或利用现代服务业提升自己的发展水平；实施先进制造业、现代服务业“双轮驱动”发展战略，依托山西省传统工业发展，提升传统服务业等级；以增加城乡居民收入为基础继续发展生活性服务业，发展壮大商贸流通业、家庭服务业、旅游业、医疗健康服务业、养老服务业等带动作用强的重点产业和领域；以促进产业分工为条件加快发展生产性服务业，依托太原武宿综合保税区、侯马方略保税物流中心等平台优势，规划和建设一批物流基地；以拓宽就业渠道为根本积极培育新兴服务业，大力发展服务外包产业，坚持离岸外包与在岸外包相结合，加快发展与制造业联动的研发设计、采购与营销、人力资源等生产性服务外包业务；强化金融创新、优化金融环境，实现山西省现代服务业与工

业、农业在更高层次上的有机融合。

2. 必须更加注重发挥政府扶持就业、提供就业服务的作用，强化政府促进就业的职能

落实就业优先发展战略，把推动实现更加充分就业和更高质量就业作为当前就业工作的总抓手，把完善政策扶持、深化就业援助与促进就业衔接起来。要强化政府促进就业的责任制度，在促进就业的重点领域，政府职能部门要探索建立综合性的牵头协调机构，明确责任分工，畅通落实渠道；要强化政府促进就业的公共服务功能，切实落实便利工商登记、财政支持、金融信贷、税收减免等扶持政策，为劳动者全面了解就业政策、准确掌握就业信息、及时进行就业申报、有效提高求职技巧等提供优质高效的全方位就业服务；要健全完善产业政策、税收政策、收入分配政策等鼓励扶持政策，激励和引导有利于化解就业结构性矛盾的经济投入、产业调整、项目布局，致力实现经济发展同扩大就业之间的协同并进；贯彻落实就业保障和社会保险政策的协同跟进，不断完善、创新对小微企业的投融资、税收等优惠政策，引导劳动者流向相关领域。

3. 更加注重发挥创业对就业的带动作用，推动劳动者多渠道就业

就业是民生之本，创业是就业之源。鼓励和支持劳动者自谋职业、自主创业，以“创业带动就业”是新常态下转换思路、解决中国就业难题的关键突破口。亟须进行观念转变，营造良好的创新创业氛围，提高就业人员的创业意识，放宽创业条件，以加快政府职能转变为抓手，简化行政审批程序，降低市场准入门槛，为自主创业提供便捷的政务环境；加大创业培训力度，对培训机构、创业者、政府等不同的培训要素，构建有针对性的培训模式，将各类创业主体全部纳入创业培训中；积极打造创业孵化园区，深入开展创业型城市（县）创建活动，充分利用山西太原国家级高新技术产业开发区、太原经济技术开发区等 24 个开发区，建设小企业创业基地；加大资金扶持力度，设立创业发展基金，建立以小额担保贷款中心为平台的公共创业服务机构和窗口，切实解决创业融资难题；加快创业帮扶政策落地，积极为创业者提供政策咨询、专家指导、项目推介、创业培训等“一站式”服务，并加强创业指导后续服务，全面落实园区内有关税费减免、租金补贴、社会保险补贴等创业扶持政策；抓住农民工“返乡潮”机遇，引导扶持返乡能人自主创业，激发民众创业激情，以创业带动就业，加速实现全民就业。

4. 必须更加注重全面提高劳动者技能素质，增强劳动者就业竞争能力

促进就业，从根本上说需要充分发挥劳动者在就业中的主体作用，以劳动者“质”与“量”的双提升增强劳动者的就业竞争力和就业稳定性。因此，必须进一步整合培训资源，加快建立覆盖城乡的职业培训体系；进一步健全面向全体劳动者的职业技能培训制度，加强职业培训全过程管理及劳动者跟踪服务，加快构建适合各阶段劳动者职业发展需求的培训体系；强化企业在促进就业中的主体地位，针对初中和高中及高校毕业生、企业职工、退役军人以及农民等不同人群进行相应的职业技术能力培训，加强对下岗人员的再就业培训和对农村剩余劳动力的转岗技能培训；全面推行就业准入和职业资格证书制度，不断拓宽职业技能鉴定范围，加快建立以职业能力为导向、以工作业绩为重点的高素质、高技能人才评价体系，丰富不同技能人才的多元化评价机制；建立健全政府职业培训补贴直补企业和企业职工教育经费由政府统筹使用制度，加强就业资金支出绩效评估，充分发挥政府补贴的激励和引导作用。

5. 必须更加注重完善促进就业公平的保障机制，营造良好的就业环境

促进就业，必须以健全的保障机制为支撑，降低劳动力市场的竞争风险，提高劳动者的安全预期和就业能力。因此，必须健全促进公平就业的法律体系和劳动监察体制，完善劳动争议调解仲裁机制，加强对涉及就业歧视案件的处理；加快构建城乡统筹的劳动力市场，以现有劳动力市场服务体系为依托，构建市级人力资源市场、县级分市场、乡镇工作所、社区工作站，打造覆盖面广、功能齐备、布局合理的人力资源平台；深化户籍制度改革，着重建立城乡统一的劳动力资源管理制度，完善城乡均等的公共就业创业服务体系及失业保险制度，积极创造公平合理的“大众创业”“万众创新”的就业环境；进一步完善城镇统一的基本医疗、失业、工伤等保险制度，认真解决进城务工人员的社会保障问题，解除劳动者的后顾之忧。同时，进一步规范用人单位和职业中介机构行为，加快国有企业及事业单位改革，消除制度障碍和就业歧视，全面推行分级分类的公开招聘；大力推进集体协商制度和合同制度，建立健全表达诉求和合理维权的就业保障机制。

B.17
保障脆弱人口食物安全 推进城乡统筹民生改善*

高 帅**

摘 要： 加快推进经济结构战略性调整是大势所趋，刻不容缓。在转型时期保障脆弱人口食物安全，推进城乡统筹民生改善是民心所向，不容懈怠。本报告利用 2004～2011 年中国营养与健康调查（CHNS）成人调查数据，基于食物获取能力中的经济承受能力和物理获取能力对微观食物安全的影响进行分析。结果发现，食物获取能力不足是食物不安全的重要原因，经济承受能力中收入不确定性对食物安全的负面影响较大，收入和收入不确定性均对蛋白质安全产生较大影响；物理获取能力有助于改善居民食物安全的通达性，缩小食物安全差距应重视中西部地区农村人口食物安全的多样化诉求；食物安全水平群体差异明显，提高食物安全水平应在加强经济承受能力和物理获取能力的基础上，优化帮扶精度与匹配效率。

关键词： 食物获取能力 收入不确定性 食物安全 区域差距 城乡差距

* 本报告为高等学校哲学社会科学研究项目（课题编号为 2014206）、山西大学人文社会科学科研基金（课题编号为 011551801004）的研究成果，在收入本书时做了必要的修改。

** 高帅，山西大学经济与管理学院、山西大学中国中部发展研究中心，博士、讲师、硕士生导师，主要研究方向为农业经济理论与政策、食物安全、多维贫困。

一 引言

伴随着粮食产量多年连续增产和居民收入稳步提高，我国食物安全总体发展态势较好。然而，宏观食物安全良好态势下个人食物获取权剥离的现象时有发生，个人食物安全的实现仍存在一定障碍，宏观食物安全的良好局面并不能确保每个人都能实现食物安全，宏观食物安全与微观食物安全的协同机制和传导模式还不明确，城乡居民食物安全互动发展的思路也不清晰，食物可获得性问题尚未引起足够重视，食物不安全地理分布、群体特征和演变机理有待进一步探讨。中国经济增速迎来换挡期，从高速增长期向中高速平稳增长期过渡。转型时期持续改善和发展民生、保障城乡人口特别是脆弱人口食物安全具有重要的现实意义。

据国际食物政策研究所（IFPRI）发布的全球饥饿指数，1990～2013 年中国饥饿指数从 13.0% 下降到 5.5%①。从分项指标来看，总人口营养不足率从 21.4% 下降到 11.5%，5 岁以下儿童体重不足率从 12.6% 下降到 3.4%，5 岁以下儿童死亡率从 4.9% 下降到 1.5%。可以说，中国营养改善和食物安全取得了显著成效，但仍存在一些不容忽视的问题和隐患，并呈现新的特点和发展趋势。从食物不安全的空间分布来看，食物不安全分布已由全局性转变为局部性，由“面”的食物不安全转向“点”的食物不安全，特别是特殊地区（偏远、落后、欠发达地区）脆弱人群的食物不安全。从食物不安全的发展趋势来看，食物不安全的发生具有反复性和周期性的特点，往往与极端气候或突发冲击有关，面对突发性、不确定性因素的干扰，食物安全临界人群摆脱食物不安全后再次陷入食物不安全的概率很大，未来食物安全将面临传统条件所未曾经历的挑战，不稳定性、不确定性和风险大大增加。事实上，我国微观食物安全的基础和稳定性较为薄弱，学界对微观视角下家庭（个人）能量、膳食营养摄入能否满足食物安全要求的讨论较少，食物获取能力是制

① 数据来源于《2013 年全球饥饿指数报告》。

约食物安全的重要因素，从经济承受能力、物理获取能力视角合理地测度个体食物安全水平，探索食物获取能力和食物安全的作用机理很有必要。

二　理论框架

世界粮农组织（FAO）在1974年最早定义了“食物安全”（Food Security），即“确保任何人在任何时候都能够得到维持生存和健康所需要的足够食物”。国内早期研究多称作粮食安全，这与新中国成立后长期粮食供给不足的特殊历史时期密切相关。近年来，食物安全研究范畴逐步从单一维度的粮食安全演变为关注食物多样性、食物营养、食物偏好的食物安全，目前公认度较高、被广泛认可的食物安全定义是世界食物安全委员会在2001年给出的，“任何人在任何时候能够在物质上和经济上获得足够、富有营养和安全的食物”。该定义涵盖了能力要求和目标导向，不仅强调经济承受能力和物理获取能力，而且对食物安全的数量目标、安全目标和营养目标都提出了确切要求。

在食物安全的定量研究中，国内外学者建立了多元食物安全评价体系，为食物安全研究奠定了良好基础。Maxwell等（1992）①、Howarth（1993）②、Haddad等（1994）③、Chung等（1997）④认为可以考虑将个人食物或能量摄入能否满足基本生理需求作为微观食物安全的判定标准。不同个体年龄、性别、能量消耗不同会造成能量和营养需求不同，因而食物安全标准也应该因人而异。如果某个家庭成员实际食物消费能够满足其自身能量和营养需

① Simon Maxwell, Timothy R., Frankenberger, “Household Food Security: Concepts, Indicators, Measurements: A Technical Overview”, 1992.

② Howarth E. Bouis, “Food Consumption Surveys: How Random are Measurement Errors?”, In *Data Needs for Food Policy in Developing Countries: New Directions for Household Surveys*, 1993.

③ Haddad L., Kennedy E., Sullivan J., “Choices of Indicators for Food Security and Nutrition Monitoring”, *Food Policy*, 1994, 19 (3).

④ Chung K. L., Haddad L., Ramakrishna F. Riely, “Identifying the Food Insecure: The Application of Mixed-Method Approaches in India”, 1997.

求，则认为他能够实现食物安全；否则，就认定他没有实现食物安全。Barrett（2002）从可操作性的角度提出了食物安全研究中四个应注意的问题：首先要考虑个人的生理需要，确保营养需求和能量消耗能够达标；其次要考虑人们在食物消费与其他基本需要之间的互动及取舍，食物消费在基本消费的优先次序可能反映食物安全程度；再次要考虑一定时期内食物安全状况的变化，以及人们对这些变化的感受与反应，判断是偶然发生还是经常发生，特别需要关注食物安全临界人群的感知；最后要能够反映不确定性和风险情况，能够对食物安全进行预判和防范①。李瑞锋和肖海峰（2007）采用“标准人”日均能量摄取值为标准对食物安全进行评价，未考虑不同特征、生活方式人群的能量和营养需求差异，已有食物安全的理论研究较为丰富，由于微观数据的可获得性等原因，实证研究的进一步开展遇到困难②。

结合当前我国国情，食物安全要求不能局限于单一性、低水平、数量达标的“粮食安全”，应努力实现营养、健康、卫生和食物多样性的高水平“食物安全”。在影响微观食物安全的诸多因素中，代表食物可获取能力的经济承受能力和物理获取能力因素需要尤为引起关注。考虑到不同家庭成员内部分工、年龄、性别、身体状况、体力活动水平等存在差异，能量消耗和能量需求不同，本报告设定不同的食物安全水平，基于个人营养安全目标进行分析，以经济承受能力和物理获取能力为视角来分析我国居民食物获取能力与食物安全的作用机理。

（一）家庭成员食物安全水平的识别

为尽可能准确地测度居民食物安全水平，本报告关于食物安全水平的测算借鉴世界食物安全委员会 2001 年的定义，依据中国居民膳食营养参考摄入量，基于营养安全目标对不同人群设定各自食物安全基准值。首先，根据

---

① Barrett, C. B., “Food Security and Food Assistance Programs”, *Handbook of Agricultural Economics*, 2002 (2).

② 李瑞锋、肖海峰：《我国贫困农村地区居民的家庭食物安全影响因素分析》，《农业技术经济》2007 年第 3 期。

居民三日内食物消费量折算食物能量和蛋白质含量，得到居民日均能量摄入值和蛋白质摄入值；其次，鉴于不同人群性别、年龄、工作强度不同，能量和蛋白质需求存在差异，推荐摄入量也不同，设立各自的“食物安全线”；最后，将能量和蛋白质摄入量与推荐摄入量进行对比，如果日均摄入量达到推荐摄入量，即判定该家庭成员实现了食物安全。

（二）经济承受能力与食物安全

诺贝尔经济学奖获得者阿马蒂亚·森认为贫困的原因是贫困人口丧失获取收入的能力和机会，贫困与食物不安全存在极大的关联度，能力匮乏同时也是食物不安全的重要原因。经济承受能力主要涉及“买得起”的问题，是食物安全水平提高的加速器，也是食物安全水平下降的缓冲器，涵盖收入水平、收入流动和收入不确定性等因素。王健宇和徐会奇（2010）提出广义收入可分为数量和质量两个维度，包括收入水平和收入流动、收入不确定性等。收入水平及其形成的实际购买力，是家庭负担和流动性约束的缓冲，收入增长的直接表现为居民可支配收入增加，间接表现为政府为改善民生的公共支出增多，如社会保障、公共服务、基础设施建设等。收入不确定性增加往往会导致预防性储蓄增加，边际消费倾向受到抑制，降低了食物安全水平①。马九杰等（2001）认为，家庭或个人能量、蛋白质摄入量与收入水平及其决定的食物获取能力（Food Access）紧密联系在一起，收入水平低下、收入不确定因素增加与食物不安全息息相关，往往会引致家庭或个人食物获取能力受限，引致食物不安全问题②。

在现行社会保障体系尚不健全的情况下，居民自身成为应对社会、经济、自然多重风险的主体，面临信息缺失、视野局限和能力匮乏的束缚，持续、稳定的收入成为防范风险的有效手段。徐舒（2010）认为，收入不确定性包括两方面的含义。收入不确定性较高，一方面反映收入流动性较大，中低收

---

① 王健宇、徐会奇：《收入性质对农民消费的影响分析》，《中国农村经济》2010 年第 4 期。

② 马九杰、张象枢、顾海兵：《粮食安全衡量及预警指标体系研究》，《管理世界》2001 年第 1 期。

入者提高收入的可能性较高；另一方面意味着收入的波动性较大，收入不均等问题严重①。如果收入不确定性有利于福利改善，将提高食物安全水平；相反，居民面临收入不确定往往会压缩正常消费支出，导致食物安全水平下降。

（三）物理获取能力与食物安全

Hellmut Schütte 等（1998）认为，物理获取能力主要涉及食物安全的“买得到”问题，涵盖制度壁垒、地域地理阻隔、城乡隔离、文化障碍、基础设施和公共服务等，物理获取能力差限制了消费的必需条件，通过影响食物的通达性和可及性来影响食物安全。经过长期积累和发展，不同区域形成了各具特色的地域文化、历史积淀和文化价值观，塑造了不同的消费习惯②。经济、制度、政策、社会文化背景存在差异，造成城乡发展不均衡和区域发展错位。在研究居民食物安全过程中，对物理获取能力的分析也很有必要。

综合上述食物安全理论分析，基于微观视角居民营养安全目标的食物安全概念更符合城乡居民生活实际。通过影响食物安全的“买得起”和“买得到”两方面，食物获取能力成为影响食物安全的关键因素，经济承受能力和物理获取能力反映了居民自身的应对弹性，同时也是外部制度安排和不确性因素多重作用的结果。城乡差异和区域差异所产生和凝聚的资源禀赋不同，从而形成一定的社会阶层和区域特征，这也从很大程度上影响了微观食物的可获得性。

三　数据、方法与计量模型

（一）数据

已有营养不良和食物安全相关研究多是运用截面数据，北卡罗来纳大学人口中心和中国疾病控制与预防中心联合进行的“中国健康和营养调查”

① 徐舒：《不规则数据下居民收入冲击的分解与估计》，《管理世界》2010 年第 9 期。

② Hellmut Schütte，Deanna Ciarlante，*Consumer Behavior in Asian*，New York University Press，1998.

(CHNS) 覆盖9个省份，并已进行了9次，克服了截面数据的随机性强和连续性差的问题，大样本数据也提高了估计的可靠性。对一定时期内食物消费进行回顾，同时考虑在外消费食物量，提高了数据质量和准确性。数据集包含大量同一被调查者的追踪数据，分为社区调查、住户调查、成人调查、儿童调查和营养调查等，鉴于未成年人和成年人身体特征、发育程度、行为方式等差异较大，将样本年龄限定为18岁，采用2004～2011年的面板数据，主要变量的描述性统计结果见表1。

表1　主要变量的描述性统计结果

变量名	赋值定义	均值	标准差	最小值	最大值
enfsi	能量:1安全,0不安全	0.385	0.487	0	1
profsi	蛋白质:1安全,0不安全	0.346	0.476	0	1
loginc	收入对数	8.893	1.219	0.325	13.333
risk	收入不确定性	1.345	0.461	0.210	4.758
d1	地区:东部1,其他0	0.331	0.471	0	1
t2	城乡:城1,乡2	1.655	0.475	1	2
age	年龄	49.330	15.413	18	99.190
gender	性别:男1,女2	1.522	0.500	1	2
edu1	小学未毕业	0.231	0.421	0	1
edu2	小学毕业	0.201	0.401	0	1
edu3	初中毕业	0.318	0.466	0	1
edu4	高中毕业	0.132	0.339	0	1
edu5	中专毕业	0.068	0.253	0	1
edu6	大学毕业	0.050	0.217	0	1
edu7	硕士及以上	0.000	0.022	0	1
job	是否工作:是1,否0	0.587	0.492	0	1

（二）模型构建

由于因变量为个人是否食物安全，因此属于二分类变量。此类分析主要使用Logit模型和Probit模型，鉴于Logit模型在处理不可观测因素跨时期相关问题时存在一定局限①，采用 Probit 模型进行分析。标准二分类因变量面板数据模型的基本形式为：

$$y_{it}^{*} = \beta' x_{it} + \alpha_{i} + \mu_{it}$$

其中，β 代表待估计参数，x_{it}代表解释变量，α_{i} 代表个体效应，μ_{it}代表随机扰动项，y_{it}^{*} 是潜变量，与观测值存在如下关系：

$$y_{it} = \begin{cases} 1 & \text{if } y_{it}^{*} > 0 \\ 0 & \text{if } y_{it}^{*} \leqslant 0 \end{cases}$$

综合理论分析，居民食物安全评价模型设定为：

$$y_{it}^{*} = \gamma inc_{it} + \lambda phy_{it} + \beta' x_{it} + \alpha_{i} + \mu_{it}$$

其中，y_{it}^{*} 表示居民食物安全水平，如果个人能量或蛋白质摄入量达到相应的中国膳食营养推荐摄入量，则视为食物安全；inc_{it}表示经济承受能力，phy_{it}表示物理获取能力。收入是指可比价格下（经 2011 年 CPI 平减）个人总收入，包括工资性收入、转移性收入、补贴收入和经营性收入等。收入不确性变量的定义参考 Dardanoni （1991）②、Carroll 和 Samwick （1997）③、罗楚亮 （2004）④ 的处理方法，根据收入、文化程度、职业和工作性质等进行分组，依据受教育程度（6 级）、职业（13 种）和工作性质（8 类）三项关键指标将所有样本划分为 64 个类别，计算各类人群“对数收入”方差，最后进行加总。x_{it}代表除食物获取能力以外的其他变量，包括年龄、性别、受教育程度和是否有工作等。

---

① 聂冲、贾生华：《离散选择模型的基本原理及其发展演进评介》，《数量经济技术经济研究》2005 年第 11 期。

② Dardanoni，“Precautionary Saving under Income Uncertainty：A Cross-Section Analysis”，*Applied Economics*，1991，23.

③ Carroll and Samwick， “The Nature of Precautionary Wealth”，*Journal of Monetary Economics*，1997，40.

④ 罗楚亮：《经济转轨、不确定性与城镇居民消费行为》，《经济研究》2004 年第 4 期。

四　模型估计结果

在识别城乡居民食物安全状况的基础上，分别建立居民能量安全、蛋白质安全、城镇人口蛋白质安全和农村人口蛋白质安全评价模型，利用 Stata 12.0 软件对面板数据进行 Probit 估计，表 2 为模型检验及估计结果。从检验结果中可以发现，Likelihood Ratio 检验拒绝了零假设，表明采用面板 Probit 估计合理可靠。

表 2　基于食物获取能力视角的微观食物安全评价模型估计结果

变量名	含义	模型一 能量	模型二 蛋白质	模型三 蛋白质(城镇)	模型四 蛋白质(农村)
log*inc*	收入的对数	0.0367 *** (0.0097)	0.0484 *** (0.0096)	0.0887 *** (0.0198)	0.0418 *** (0.0110)
risk	收入不确定性	-0.176 *** (0.0366)	-0.234 *** (0.0353)	-0.276 *** (0.0629)	-0.247 *** (0.0447)
d1	地区	0.184 *** (0.0237)	0.398 *** (0.0227)	0.415 *** (0.0378)	0.383 *** (0.0283)
t2	城乡	-0.0121 (0.0259)	-0.199 *** (0.0247)		
age	年龄	0.0183 *** (0.0010)	0.00334 *** (0.0010)	-0.00259 (0.0017)	0.00527 *** (0.0012)
gender	性别	0.0986 *** (0.0235)	-0.00114 (0.0225)	-0.0247 (0.0366)	0.00379 (0.0283)
edu1	小学未毕业	-0.393 (0.428)	-0.790 * (0.438)	-0.960 * (0.535)	-0.600 (0.747)
edu2	小学毕业	-0.427 (0.427)	-0.824 * (0.437)	-0.776 (0.534)	-0.705 (0.747)
edu3	初中毕业	-0.460 (0.427)	-0.772 * (0.437)	-0.684 (0.533)	-0.674 (0.747)
edu4	高中毕业	-0.418 (0.427)	-0.690 (0.437)	-0.709 (0.533)	-0.552 (0.747)

续表

变量名	含义	模型一 能量	模型二 蛋白质	模型三 蛋白质(城镇)	模型四 蛋白质(农村)
edu5	中专毕业	−0.366 (0.428)	−0.745* (0.438)	−0.684 (0.533)	−0.708 (0.748)
edu6	大学毕业	−0.379 (0.428)	−0.701 (0.438)	−0.691 (0.533)	−0.666 (0.750)
b2	是否工作	−0.207*** (0.0360)	−0.0105 (0.0354)	−0.211*** (0.0718)	0.0244 (0.0413)
_cons	常数	−0.969** (0.447)	0.221 (0.456)	0.136 (0.585)	−0.351 (0.761)
N	观察数	20263	20401	6736	13665
LR test		238.37***	136.54***	24.71***	104.51***
Wald test		767.72***	696.38***	283.31***	337.69***
Log *likelihood*		−12916.198	−12716.262	−4388.5692	−8288.0635

注：$*p<0.1$，$**p<0.05$，$***p<0.01$。

（一）经济承受能力对食物安全的影响

经济承受能力对食物安全的影响显著，收入不确定性对食物安全的影响程度更大。收入水平对能量和蛋白质食物安全水平均产生积极影响，影响系数分别为0.0367和0.0484。收入不确定性对食物安全水平产生负面影响，影响因子分别为−0.176和−0.234，收入增加能够提高居民食物安全水平，收入不确定性给食物安全水平带来不利影响。收入不确定性表现结果为收入波动性较大、不稳定因素较多，给食物安全带来不利影响。就影响程度而言，收入不确定性比收入水平影响更大。收入提高后居民消费结构升级，扩大消费的选择和取舍较多，食物消费作为日常性基本消费，食物消费升级顺序滞后，可能的原因是食物安全程度较低。收入不确定性作用于食物消费的效果更为直接，收入不确定性增加后居民的预防储蓄和忧患心理增强，相对于医疗、教育等必要不可削减消费，食物消费弹性和便捷性较大，往往成为缩减消费支出的首选。

收入因素成为制约我国居民实现高水平食物安全的关键。对比能量安全和蛋白质安全可以发现，蛋白质安全中收入、收入不确定性系数绝对值较大，表明收入因素对蛋白质安全的影响程度更强。换言之，相对于能量安全而言，收入及收入不确定性改善蛋白质安全的作用更大。事实上，现阶段我国居民食物安全评价中能量安全水平较高，甚至存在摄入过量的情况，改善和提高空间有限。食物安全中蛋白质安全水平相对较低，上升空间较大。居民基本能够实现能量达标的食物安全，难点是如何实现蛋白质等营养均衡的食物安全。

（二）物理获取能力对食物安全的影响

物理获取能力中城乡差异对食物安全产生显著影响。能量安全中城乡差异不显著，城镇人口蛋白质安全水平优于农村人口。城乡人口日常食物消费中能量摄入量大致相当，城镇人口蛋白质摄入量明显高于农村人口，表明城乡人口低水平食物安全差异较小，在营养均衡的评价标准下，农村人口仍然落后于城镇人口。城镇人口食物消费以购买为主，食物可获得性强，肉、蛋、奶、蔬菜供应种类较为丰富，受农业生产周期和收入影响较小。农村人口食物消费以自给性消费为主，自给性食物消费份额较大，农业生产周期较长影响消费，表现出一定的季节性和波动性；加上物理可及性和过度考虑经济成本，农村人口对需要购买的食物消费量较小[①]。

区域差异也对食物安全产生显著影响，对能量安全和蛋白质安全的影响系数分别为0.184和0.398，东部地区人口能量和蛋白质摄入水平均高于中西部地区。东部地区与中西部地区人口蛋白质摄入差距更大，东部地区人口食物消费多样，营养相对均衡，蛋白质摄入量较为充足。中西部地区人口食物消费结构相对单一，蛋白质摄入有限。从区域特征来看，中西部地区为“连片特殊困难”的集中区域，人口居住分散，自然条件差，交通不

① 高帅、王征兵：《贫困地区农村人口粮食消费及成因分析》，《中国人口科学》2013年第2期。

便，社会经济发展困难，经济、社会背景均成为中西部地区人口食物安全的不利因素。

（三）人口特征对食物安全的影响

年龄较大者食物安全水平较高，女性食物安全水平较高。教育程度变量不显著，是否有工作对能量安全产生消极影响，与预期相反。对于城乡居民来说，在控制其他因素之后，受教育程度差异不会显著影响能量摄入食物安全水平。有工作的居民食物安全水平反而较低，可能是因为工作忙、压力大、家庭负担重影响了食物消费和吸收。此外，调查中食物消费对包括小吃在内的食物进行称重计量，无工作者闲暇时间较多，对小吃类休闲食品消费较多。

年龄和部分教育程度变量对蛋白质食物安全影响显著。年龄较大者食物安全水平较高，初中毕业以下学历和中专学历这两个群体食物安全水平要比其他教育水平下人口食物安全水平低。从模型一和模型三的比较中可以发现，青壮年劳动者（目前有工作）食物安全水平要比其他年龄组食物安全水平低，在对不同年龄组人口食物安全水平进一步比较分析后发现，18～50岁人群食物安全水平要明显比50岁以上各组人群低。

五　结论与建议

本报告利用中国营养与健康调查2004～2011年成人调查数据，基于食物获取能力中经济承受能力和物理获取能力视角，分析了食物获取能力与食物安全的作用机理，得到以下结论。

（一）经济承受能力中应重视收入不确定性对食物安全的负面影响，减少和降低收入不确定性

与收入水平相比，收入不确定性对食物安全的影响程度更大，与能量安全相比，收入和收入不确定性对蛋白质安全的影响程度更大。收入水平低，

没钱消费；社会保障缺失情况下收入不确定性大，不敢消费[①]。实证分析发现，收入不确定性给食物安全带来的负面效应远远大于收入提高产生的促进作用，收入不确定性增加导致城乡居民预防性储蓄增加，边际消费倾向受到抑制，收入水平提高不足以逆转收入不确定所引起的负向效应，导致食物安全水平下降，收入因素成为实现食物安全从低水平的“能量安全”到高水平的“蛋白质安全”转变的关键。

（二）物理获取能力有利于改善居民食物安全的通达性，缩小食物安全差距

区域差距和城乡差距显著影响居民食物安全水平，食物安全保障工作应重视中部地区和西部地区农村人口的食物安全诉求。东部地区无论是公共服务、农业生产条件还是工资性收入获得条件，均好于中西部地区。居民食物安全水平差异是中西部地区农村面对要素资本过度流出的不利因素，如何生存和发展、实现共同富裕是亟待解决的问题。毋庸置疑，在食物种类不断丰富、食物供给能力大幅提高后，要关注中西部地区农村人口的食物安全诉求。

（三）食物安全水平群体差异明显，改善和提高食物安全水平应致力于优化瞄准精度与匹配效率

提升食物安全水平离不开居民自身“造血”和政府“输血”。“造血”是改善食物安全水平的根基，实证分析发现，有工作的青壮年男性群体食物安全水平较低。针对该类型群体应着重为其提供公平机会，加强技能培训，配套精准帮扶机制。政府“输血”是“造血”的补充，但也面临“雪中送炭”和“锦上添花”的选择难题，改善民生的举措多是针对集中连片地区，采取重点县、整村推进的模式，存在定位不准的问题，脆弱人群的帮扶救助也由于缺乏统一的标准而引起社区、乡村治理中纠纷不断，标准模糊难以彰

① 韩长赋：《正确认识和解决当今中国农民问题》，《求是》2014 年第 2 期。

显公平与公正。

总之，宏观食物供给能力是食物安全的前提，微观食物获取能力是食物安全的目的，宏观食物安全与微观食物安全的过渡和衔接是需要进一步研究的难题。在城乡二元体制和区域发展不均衡的背景下，综合考虑中西部贫困地区脆弱人群的历史沿革、文化传承、宗教信仰等惯有约束条件，如何通过进一步平衡差距和协调发展来实现全局食物安全，需要广大学者和政府进一步思考和解决。

生态建设篇

BLUE BOOK

Ecological Construction

B.18

创新煤炭资源开发生态补偿的动态补偿机制*

梁红岩　田丹凤**

摘　要：由于生态环境破坏和资源损耗严重，山西亟须探索新的生态补偿机制。本报告通过对煤炭产量和各项环境损失的时间序列分析，判断出山西煤炭资源开发处于生态补偿的有效阶段，继而依据生态系统演化规律和动态补偿机理提出了相应的补偿措施。

关键词：煤炭开发　生态补偿　动态补偿机制

---

* 本报告是科技部软科学研究项目“资源型经济转型综合改革试验区科技创新路径研究”（2011GXQ4D033）的部分研究成果。

** 梁红岩，山西大学经济与管理学院、山西大学中国中部发展研究中心，副教授、硕士生导师，主要研究方向为产业经济与资源环境经济学；田丹凤，山西大学经济与管理学院。

党的十八大报告提出中国特色社会主义的总布局是包括生态文明建设在内的“五位一体”总布局，十八届三中全会进一步强调要划定生态红线，加强生态文明建设。在2015年全国“两会”上，生态文明建设再度成为热词，不能以环境代价推动经济增长，只有坚持走经济发展和环境保护相辅相成、协调发展之路，才能实现可持续发展。山西作为资源依赖型地区，亟须由“先破坏、后补偿”的补偿方式转向“边开采、边补偿”的补偿方式。

一 山西省煤炭业生态补偿现状

新中国成立以来，山西省累计生产原煤145亿吨，净调出100亿吨以上，2014年山西省生产原煤9.6亿吨，超过内蒙古，重夺第一产煤大省地位。煤炭业已成为山西经济的支柱行业，然而随着煤炭工业的发展，废弃矿山遗留问题未得到妥善解决，新建和在建矿山引发的生态问题层出不穷，使得山西面临严峻的生态环境挑战，突出表现在煤炭开采导致的土地资源破坏、水资源污染、大气污染、植被破坏和水土流失等几个方面。

煤炭开采给生态环境造成了高昂的代价，根据国际环保组织自然资源保护协会2014年发布的《2012煤炭真实报告》的数据可知，1吨煤的生态代价高达260元，分配在煤炭生产①、运输、消费三个环节中，分别是66元、28元和166元。然而，当前为每吨煤炭造成的生态环境破坏而“买单”的价格却只有50元，远远低于煤炭开发的生态代价。现行煤炭资源生态补偿的手段主要集中在生产末端的税费征收，以资金补偿为主，包括资源税、矿产资源补偿费、矿山环境恢复治理保证金、煤矿转产发展基金和煤炭可持续发展基金。其中，资源补偿费的征收标准为煤炭销售收入的1%，征收的费用纳入预算管理，省与市按4.5∶5.5分成，市与县按2∶8分成。目前，这一费用已被取消，统一为从价计征的煤炭资源税。矿山环境恢复治理保证金

① 生产环节占比最多的损失来自水资源，包括地下水的破坏、废水处理的成本以及所引起的水土流失等。

的缴存标准按照以产量计算或者以矿区面积计算①。煤矿转产发展基金提取标准为每吨原煤产量每月提取5元，提取的资金用于发展循环经济的科研和设备支出、发展第三产业的投资支出、破产企业的员工安置支出、发展资源延伸产业支出、接续资源的勘查支出等。煤炭可持续发展基金按适用煤种的征收标准和矿井核定产能规模调节系数按月计征，主要用于企业难以解决的跨区域生态环境治理，包括煤炭开采引起的大气污染、水污染、煤矸石污染和土地塌陷等地质灾害；还用于支持资源型城市转型和重点接替产业发展，包括资源型城市和产煤地区的基础设施建设以及符合国家产业政策要求的煤化工、特色旅游业和农业等；部分还用于解决采煤引起的相关社会问题，如棚户区改造和与煤炭工业可持续发展关系密切的科技、教育、文化等社会事业的发展。这三个领域的支出比例为5:2:3②。目前煤炭可持续发展基金矿山恢复治理保证金和煤炭转产发展基金均已被取消。

2014年底，山西省进行了清费立税的煤炭资源改革，并于2015年1月1日正式开始征收8%的从价资源税，同时取消原先的涉煤收费项目共24项，资源税相较于原先的资源补偿费具有更大的强制性，能够有效杜绝某些煤炭企业和政府协议收费的现象，且统一的资源税便于管理，基本可以避免各个部门分级管理、分块管理而造成重复收费的现象。

二　山西省煤炭业生态补偿存在的问题

（一）先破坏、后治理的末端治理方法，使生态补偿成本显著增加

山西省对于生态环境的治理修复目前大多数为末端治理，即在煤炭开采、生产过程的末端对污染物进行处理，这种方式需要的设备投资大、运行费用高，而且无法彻底治理污染，污染物残留高，也不能有效地利用资源，

① 据《山西省矿山环境恢复治理保证金提取使用管理办法》，太原按照产量计算，大同按照矿区面积计算。

② 《山西省煤炭可持续发展基金征收使用管理实施办法》。

末端治理极大地增加了生态补偿的成本，这使得中小企业在面临高污染治理成本时往往选择逃避责任，仅在检查时应付了事，或者是宁愿交罚款也不治污。

（二）生态补偿费的征收主体不同，缺乏专门的生态补偿管理和评估机构

山西省内各项生态补偿费的征收主体不同，而且各部门之间缺乏协调沟通，往往造成对统一补偿对象重复收费的现象，从而加重企业的成本负担。另外，山西省也没有专业的评估机构和评估标准来评估煤炭企业矿山恢复治理是否达标，国土、环保、林业等多部门的监管标准不一，致使矿山企业难以开展恢复治理工作。

（三）资金来源单一，废弃矿山无人管理

目前山西省生态补偿费用的主要来源是政府，没有民间资本的参与，资金来源单一，各地方征收的实际补偿费用完全无法满足矿区土地复垦、水污染治理等所需的费用。另外，长期以来重经济发展、轻环境保护的掠夺式开采，致使对矿区生态环境修复的资金投入不足，产生的历史欠账越来越多，仅仅依靠财政的转移支付已无法对生态环境进行有效补偿，亟须政府采用适当的经济政策吸引社会资本的参与，探索生态补偿资金的融资渠道，保障稳定充足的资金投入。

（四）不重视对生态补偿技术的投入，科研资金来源无保障

科学技术是第一生产力，煤炭矿区生态补偿机制实现的关键在于生态补偿技术的进步。生态补偿技术的进步不仅可以有效提高煤炭资源的回采率，减少对生态环境的破坏，而且还可能变废为宝，为企业带来经济效益。山西省投入科研方面的生态补偿费比例较小，且没有稳定的资金来源作为保障，征收费用而不能为企业所用，这既会打击企业的缴费积极性，也会增加企业的成本负担。

（五）生态补偿过度依赖于财政的转移支付，缺乏自我补偿

山西省每年有2/3的煤炭外运全国及出口，在支持东部沿海地区经济发展的同时却付出了生态环境严重破坏的代价，甚至丧失了发展机会，国家和东部沿海地区应该对其丧失的资源和环境价值进行补偿，中央的纵向转移支付和区域横向转移支付都属于对资源输出型地区的补偿，但是这种补偿只是一种“输血”型补偿，仅能解决一部分煤炭开采造成的环境损害，无法对整个生态环境破坏和因此而丧失的发展进行补偿，山西省缺乏一种能够实现自我发展的补偿模式。

（六）保证金的征收制度尚不完善，企业负担重

目前山西省的保证金制度缺乏法律依据，对于矿山的制约力不够，配套措施也尚未完善，环境评价制度还未建立，而且保证金的缴存标准也无法反映对环境的实际破坏情况，如按矿区开采面积征收时，如是地下开采的矿山，则开采破坏面积小于矿山面积；如是露天开采的矿山，则开采破坏面积还要包括尾矿库、砂石厂等的面积，实际破坏面积大于矿山面积。要是按产量征收，山西省煤炭开采率偏低，很多矿山企业在开采过程中挑肥拣瘦，常常是采一吨煤伴随着四五吨煤的浪费，导致保证金的缴纳也不足以实现对环境的补偿。对于企业来说，一次性缴清保证金也存在困难，缴费后便没有足够的资金来进行生产改造，加重了企业的负担。

三　山西省煤炭开发生态系统演化与动态补偿机理

根据生态系统演化机理和动态补偿机理来制定山西省煤炭资源开发的生态补偿措施。生态系统的演化过程可以用图1来表示，根据生态系统演化规律，生态系统在一定的外部干扰范围内具备自我恢复的功能，但是当外部干扰超过一定限度时，则需要人工干预进行恢复，帮助其达到新的平衡态；当外部干扰持续增强，生态系统则会出现崩溃甚至不可

逆的情况①。对于具体的煤炭生态系统而言，山西省煤炭矿区大量开采煤炭资源，对矿区的生态系统施加了极大的外力作用，以促使煤炭开采地区的生态系统在外力干扰作用下演化。在可恢复阶段，煤炭开采对生态环境的破坏未超过生态系统的承载力，生态系统完全可以依靠自身的能力来保持煤炭生态系统的良性循环；在新平衡阶段，对煤炭资源的大量开采导致生态环境损失加剧，需要人类进行干预补偿，以使煤炭生态系统演化为新的平衡状态；在熵增超过生态阈值的崩溃阶段，此时煤炭开采带来的生态环境破坏相当严重，加之人类未能对其进行有效的补偿，致使生态系统走向崩溃，补偿的效果微乎其微且补偿成本巨大，生态系统很难恢复平衡。煤炭动态补偿机理就是针对煤炭开发过程中不同的开采阶段和其对环境的破坏程度，通过预先规划和多时点动态补偿，以期减少生态服务功能的损失，缩短恢复生态功能的时间，降低生态补偿的成本。

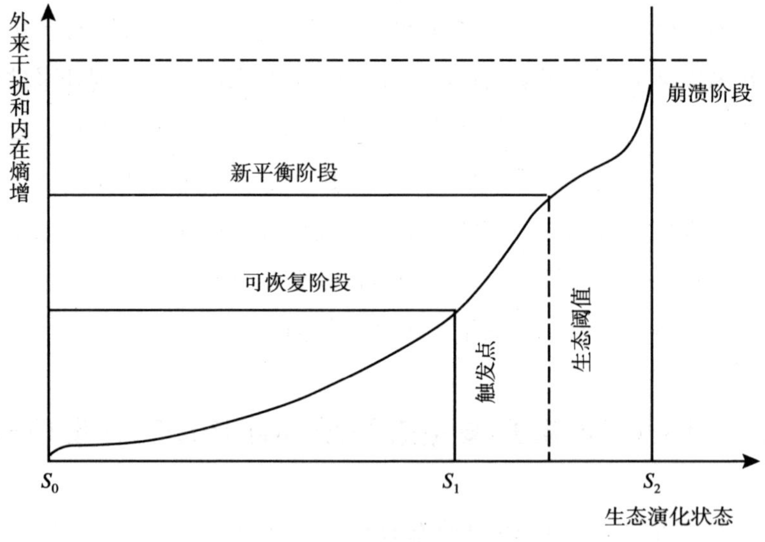

图1　生态系统演化曲线

① 毛峰、曾香：《生态补偿的机理与准则》，《生态学报》2006 年第 11 期。

依据煤炭生态环境演化机理，对于山西省煤炭开采区而言，当煤炭开采造成的生态环境损失的时间序列从有到无显著上升时，就是生态系统的外部干扰致使熵增超过触发点的时刻。当这一环境损失的时间序列显著上升，并和煤炭产量的时间序列存在某种协整关系时，就处于上文所述的新平衡阶段。在这一阶段，因为二者存在协整关系，说明煤炭矿区生态系统还存在着能够将其拉回平衡状态的调节机制。若二者不存在协整关系，则反映了煤炭开采对于生态环境的干扰过于强烈，以至于无法将各项环境损失拉回到均衡状态，致使生态环境系统走向崩溃，生态补偿效果不显著。

基于以上的煤炭生态环境演化机理，本报告通过对煤炭开发生态环境损失和煤炭产量进行实证研究，来验证山西省煤炭生态系统的演化是否处于生态补偿的有效阶段。由于宏观数据的不完备，因此本报告只对水污染、废气污染和重金属污染进行时间序列分析，将这三个方面的数据与煤炭产量结合来进行验证。本报告选取 1975 ~ 2013 年原煤产量和工业废水排放量、工业废气排放量和工业固体废弃物产生量指标。由于各项数据数值过大，为了方便分析，本报告对变量做了对数化处理，分别表示为 $\ln Y$（煤炭产量）、$\ln W$（废水排放量）、$\ln G$（废气排放量）、$\ln M$（固体废弃物产生量）。

首先利用 ADF 检验法检验山西省煤炭生态环境各项损失和煤炭产量时间序列的平稳性。利用 Eviews 软件，对山西省煤炭产量和各项环境损失进行 ADF 单位根检验，得到以下检验结果（见表 1）。

表 1　山西省煤炭产量和各项环境损失的 ADF 平稳性检验

项目	$\ln Y$	$\ln W$	$\ln G$	$\ln M$
t 统计值	-3.0288	-2.6627	-2.8891	-2.7922
显著水平(%)	5	10	10	10

通过表 1 的检验结果，可判定煤炭产量和各项生态环境损失时间序列是非平稳的，在一阶差分后，煤炭产量在 5% 的检验水平上是平稳的，各项环境损失在 10% 的检验水平上是平稳的。

接下来通过 EG 检验煤炭产量和各项生态环境损失之间的两两协整

关系，以判断这些变量是否存在长期均衡关系。分别以各项环境损失量作为因变量，以煤炭产量作为自变量，对其残差序列进行单位根检验，如果残差序列是平稳的，就能够说明二者之间是协整的，得到的检验结果见表 2。

表 2　山西省煤炭产量和各项环境损失的 EG 协整检验

变量	项目	$\ln W$	$\ln G$	$\ln M$
$\ln Y$	t 统计值	-3. 314756	-2. 654263	-3. 254815
	显著水平(%)	5	10	5

通过表 2 的检验结果，可以得出山西省煤炭产量和各项环境损失的残差序列是平稳的，因此山西省煤炭产量时间序列和各项环境损失时间序列均是（1，1）阶协整关系，存在长期稳定的均衡关系。然而两两协整仅表示存在长期均衡关系，还需要分别构建误差修正模型，以判断在短期内出现偏离时是否能够得到修正。

通过以残差序列为误差修正项，构建误差修正模型，得到 ECM 回归结果（见表 3）。

表 3　山西省煤炭产量和各项环境损失的误差修正模型检验

变量	项目	$\ln W$	$\ln G$	$\ln M$
$\ln Y$	B_0	0. 407937	1. 475043	1. 127954
	λ	-0. 715633	-0. 398932	-0. 430737

表 3 中 B_0 表示煤炭产量的短期变动对某项环境损失产生的影响，λ 表示短期调整系数，其大小反映了对均衡偏差的修正力度。针对其中一项具体分析就是，煤炭产量和废水排放量误差修正模型的回归结果表明，煤炭产量的短期变动对废水污染存在正向影响，本期煤炭产量每增加 1%，本期废水污染将增加 0. 407937%。此外，短期调整系数是显著的，它表明每年实际发生的废水污染与长期均衡值的偏差中的 71. 5633% 被修正。

通过以上的实证分析，能够证明山西省煤炭开发对于生态环境的破坏符合生态系统的演化规律且处于生态系统演化的新平衡阶段，即生态补偿有效阶段，可以通过各种补偿措施帮助生态系统恢复平衡。

四　构建山西省煤炭资源开发生态补偿机制的对策

根据煤炭生态演化规律和动态补偿机理，可以将山西煤炭资源开发的生态补偿分为产前、产中、产后三个阶段动态式进行，分别从煤炭资源开发生态补偿的主体和客体、资金来源以及补偿方式等方面实现。

（一）明确煤炭资源开发生态补偿的主体和客体及其责任

根据可持续发展的动态补偿机理，按照生态补偿的时间顺序，可以将煤炭开发的生态补偿分为三个阶段，即产前的预防性补偿阶段、产中的即时性补偿阶段和产后的修复性补偿阶段。不同开采阶段的侧重点不同，生态补偿的主体和客体也有所不同。

产前的预防性补偿是在煤炭企业计划开采矿山之初，由政府或者其他机构对煤炭企业提供技术上的帮助，使企业能够从源头上减少对资源的消耗和环境的污染，用最小的原材料投入得到最大的产出，且能够利用循环经济，减少废弃物的排放，提高产品附加值。同时，对煤炭开采引起的生态环境问题和可能对周围居民生活产生的影响进行充分合理的评估和预测，评估结果若显示煤炭的开采对生态环境的破坏超过了生态环境的自我修复能力，则要进一步分析是否可以通过人工干预修复到原有生态环境，并制订详细且可行的修复计划，以此来预防对生态环境的较大程度的破坏，并减少后期生态修复的成本。此时的补偿主体是政府、煤炭开采企业、资源输入地区、社会补偿机构，补偿客体是煤炭资源自身价值、生态环境系统等。

产中的即时性补偿是指在煤炭开采过程中对矿区生态环境造成破坏，影响矿区居民的生产生活，需要在煤炭开采的过程中边开采、边补偿，及时对生态环境破坏进行治理，其补偿主体是煤炭开采企业、政府和专业复垦公司，补偿客体是矿区生态环境和生活受到影响的矿区居民。

表4　煤炭开发生态补偿三个阶段的主体和客体

阶段	补偿主体	补偿客体
产前的预防性补偿	政府、煤炭开采企业、资源输入地区、社会补偿机构	煤炭资源自身价值、生态环境
产中的即时性补偿	煤炭开采企业、政府、专业复垦公司	生态环境、矿区居民
产后的修复性补偿	煤炭开采企业、政府、专业复垦公司	生态环境、历史遗留欠账、矿区居民

产后的修复性补偿包括在建矿山闭坑后的修复性补偿和废弃矿山的生态补偿。在建矿山的修复性补偿主要包括对矿区土地复垦和植被恢复等补偿，在人工干预的情况下使生态系统达到新的平衡状态，其补偿主体包括煤炭开采企业、中央及地方政府和专业复垦公司，补偿客体是矿区生态环境和受影响的矿区居民。废弃矿山的生态补偿则包括对生态环境历史欠账、矿区居民生存环境和对生态功能破坏的补偿，由于废弃矿山的补偿责任者难以界定，其补偿主体主要是政府，或者委托专门的复垦公司，补偿客体是历史遗留欠账、矿区居民和生态环境。

（二）厘清煤炭资源开发生态补偿的资金来源

1. 国家财政支出或转移支付

山西省生态环境的好坏直接影响京津冀地区乃至全国的生态环境的质量，可以通过国家财政资金拨款或者发行国债来筹措资金，以增加对山西省生态补偿的资金投入。然而生态补偿是一项长期且投入巨大的工程，完全依靠国家政府提供资金来源会给财政带来很大的压力，还需要东部发达地区的横向转移支付资金予以辅助。山西省作为能源输出地区，为东部地区的经济发展做出了很大的贡献，但是煤炭价格无法反映资源的真正价值，导致了资源的过度消耗和环境的破坏，东部地区作为受益者，应该通过横向转移支付对山西省的生态破坏予以补偿。我们可以借鉴德国的洲际财政平衡基金模式，在东西部省份之间建立生态转移支付基金，根据东部各省份经济发展状况和政府财政状况提取一定比例的基金用于山西省的生态补偿。

2. 煤炭资源税

2014年底，山西省进行了清费立税的改革，并于2015年1月1日正式实施从价计征煤炭资源税，以8%的税率征收，同时取消了原有的矿产资源补偿费、煤炭价格调节基金和煤炭可持续发展基金，这一改革为生态补偿提供了稳定的资金来源。资源税相较于原先的资源补偿费具有更大的强制性，能够有效杜绝某些煤炭企业和政府协议收费的现象。同时，统一的煤炭资源税便于管理，基本可以避免各个部门分级管理、分块管理造成的重复收费现象。征收上来的资源税可以作为政府投资保护环境的财政支出，主要用于矿区生态环境的恢复治理和公众的宣传教育等。

3. 废弃矿山恢复治理基金

新建和在建矿山的恢复治理由企业负责，废弃矿山早期的开采缺乏保护意识，无人监管，使得生态环境遭到严重破坏，且难以找到责任人，因此由政府、正在开采矿山的企业和其他社会团体共同承担恢复治理的责任。山西省应成立一个专门的废弃矿山治理部门并设立废弃矿山恢复治理基金，其恢复治理资金的来源是国家的纵向转移支付、资源输入地区对资源输出地区的横向转移支付、社会团体的资金捐助以及正在开采的煤矿企业，在建企业虽然对废弃矿山不负有直接责任，但也应该对遗留下的环境资源破坏给予一定的补偿或者赞助，但是征收的费率不能太高。美国以1%的比率征收费用，山西省暂且可以将其定在0.5%左右，此费用按年缴纳，专门用于废弃矿山的治理，不得挪作他用。以上所有费用共同纳入废弃矿山治理基金，专款专用，无须返还，基金所得利息也一并用于废弃矿山的治理。政府在废弃矿山的治理过程中要制定规划，评估规划可行性并严格按照规划执行。对矿山的治理还要分清轻重缓急，优先治理生态环境遭到严重破坏以及严重影响周围居民生活和社会发展的区域。

4. 在建矿山养老金（转产基金）

煤炭企业经历“投产—生产—衰老—关闭”是一个必然的过程，衰老期的煤矿产能下降，出现亏损，如何转产接续是一个亟待解决的问题。山西省现有的煤炭企业存在生存发展难、转产转型难、解决历史遗留问题难的情况，可以借鉴国外“关井准备金”的制度，设置在建矿山养老金，让煤炭企业按照标准提取部分费用，趁企业繁荣时预备衰老后的钱，帮助企业在资源枯竭后转产发展，发展接续产业，解决历史遗留问题。

5. 生态补偿的融资

强制性的生态补偿资金如生态补偿税和各项基金、保证金不仅加重了煤炭企业的成本负担，而且也不足以满足生态环境恢复建设的全部资金需求，因此需要引入生态融资机制，拓宽生态补偿资金的筹措渠道。生态补偿资金的融资可以通过以下几种方式。①BOT 投资模式，即 Build-Operate-Transfer（建设 - 运营 - 移交）。这一投资方式解决了政府资金短缺的问题，也降低了投资者的风险，还能够合理引导发达地区的资金流向生态环保产业。②矿产资源储量证券化。生态补偿项目具有产业投资大、回收周期长的特点，如果可以将目前缺乏流动性，但能产生可预见现金流的矿产资源储量转化为金融市场上可以出售和流通的债券，就可以帮助矿业企业进行生态补偿融通大量资金，并能够降低融资成本。③发展生态资本市场。首先是扶持绿色经济行业的企业优先上市融资，并给予政策倾斜，提高这些企业的环保投资能力；其次是倡导绿色信贷，引导金融机构的资金贷给从事生态环保建设的新兴企业；最后是引导民间资本和海外资本向生态环保产业合理流动，填补政府在生态补偿恢复资金方面的巨大缺口。

（三）调整煤炭资源开发生态补偿的补偿方式

煤炭资源开发生态补偿常见的补偿方式有政策补偿、资金补偿、项目补偿以及技术和教育补偿。政策补偿是指国家制定一系列的税收优惠政策或者给予某些地区生态补偿资金使用的优先权，即所谓的“给政策，就是一种补偿”；资金补偿是指对资源输出地区的财政转移支付，以帮助资源型地区构建循环经济产业体系和修复生态环境破坏，还包括各种资源环境税（费）的征收、中央的纵向转移支付、信贷优惠等，利用这些资金来对生态环境进行补偿；项目补偿是指国家对恢复生态环境的项目给予资金支持、政策倾向和税收优惠，以激励社会资本向对环境有益的项目投资；技术和教育补偿是国家或者资源输入型地区对技术欠发达地区（资源输出型地区）提供循环经济、清洁生产的技术支持和专家咨询，帮助资源型地区构建能够自我恢复的生态系统，通过教育培训，使可持续发展的观念深入人心，解放思想，跳出依赖资源发展经济的思想禁锢，实现经济转型发展。针对山西省的具体情况，本报告提出以下三种补偿方式。

1. 产前的预防性补偿方式

产前的预防性补偿是指在矿山建立之初，通过构建煤炭循环生产体系和对矿山企业的资质评估及宣传教育以改变大众观点来对煤炭开采过程中可能产生的生态环境破坏起到预防作用，其补偿的重点在于降低能源损耗、提高资源利用率。具体来讲，可以采取以下几种方式。

构建煤炭循环生产体系。在矿山建立之初，要通过建立循环生产体系，使其停留在生态系统演化的第一阶段，即可恢复阶段。煤炭循环生产体系，就是改变原有的单一产业结构，从源头上降低资源消耗，提高资源利用率，以煤为基发展经济，依托煤、延伸煤、超越煤，提升煤炭附加值，培育新的竞争优势。煤炭产业循环经济的发展可以分为三个层面：企业层面、企业之间层面、企业与社会层面。企业层面是指企业内部的清洁生产；企业之间层面是指构建产业集群；企业与社会层面是指以煤为基的全面的产业结构优化。构建产业链，延伸煤炭价值，需要一系列国家的政策、技术和资金支持。国家要调整煤炭产业的宏观政策，通过煤炭资源整合实现煤炭集约化生产，并通过提供技术支持、给予补偿税收优惠等来鼓励煤炭企业清洁生产，调动煤炭企业积极性，延伸煤炭资源价值，提高煤炭资源利用率，减少资源消耗和废弃物排放。煤炭企业生态产业链的构建可以分为两种：以煤炭产品为主的纵向主导产业链，以及以煤炭产品加工过程中得到的伴生资源和废弃物为主的横向耦合产业链。图 2 为对山西省煤炭矿区进行优化后的产业链结构。通过对煤炭主导产业链和伴生产品横向产业链的构建，可以实现对煤炭资源及其副产品的充分利用。例如，煤矸石和粉煤灰除了可以用于图中提到的建材、发电等领域，还能生产出一种节能环保的高科技墙体保温产品——泡沫陶瓷保温板，其对废弃物的利用率可以达到77.9%，对煤炭的深加工和对废弃物的利用提高了煤炭资源的经济效益。煤炭生态产业链也改变了传统的高排放、高污染模式，充分利用废弃物，变废为宝，降低了对环境的破坏。塌陷地通过复垦修复，有了农田、水产、休闲度假等功能，还可以继续创造收入，提供就业机会，带来社会效益。这种国家和政府通过政策与技术等方面的补偿，以煤为基，变煤炭企业为高科技企业的产前预防性补偿模式，能够从源头上减少资源的消耗，实现了“输血”型补偿向“造血”型补偿的转变，而且能够将生态系统维持在可以自我恢复的阶段，使得山西省可以在依托煤炭资源优势的基础上继续发展经济，减少环境污染，实现经济发展和环境保护的双赢，同时对于煤炭企业自身来讲，清洁生产还可以避免更多的后期罚款，降低企业的生产成本。煤炭循环生产体系虽然极大地减少了污染物的排放，但是不能完全消除污染，煤炭开采过程中仍然伴随着土地破坏、废水废气污染和水土流失等生态环境问题，这就需要人为进行干预，对生态系统的破坏进行补偿。

设立矿山企业评估机构。评估机构要在矿山建立之初对矿山企业的资质进行评估，以排除煤炭开采过程对环境不友好的、会带来严重环境污染的煤炭开采企业，不予批准其进行煤炭开采。另外，要对矿山企业在煤炭开采过程中可能产生的生态环境破坏进行预估，作为生态补偿保证金缴纳的依据。

制定矿山企业信用制度。建立煤炭开采企业历史经营状况的档案，并实行网络化管理，档案包括企业是否有逃避复垦的行为、企业在开采前是否做好了开采计划和复垦计划、企业是否曾经有因为破坏环境而被罚款的行为，以及企业的税费缴纳状况（如企业的资源税、资源费和废弃矿山修复治理基金）等。将企业的信用记录作为发放开采许可证的一项参考标准，再结合企业提交的申请资料和缴纳的保证金来发放开采许可证。

制定相应的煤炭开发生态补偿政策法规。要根据矿区的具体情况，如对

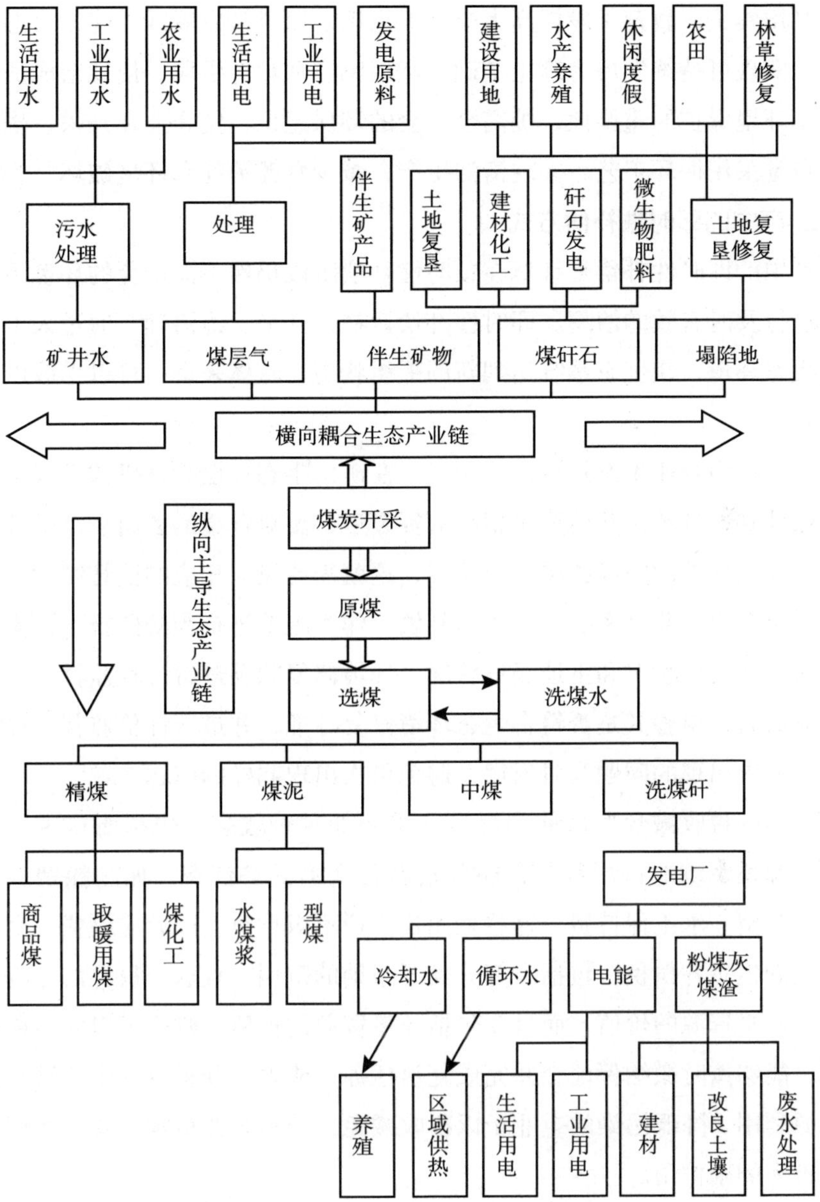

图2　经过优化的煤炭矿区生态产业链结构

环境的污染程度和破坏程度确定具体的生态补偿标准和生态补偿法规，以此来约束煤炭开采企业的行为。

利用舆论、教育手段提高大众环保意识。以科学发展观、建设生态文明社会、实现可持续发展为理论基础，利用舆论和教育手段，使社会成员意识到生态环境保护的重要性，提高全社会的环保意识，使企业在开采、生产过程中自觉采用循环工艺，实现清洁生产，减少资源消耗和环境破坏。

2. 产中的即时性补偿方式

产中的即时性补偿是针对在预防性补偿阶段仍然不能避免的环境污染和破坏进行及时有效的治理。即时性补偿旨在边开采、边治理，通过人工干预改善生态环境，使生态系统达到新的平衡状态。具体来讲，可以采取以下几种方式。

建立矿山企业生态补偿监管制度。在矿山生态补偿管理机构设置了相应的补偿计划，且环保部门拨付相应的资金后，要对资金的去向、复垦的完成状况和补偿标准的完成状况进行监督，这就需要设立相应的监管制度。可以设置一个全面的监督系统，在生态补偿工作实施前进行预防监督，在实施过程中对资金使用状况和土地复垦状况、环境修复状况进行过程监督，在生态补偿完成后，检验其是否符合生态环境修复标准，并进行评价监督，最后对补偿过程中出现的问题及时反馈，避免再次出现同样的问题。

适当的税收减免。目前的煤炭开采企业税种较多，包括所得税、增值税、资源税、耕地占用税等，还包括名目众多的补偿费，如勘探费、资源费、排污费、水土保持费，这些费用让企业不堪重负，因此应设置一个如前文所说的生态补偿税，包括大部分需要缴纳的费用，且这个税种的征收不仅要反映煤炭资源的价值，而且要包括环境资源的价值。政府可以对信用记录良好，能够按时缴纳保证金并完成复垦任务，或者在开采过程中能够自觉减少资源利用、降低污染的企业予以税收减免，减轻企业负担，减少保证金给企业带来的副作用。

制定复垦鉴定合格制度。矿山复垦鉴定合格制度是指对完成矿区土地复垦和被破坏环境修复的企业颁发合格证书，证明其具备环境修复技术和能力。对于取得合格证的煤炭企业给予一定的优惠政策，如优先获得采矿权或者减免生态补偿税，以及在保证金缴纳方式上更多地采用分期缴纳和软性保证金的形式。

3. 产后的修复性补偿方式

产后的修复性补偿主要针对闭坑后的矿山进行修复治理和对资源枯竭的废弃矿山进行生态重建或异地补偿。这一阶段的补偿主要是针对废弃矿山的生态补偿，对于计划经济时期遗留的废弃矿山，由于其对生态破坏严重，且生态系统功能损失巨大，需要综合考虑开采方法、地形地貌、矿区地质条件、土地复垦用途等因素，对矿区进行勘查，制订修复计划，进行生态重建；或者关闭矿山，对矿区附近的居民采取生态移民。对于新建和在建矿山，矿山闭坑后也需要进行一定程度的修复性补偿。由于前两个阶段的补偿，此时的生态破坏已经很小，只需进行尾矿处理、废料场及堆渍场等生产区域的土地复原以及矿区设施拆除等基本的恢复即可。产后的修复性补偿具体可以采取以下几种方式。

设置专门的废弃矿山生态补偿管理机构。国外对于生态补偿机制的运作都设有专门的管理机构，山西应借鉴国外的经验，设置符合山西省省情的煤炭矿区生态补偿管理机构。这个管理机构可以由环保部门和国土资源部门共同设立，资金来源是废弃矿山复垦基金和生态补偿税，由环保部门拨付。对于历史遗留问题，招标复垦企业完成修复；对于新建和在建矿山，管理部门要监督煤炭企业自行完成复垦计划，并给予科研技术上的支持。

成立专门的环境修复公司，给予复垦公司优惠奖励。一方面，专业的环境修复公司拥有专业的技术，在矿区土地复垦和环境修复的成本方面占有优势，能够以比煤炭开采企业低的成本完成修复治理，煤炭企业的利益趋向性使其愿意雇用外包修复公司。另一方面，政府可以给予环境修复公司一定的优惠政策，如可以优先在修复治理后的土地上开展生态产业进行赢利，还可以效仿西方国家的 BOT 模式，当企业的生态产业赢利一段时间后再由政府出资收回，这样会激励环保公司主动寻找污染企业，实现良性循环。

对从事生态产业的企业给予优惠信贷。政府可以鼓励企业涉足生态产业，开发清洁能源，利用复垦后的土地发展绿色产业，对于这些企业可以给予优惠政策，如优先提供低息贷款、延长还贷期限等，以激励企业多从事环保产业。

妥善安置矿区生态移民。煤炭开采给矿区周围的生态环境造成极大的破坏，严重污染了大气、地下水和土壤植被，影响了矿区周围居民的生产、生活条件。同时，为了更好地修复和治理矿区生态环境，要对煤炭矿区附近的居民进行生态移民，将他们从生态恶化地区迁移出来，到新的地区重新开始生产生活。矿区生态移民的安置状况直接关系到生态补偿的成效，因此需要政府投入充足的资金并且辅之以相应的配套措施，对生态移民的住房和再生产进行有效的补偿，提高他们在新的地区的生存能力。

采取异地补偿对生态破坏进行弥补。对于修复治理存在极大困难的历史遗留矿山，应遵循生态补偿的可持续性原则，以期用最小的投入获得最大的成效，不应再将大量资金花费在原有矿区的生态重建上，而应该对其进行闭坑填埋处理，把对生态环境损失的补偿放到异地进行，如在其他地区增加绿色植被的种植、生态景观带的修建等，以此来弥补这一地区生态环境的破坏。

综上，山西省应以转型综改试验区建设为统领和切入点，抓住国家综合能源基地建设这一契机，深入推进生态文明建设，完善煤炭资源生态补偿机制，提高煤炭资源利用率，降低生态补偿的成本，打破“资源魔咒”，将山西省的煤炭资源优势转化为经济优势，实现经济和环境的协调发展。

B.19

发展低碳经济助推山西转型发展*

郭　沛**

摘　要： 随着工业经济的迅速增长，中国的碳排放量已位居世界第二位，仅次于美国，而作为中国的煤炭工业基地，山西省的碳排放形势更加严峻。在国际呼吁低碳发展的大背景下，中国在客观上必须顺应国际新潮流，主观上也亟须改变现有的环境、资源情况，走低碳经济发展之路。因此，作为煤炭大省的山西在此次国际、国内的改革浪潮中，应该及时分析国内外新变化，认清山西省发展低碳经济的现状、面临的问题及可能采取的有效措施。本报告即针对上述问题展开探索，并提出山西省在低碳经济发展中的突破点和可能的未来发展方向。

关键词： 山西　低碳　发展　转型

随着人类社会步入工业化阶段，资源的大量消耗、生态环境的严重破坏和气候的异常变化等问题成为威胁人类发展的全球性问题。面对上

---

* 本报告为山西省社会科学界联合会 2014 年度重点课题资助项目“山西省生态文明制度体系研究”（SSKLZDKT2014025）的研究成果。

** 郭沛，山西大学经济与管理学院、山西大学中国中部发展研究中心，博士、讲师，主要研究方向为低碳经济。

述问题，国际各界都普遍认同发展低碳经济。“低碳经济”一词是20世纪末出现的新概念，1998年在Kinzig和Kammen合作的文献中开始出现“低碳经济”一词，而2003年由英国发布的能源白皮书《我们能源的未来：创建低碳经济》则正式给出“低碳经济”的概念，即以更少的自然资源消耗和环境污染来获得更多的经济产出并创造机会发展、应用和输出低碳技术。

一　低碳发展的国际形势

发达国家鉴于自身的经济增长速度受限，企图通过低碳技术和低碳制度的创新引领新一轮的经济快速增长，向发展中国家发起挑战。因此，从全球的视角来分析，发达国家展开低碳经济建设的步伐相对较快，各项低碳措施也更为积极。本报告在该部分主要列举北美洲、欧洲、亚洲的代表性国家美国、英国、德国和日本的相关情况。

（一）美国

美国主要通过加大政府对低碳领域的投资和加快低碳领域的制度建设促进低碳发展。一方面，美国以政府作为推动低碳经济运行的引导者，大规模地向低碳领域进行投资。2009年，美国总统奥巴马签署《复苏与再投资法案》，内容涉及应对气候变暖、节能增效和开发新能源等方面。其中，投资在与开发新能源相关领域的总额超过400亿美元。

另一方面，美国政府积极推进低碳领域的相关制度建设。2009年通过的《美国清洁能源法案》是美国在制度层面上推动低碳经济发展的重要举措。按照其中的规定，在经济发展中要减少化石能源的使用，截至2020年，温室气体的排放总量要在2005年的排放基础上减少17%，到2050年减少83%。温室气体排放权交易制度和温室气体总量控制自2012年起正式施行，旨在逐步减少炼钢、炼油、发电等部门的温室气体排放配额，超额排放需要购买温室气体排放权。

（二）英国

英国是全球开展低碳经济的领先者。根据《京都议定书》中的温室气体排放量减排任务，欧盟内部达成“减排量分担协议”。截至2012年，英国的温室气体减排目标应在1990年水平上减排12.5%，而英国在本国内制定的标准是在2010年力求实现减排二氧化碳20%，到2050年减排二氧化碳60%，实现低碳经济发展。

英国主要通过构建低碳经济制度和发展低碳技术来推动低碳发展。自2001年起英国开始实施气候变化税，用税收制度的改革来促进低碳经济的发展。政府征收气候变化税之后再通过不同的途径返还给企业，促进企业在应用低碳技术和提高能源效率方面进行改进，以此减少温室气体排放量。同时，考虑到征收气候变化税可能增加能源密集型企业的税收负担，英国政府又推出了针对能源密集型企业的气候变化协议制度。如果此类企业与政府签订了气候变化协议，并达到英国政府规定的能源利用效率或实现了温室气体减排目标，英国政府可以只征收此类企业应该支付的气候变化税的20%。如果达不到与政府约定的温室气体减排目标，企业还可以参与英国的排放贸易机制，通过购买其他企业剩余的温室气体排放额的途径，最终达到气候变化协议的要求。尤其要指出的是，英国在征收气候变化税之后，运用碳基金等方式将税收收入用于低碳投资领域，加快了发展低碳经济所需资金的运营。碳基金成立于2001年，是由英国政府投资、按企业模式运作的独立公司，其投资领域主要是低碳技术开发、碳减排活动和公众减排宣传活动。由于碳基金按照企业模式运转，实行独特的管理模式，自成立以来，取得了卓著的成效。2009年，《低碳转型发展规划》在英国发布，成为世界上将温室气体量化减排指标进行预算式控制和管理的首个规划。

在低碳技术方面，英国政府投入大量资金用于绿色、节能技术的研发，促进碳捕获、清洁煤等技术发展，支持低碳产业发展。同时，在低碳建筑和低碳交通方面也推进低碳技术的应用。在房屋建设方面，英国政府进行房屋节能改造的款项达32亿英镑，并且补偿那些在建筑中主动安装清洁能源设备的家庭。在交通工具方面，英国政府规定新生产汽车的碳排放标准要在2007年的基础上平均降低40%。

（三）德国

德国主要通过制度建设和技术改革来提高能源使用效率，推动社会向低碳型发展。

在制度建设方面，一是完善与环境保护、低碳发展相关的税收制度。德国于1999年起实施生态税，其征税对象为气、油、电等产品，征收的税收收入主要用于降低社会保险费；在交通减排制度方面，德国政府通过修改机动车税来推动低碳经济发展，规定新车要标注能源效率信息。二是完善相关法律制度。为保障可再生能源的地位，德国通过了《可再生能源法》，对利用可再生能源发电进行补贴；同时为了弥补可再生能源发电没有独立电力传输网络的缺陷，德国于1991年出台了《可再生能源发电并网法》，对足以给发电企业带来利润的收购价格和可再生能源发电的并网办法做出了规定；另外，还制定了《可再生能源供暖法》和《热电联产法》等，前者推动将可再生能源用于供暖，后者推动热电联产技术发展和应用。以上措施都从制度方面促进了低碳经济的发展。

在技术改革方面，自1977年起，德国政府先后推出了五期能源研究计划，以提高能源效率和开发可再生能源为重点，并给予大量资金支持。2006年德国推出了“高技术战略”，2007年又制定了“气候保护高技术战略”。根据战略的实施，各界将投入大量的资金用于气候保护技术的开发与利用。此外，为充分挖掘建筑和公共设施方面的节能潜力，德国政府用于民用建筑节能改造的拨款每年达7亿欧元。

（四）日本

日本能源资源稀缺，历来重视节能低碳发展，是《京都议定书》的发起和倡导国，在提高能源效率方面做了许多努力。近年来加快了低碳经济发展的步伐，一方面对低碳能源利用和低碳技术开发投入大量资金，另一方面通过多项减排计划和政策打造低碳社会。

2009 年日本公布了总额为 15.4 万亿日元的经济刺激计划，其中有 1.6 万亿日元（折合 160 亿美元）用于发展低碳经济，加大对可再生能源的利用规模，推广普及环保汽车，推动低碳交通革命，打造最先进的现代物流。在加大投资的同时，日本政府不断推出节能减排计划，主导建立低碳社会。2008 年 6 月，时任日本首相福田康夫提出“福田蓝图”，包括低碳发展的技术创新、制度变革及生活方式的转变；2008 年 9 月，《建设低碳社会行动计划》在日本审议通过，确定了实现“福田蓝图”的具体数值目标和日程计划，并提出要在 2020 年前实现二氧化碳捕捉与封存技术的应用；2009 年 4 月，《绿色经济与社会变革》的政策草案在日本公布，草案中提出了实现与自然和谐共生的社会、实现低碳社会等方针，还提议征收环境税和实施温室气体排放权交易制度等，通过上述措施以环境保护来推动经济发展，寻找新的增长机遇，实现低碳发展。

除上面提到的几个代表性国家外，法国、瑞典、加拿大等发达国家也都制定了各自的低碳发展战略。例如，法国不断推出新政策促进交通运输业的碳减排；瑞典率先将低碳环保概念引入驾驶执照考试中，并推出了一系列措施来鼓励国民使用环保型汽车；加拿大制定了严格的管理制度来保证建筑商所选用建筑材料的节能环保性能，在建筑物的开发、建设过程中必须经过具有独立认证资格的第三方监督、检验和认证其是否符合各项环保和节能要求。发达国家的低碳发展之路在为全球环境保护做出贡献的同时，发达国家也在将低碳经济作为新的经济增长模式，力图成为新一轮国际竞争的先行者和领导者。

二　2000年以来中国低碳经济发展概况

（一）中国碳排放量概况

1. 中国总体碳排放量情况

从总体上看，根据相关数据测算，中国碳排放量呈上升趋势，且目前的碳排放量主要来源于煤炭消费，其次是石油消费，最少的是天然气消费，这种差距还在扩大。这主要源于我国长期以来以煤炭为主、石油次之、天然气最少的能源消费结构，且消费天然气所产生的碳排放量相对较小。虽然从总量上看，消费煤炭和石油所产生的碳排放量较大，消费天然气所产生的碳排放量相对较小，但消费天然气所产生的碳排放量近年来增长速度较快。具体来看，煤、石油、天然气三种能源消费碳排放量占中国碳排放总量的比重变化呈现以下特点：第一，煤炭消费的碳排放量占中国碳排放总量的比重最大，保持在80%左右，但总体呈下降趋势；第二，石油消费的碳排放量占中国碳排放量的比重保持在10%～20%；第三，天然气消费的碳排放量所占比重最小，维持在1%～3%。由上述分析可以发现，现阶段中国碳排放量的能源消费结构仍以煤炭为主，中国能源消费结构多样化的步伐仍有待加快。

2. 中国工业各行业碳排放量情况

中国的碳排放量最大的行业为电力、热力的生产和供应业，除此之外，排在前列的行业还包括有色金属冶炼及延展加工业，造纸及纸制品业，石油和天然气开采业，煤炭开采和洗选业，石油加工、炼焦及核燃料加工业，化学原料及化学制品制造业，非金属矿物制品业，黑色金属冶炼及延展加工业，这些行业中只有化学原料及化学制品制造业为高技术制造部门，其余全部集中在低技术制造部门、初级产品部门以及劳动和资源密集制造部门。碳排放量最小的行业为医药制造业，除此之外，排在后几位的行业分别为黑色金属矿采选业，烟草制品业，有色金属矿采选业，印刷业和记录媒介的复制业，水的生产和供应业，家具制造业，仪器仪表及文化、办公用机械制造业，文教体育用品制造业，皮革、毛皮、羽毛及其制品业，其中家具制造业为劳动和资源密集制造部门，其余行业主要分布在初级产品部门和高技术制造部门。

从中国工业各行业碳排放量增长率的情况来看，增长率最高的五个行业分别为黑色金属矿采选业、煤炭开采和洗选业、水的生产和供应业、塑料制品业和有色金属冶炼及压延加工业，其中塑料制品业为高技术制造部门，其余则多分布在初级产品部门，煤炭开采和选洗业等资源开采业的碳排放量较大，且增长速度也较快。

综合上述中国工业行业碳排放量及其增长率的分析可以看出，总体而言，初级产品部门，尤其是资源开采和加工行业的碳排放量高于其他行业，且呈快速增长态势。

3. 中国不同地区碳排放量情况

中国碳排放量最大且增长速度最快的省份为山东，仅次于山东的碳排放量省份主要有河北、山西、内蒙古、辽宁、江苏、河南和广东；碳排放量最少的省份为青海、广西和江西。从中国四大区域，即东部、中部、西部、东北部的角度来看，碳排放量较大的省份主要集中在东部地区，东北部地区位居其次，其后是中部地区，碳排放量最少的省份大多集中在西部地区。从碳排放量的年均增长率上看，碳排放量年均增长率最高的是内蒙古，除此之外，还包括陕西、山东、福建、浙江、广西和广东。碳排放量年均增长率最低的为北京，排在后几位的依次为上海、黑龙江、辽宁、重庆、吉林和甘肃。通过上述分析可以发现，一方面，不同区域碳排放量的变化呈现较为明显的地域性特征，即碳排放量较高的省份集中在东部沿海发达地区，碳排放量相对较低的省份集中在中西部经济欠发达地区；另一方面，不同区域的碳排放量表现出对本地区的能源丰裕程度有相当大的依赖性，如中国的产煤大省内蒙古和山西，其碳排放量也相应较大。

从中国东部、中部、西部和东北部四大地区的碳排放量地区差距来看，各地区内部的碳排放量差距逐年上升，且西部和东北地区内部的地区差距最小，中部地区与之相比地区差距较大，东部地区差距最大。东部地区内部碳排放量差距在四大地区位居第一的最主要原因是能源消费结构和经济发展是影响地区碳排放量的主要因素。对于前者，由于东部地区各省（市）几乎没有分布大的能源生产基地，同时也极少存在某一地区对某种能源的特定偏好，因此东部地区应主要从经济发展差距中探寻碳排放量存在差距的原因。换句话说，正是由于东部地区内部各省份间的经济差距较其他三个地区更大，才产生了东部地区在内部碳排放量上的差距也大于其他三个地区。

从不同能源种类的碳排放量情况来看，消费煤炭碳排放量最大的省份为山东，其次为山西、河北、内蒙古、河南、江苏等，这些省份绝大多数都是产煤大省，煤炭在该省能源结构中占有重要地位。与之相比，广东、上海、浙江等发达省份煤炭消费所产生的碳排放量则较少。消费石油碳排放量最大的省份为辽宁，其次为山东、广东、江苏、浙江等，这些省份均处于沿海地区；消费石油碳排放量较小的省份包括内蒙古、安徽、江西、广西、四川、青海等。消费天然气碳排放量最大的省份为四川，其次为广东；消费天然气碳排放量较小的省份包括辽宁、安徽、江西、湖南、贵州、云南、甘肃等。

（二）中国低碳经济发展概况

1. 出台相关法律法规和政策

2005 年全国人大审议通过了《中华人民共和国可再生能源法》，2007 年修订了《中华人民共和国节约能源法》，明确规定了工业、建筑业、交通运输、公共机构等方面的节能行为，以及节能激励措施和违法处罚条例，以法律的形式推动全社会促进可再生能源的开发利用，提高能源利用效率和实现社会节约能源。

2004 年国务院通过了《能源中长期发展规划纲要（2004～2020）》，国家发改委组织编写并经国务院同意发布《节能中长期专项规划》；2007 年 6 月国家发改委联合 17 个政府部门发布了《中国应对气候变化国家方案》，明确了中国应对气候变化的基本原则、具体目标、重点领域和政策措施；2007 年 11 月国家发改委和国家环保总局联合制定了《国家环境保护“十一五”规划》，新增了有关气候变化的内容；2008 年国家发改委发布了《可再生能源发展“十一五”规划》，国务院发布了《中国应对气候变化的政策与行动》。在低碳交通方面，交通运输部先后出台了多部交通运输行业低碳发展的相关文件。2006 年交通运输部出台《交通行业全面贯彻落实国务院关于加强节能工作决定的指导意见》；2008 年发布《公路水路交通节能中长期规划纲要》；2011 年推出《建设低碳交通运输体系指导意见》《交通运输行业应对气候变化行动方案》；2012 年出台《关于公路水路交通运输行业落实〈国务院“十二五”节能减排综合性工作方案〉的实施意见》；2013 年推出《交通运输行业“十二五”控制温室气体排放工作方案》和《加快推进绿色循环低碳交通运输发展指导意见》。

2. 发展低碳城市

2008 年初，中国建设部与全球性保护组织世界自然基金会联合推出建设“低碳城市”，试点为上海和保定两市，2010 年确定了云南、陕西、湖北、辽宁和广东五省以及保定、贵阳、南昌、杭州、厦门、深圳、重庆、天津八市为低碳试点省份和城市，2012 年再次确定了海南 1 省和北京、上海、石家庄、晋城、秦皇岛、呼伦贝尔、广州、武汉、桂林、青岛、苏州、淮安、镇江、赣州、温州、宁波、景德镇、南平、大兴安岭、吉林、池州、济源、广元、延安、遵义、金昌、昆明、乌鲁木齐为第二批国家低碳试点省区和低碳城市，低碳城市和低碳经济的概念蓬勃兴起。各低碳城市也实施了节能减排、低碳发展的各项措施：厦门重点从交通、建筑、生产三大领域探索低碳发展模式，编制了《低碳城市总体规划纲要》；上海着力推广低碳节能建筑，提高大型建筑能效，并对公共建筑的物业管理人员进行培训，提高其节能运行的能力；保定全力打造“中国电谷”，建设了电力软件、电力自动化、电力电子器件、高效节能、新型储能、输变电设备、风电和光伏七大产业园区；杭州发布了《杭州关于建设低碳城市的决定》，在城市交通领域首先推出公交周及无车日活动，优先发展公共交通；吉林积极开发新能源，主要是太阳能、风能和生物质能等；广元推进“以电代煤”“以气代煤”工程，向农户推广沼气利用，减少二氧化碳等温室气体排放。

三　2000年以来山西省低碳经济发展情况

（一）山西省碳排放量情况

作为中国经济腾飞的能源基地，新中国成立以来山西省能源，尤其是煤炭资源不仅支撑了中国的经济发展，而且供给了全球煤炭需求国家和地区。

山西省素以“煤炭之乡”闻名于世，煤炭种类齐全、品质优良，特别是无烟煤和炼焦煤的产量均占全国的一半左右。得天独厚的煤炭资源，加之沿黄河水资源可以保障电厂用水，山西省逐步形成雁同火电基地（以大同－神头为中心），晋东南火电基地（以长治－晋城为中心）、晋中南火电基地（以太原－阳泉－柳林为中心）。长期以来，依托丰富的煤炭资源，山西省的产业结构也形成了严重依托煤炭资源的格局，培育了煤炭、电力、冶金、炼焦、化工等以高碳排放量的重工业型产业，煤、焦炭、火电、尿素、粗钢五大重点行业占总碳排放量的90%左右。

（二）山西省低碳经济发展概况

1. 颁布低碳发展办法

山西省较早实施了相应的低碳减排办法。2000年山西省人大会议通过了《山西省节约能源条例》，旨在加强各种资源的使用管理，从能源生产到消费的各个环节，降低能源消耗并降低损失、减少污染物排放、制止浪费，有效、合理地利用能源；2005年山西省经济委员会与山西省环境保护局发布了《山西省清洁生产审核实施细则》，鼓励、支持企业自愿开展清洁生产，对污染物排放不达标的企业依法实施清洁生产审核；2014年山西省人民政府印发了《山西省低碳创新行动计划》，推动全省低碳创新发展。多年来，山西省一直致力于发展循环经济，以“减量化、再利用、资源化”为基本特征，为运行低碳经济模型、打造低碳省份奠定了重要的基础。

2. 建立低碳园区

山西是全国首个纳入资源综合改革试验区的省份，也是全国循环经济试点省份，确立了10个试点园区进行循环经济试点，园区内储备了省内外多家从事服务山西低碳事业的机构，募集了以从事低碳支撑服务管理体系、碳核查数据平台、法律监管和法务体系、国际低碳技术研发与应用合作为内涵的新兴智能化低碳企业，园区积极营造优越的创业环境，形成了从技术研发、技术转移、企业孵化到产业化基地、产业集群的一整套技术创新和产业孵育机制，有效地支撑了园区的自主创新活动，引领山西低碳经济发展步入全新阶段。

3. 建立能源和碳排放统计、计量与监测体系

为发展低碳经济，促进节能减排工作健康有序开展，山西省于2012年5月出资1000万元成立山西环境能源交易所，为节能减排新产品、新技术的推广应用和节能减排经验交流提供平台。自山西环境能源交易所成立之后，联合国南南全球技术产权交易所山西分站驻区与北京碳排放权交易机构战略联盟，共同在会员单位中融资3亿元，以合同能源管理方式，为园区新区基础设施提供低碳技术与项目的引进服务。目前山西环境能源交易所正在开展增资扩股1亿元的相关工作，其辖会员单位为开发区从事低碳产业发展中的小企业储备了3000万元碳资产管理资金，为推动山西省低碳发展带来了新契机。

4. 开发可再生能源及新能源

山西省除了矿产能源之外，来自环境中与人类和谐发展、能够共生的资源也较为丰富，如风能、水能、太阳能、生物能等。山西省气候干旱炎热，阳光充足，太阳能资源丰富，不仅可以采用温室、大棚等技术利用太阳能发展农业，更可以将太阳光电转化技术等应用于工业生产和日常生活。在风能资源方面，山西省有60%的区域属于风能资源可利用区，北部的五台山区、南部的中条山区、东部的太行山区、西部的吕梁山区，都是可利用良好风能资源的地区。山西省还可以利用黄河干流的水资源以及柳林等地的小泉水资源进行水力发电。除此之外，通过多年的“植被幼育”计划，山西省植被覆盖迅速发展，采伐树木剩余的枝杈可以作为燃料，果园、养殖场等也可以用于沼气发电，提供生物能源。目前，山西省风电产业已形成发电机控制装置、风电电机、主轴、增速器、法兰、叶片、塔筒及整机等制造能力；太阳能发电初步形成了硅片、高纯多晶硅、电站、组件、电池、应用系统等光伏产业链和多线切割机、多晶硅铸锭炉、光伏电池电极电镀装置、硅料清洗机等光伏装备制造，新能源利用程度不断提高。

四　山西省低碳发展工作存在的问题

尽管山西省在低碳经济发展方面采取了一定的措施，并取得了一定的成绩，但仍存在许多问题，主要表现为以下几个方面。

（一）资源禀赋特征明显，产业结构调整阻力较大

由于天然的煤炭资源优势，山西省一直被定位为全国的能源和重化工基地，主要产业分布在煤炭、焦炭、电力、冶金、化工等方面。全省工业增加值的一半以上是煤炭工业增加值，依赖焦炭、电力和矿石资源发展起来的冶金行业，其生铁、粗钢、氧化铝和金属镁产量在全国也均排在前列。上述山西省的五大支柱产业主要是依托煤炭发展起来的，普遍面临初级产品多、精细化工产品少、产业链条短、产品附加值低、碳排放量较大等问题，这些都不利于山西省发展低碳经济，寻求新的经济增长点。

（二）资金与技术力量缺乏

山西作为中部欠发达地区，从事新能源开发利用的科研型企业及技术人员数量偏少，大部分企业仍进行粗放式经营，技术层次低、创新能力弱、研发实力不强，科技创新企业的主体地位还未形成，支持低碳改革发展的资金和技术力量尚不雄厚。加之政府对低碳技术开发的资金支持力度不够，更加重了新技术开发利用不足的问题，制约了山西省低碳经济的转型发展。

五　山西省低碳经济发展的实现路径

（一）改变能源结构，提高清洁能源利用程度

与传统的煤炭能源相比，天然气的清洁程度相对较高，因此可出台相应的政策，继续增设天然气加气站点，鼓励私人交通工具和企业使用天然气，

运用财政补贴政策，将天然气使用从燃气拓展到工业燃料、天然气发电和天然气化工等各领域，提高使用天然气的比例。在保障能源供应稳定的基础上，结合传统电力、热力供给模式，逐渐提高新型能源的利用比例。加大对现有开发利用太阳能企业的支持力度，逐步实现在建筑物屋顶安装太阳能光伏发电设备，在建筑物内部使用太阳能照明设备，在居民区推广使用太阳能热水器，实现太阳能集中供热水系统，实现太阳能规模化使用。

（二）加大煤化工企业研发力度，实现能量梯度合理利用

依托高等院校，结合政产学研多方力量，积极进行煤化工技术研发，应用煤炭清洁利用技术，降低煤炭利用产生的污染，提升煤炭利用产生的附加价值。同时，整合设计能量梯度利用的上下游产业链，实现各环节之间的能量充分利用，对进行能量梯度利用的企业实行税收优惠，鼓励合理的能量梯度利用。

（三）增强民众低碳意识，多领域推广低碳工作

在交通领域，率先在公共交通设施上使用清洁能源，继续增加公共自行车租赁点，完善公共自行车租赁服务。提倡家庭用车、公务用车向小排量、新能源方向转变，推广使用电动汽车，逐步配置电动汽车充电桩。在建筑领域，推广普及绿色建筑，制定和执行建筑物节能标准和相关法规，对新建楼体、厂房进行实时监督，对已建楼体、厂房进行合理改造。发挥公共机构的示范带头作用，率先在公共机构建筑上安装使用节能照明、节能供热等设备。在居民生活领域，加大对居民低碳意识的宣传，积极推行健康的生活方式和消费方式，生活用水多层次循环利用，生活垃圾分类收集、密闭运输。综合运用生物、化学技术对有机垃圾进行回收加工，实现无害化处理、资源化利用。

（四）增强企业环保意识，加强低碳核算、认证、管理工作

建立企业监控体系，打造企业能源使用和污染物排放的数据平台，对规模以上企业实行能源消费季报、年消费能源在5000吨标准煤以上的重点用

能企业实行能源消费月报、年消费能源在10000吨标准煤以上的用能企业实行能源消费实时监测，形成统筹交通、建筑、公共机构等领域的能源监测数据综合服务平台。根据山西省低碳减排目标，制定企业在能源使用、加工技术、污染处理等方面的标准和目标，利用企业监控体系定期对企业的碳排放情况进行核查，增强企业低碳减排的紧迫感和约束力。率先在重点企业制定总量控排目标，推行碳排放管理体系。

（五）保障低碳发展资金投入，加大财政支持力度

由政府设立低碳发展专项资金，保障各项低碳发展任务的资金投入，并充分发挥资金在低碳发展工作中的引导作用，重点支持低碳科技研发应用和公益性低碳项目建设，对低碳试点项目给予用地、能源供应、设备折旧、税收等政策优惠。同时，建立多种合作关系，拓宽低碳发展融资渠道，如成立高新区政策性融资担保公司，充分发挥政府资金扶持与公益性职能，满足低碳类科技型中小企业的融资需求。

B.20

构建山西非煤矿产资源开采生态环境补偿机制*

田竑波**

摘　要：山西是非煤矿产资源大省，长期以来对非煤矿产资源进行的粗放式开采引发了一系列生态环境问题。本报告对山西非煤矿产资源开采造成的生态破坏的现状进行了分析，并通过借鉴国内对矿产资源开采生态环境补偿的经验做法，结合山西在非煤矿产资源开采补偿方面的实践，构建了山西非煤矿产资源开采生态环境补偿机制的基本框架。

关键词：非煤矿产资源　开采破坏　生态环境　补偿机制

山西不仅是煤炭资源大省，也是非煤矿产资源大省。长期以来，为支撑经济发展，山西对非煤矿产资源进行了粗放式的开采，引发了一系列生态环境问题。2006 年，山西开展煤炭工业可持续发展政策措施试点。通过征收煤炭可持续发展基金和提取矿山环境治理恢复保证金，山西省在全国率先建立起了煤炭资源开采的生态环境补偿机制。2010 年 12 月，山西被批准为国家资源型经济转型综合配套改革试验区。借助这一重大政策机遇，同时顺应

---

* 本报告为山西省转型综改办2013年度重大课题“完善生态环境补偿机制研究”的子课题三“完善山西非煤矿产资源开采生态环境补偿机制研究”的研究成果。原报告共1.8万字，在收入本书时做了必要的修改。

** 田竑波，山西省发展和改革委员会宏观研究院副院长，助理研究员，主要研究方向为宏观经济、产业经济。

党的十八大提出的建立生态补偿制度的要求，山西积极探索将煤炭开采生态环境补偿机制推广至非煤矿产资源开采。

一　山西非煤矿产资源开采生态破坏现状

山西不仅是煤炭资源大省，而且是非煤矿产资源大省。相比煤炭开采，非煤矿产开采虽然对环境的影响和破坏小，但也带来地质破坏、水土流失及尾矿污染等一系列问题。

（一）山西非煤矿产资源现状

山西非煤矿产资源丰富，在全国有统计的13种黑色金属、有色金属和非金属矿产中，山西有9种，其中铝土矿、铁矿、磷矿和铜矿基础储量①分别居全国第二、第五、第六和第七位（见表1）。

表1　山西省主要非煤矿产资源基础储量（2013年）

类别	山西	全国	在全国排名
铁矿(矿石,亿吨)	12.70	199.17	5
锰矿(矿石,万吨)	12.90	21547.74	15
铜矿(铜,万吨)	158.23	2751.52	7
铅矿(铅,万吨)	0.46	1577.91	末位
锌矿(锌,万吨)	0.17	3766.18	末位
铝土矿(矿石,万吨)	15122.81	98323.53	2
硫铁矿(矿石,万吨)	1058.11	130194.08	14
磷矿(矿石,亿吨)	0.81	30.24	并列6
高岭土(矿石,万吨)	160.20	49649.70	14

① 通俗地说，基础储量表示地质勘探程度较高、可供企业近期或中期开采的资源量。规范地说，基础储量是《固体矿产资源/储量分类》中查明矿产资源的一部分，它能满足现行采矿和生产所需的指标要求（包括品位、质量、厚度、开采技术条件等），是经详查、勘探所获控制的、探明的并通过可行性研究、预可行性研究认为属于经济的、边界经济的部分，用未扣除设计、采矿损失的数量表述。

山西非煤矿产资源呈现三个特点。

一是矿产资源既广泛分布又集中分布。铝土矿广泛分布于全省，从南到北、从西到东均有，11个市共有13个铝土矿集中区；同时，又集中分布于吕梁和忻州两市，储量分别占全省保有储量的2/5和1/5。耐火黏土、石灰岩沉积矿分布广泛，出露面积为2.34万平方公里，占全省15.67万平方公里的15%。铁矿集中分布，90%分布于五台山区和吕梁山区。铜矿则集中分布在中条山区，约占95%以上。镁盐、盐矿集中分布于运城盐湖。

二是共生、伴生矿产多。与铝土矿共生、伴生的有山西式铁矿、耐火黏土、镓、稀土元素等；与铁矿共生、伴生的有钼矿、金矿等；与铜矿共生、伴生的有钴矿、金矿等。

三是贫矿多、富矿少。富铁矿不到全部储量的1/10；富铜矿约占14%；富铝土矿约占13%；仅有很少的Ⅰ级石膏、硫铁矿。

（二）山西非煤矿产资源开采现状

与煤炭开采相比，山西非煤矿产资源开采矿山数量多、规模小。

1. 矿山数量多

山西非煤矿山数量略多于煤矿，其中大部分是非金属矿山。截至2010年，全省共有各类矿山2620座。其中，非煤矿山1361座，占52%；煤矿1259座，占48%。在1361座非煤矿山中，约77%是非金属矿山，19.6%是黑色金属矿山，2.4%是有色金属矿山（见表2）。

表2　山西省各类非煤矿山数量及规模（截至2010年）

矿类	主要矿种	矿山数量（座）	矿山规模(座)		
			大型	中型	小型
黑色金属	铁矿、锰矿	267	1	3	263
有色金属	铜矿、铝土矿、铅矿	32	1	4	27
贵金属	金矿、银矿	16	0	2	14
冶金辅助原料非金属	白云岩、耐火黏土	68	1	2	65
化工原料非金属	硫铁矿、磷矿	5	0	1	4
建材及其他非金属	石膏、石英、建筑用砂、陶土矿等	973	4	37	932
总　计		1361	7	49	1305

2. 矿山规模小

截至2010年，全省1361座非煤矿山的六种矿山类型中，大型矿仅有7座，平均一个矿类只有约1座大型矿；中型矿也非常少，仅有49座；小型矿占绝大部分，共1305座。而且，这1361座非煤矿山的占地面积不足500平方公里，仅相当于中煤集团在山西朔州市的一个露天煤矿占地面积（376平方公里）的1.3倍。其中，铁矿、锰矿占44%；建材类矿占35%；铜矿、铝土矿、铅矿占11%，且矿体薄（两米以内）、矿床小的铝土矿占3/4。山西省各类非煤矿山占地面积见表3。

表3　山西省各类非煤矿山占地面积（截至2010年）

单位：平方公里

矿类	主要矿种	矿山面积
黑色金属	铁矿、锰矿	207.38
有色金属	铜矿、铝土矿、铅矿	51.80
贵金属	金矿、银矿	34.65
冶金辅助原料非金属	白云岩、耐火黏土	13.45
化工原料非金属	硫铁矿、磷矿	1.83
建材及其他非金属	石膏、石英、建筑用砂、陶土矿等	166.93
总　计		476.04

山西非煤矿产资源开采具有两大特点。

一是露天开采及中浅层开采居多。太原钢铁集团设在吕梁市的袁家村铁矿山，是亚洲规模最大的露天冶金矿山；山西铝土矿矿体平均厚度为2.68米，开采条件简单，多数可露天开采。中铝山西分公司孝义后活丹矿区、山西鲁能晋北公司五台天和矿区均为露天开采。

二是开采矿石品位低、资源浪费大。以铝土矿为例，全省铝土矿中，能满足行业需要的矿石量仅占开采总量的20%，能被利用的不足20%。再加上5%能与高铝矿配矿的中等品位矿石，铝土矿的利用率最高达到25%，剩余3/4的中低品位矿石则被遗弃，资源浪费大。

（三）山西非煤矿产资源开采对生态环境的影响

由于开采面积小，开采方式以露天开采和中浅层开采为主，非煤矿产开采造成了一系列生态环境问题。

1. 采矿造成一系列地质环境问题

山西非煤矿产资源经过20多年的粗放式开采，造成矿区一系列地质环境问题，主要为采空塌（沉）陷。截至2010年底，全省各类非煤矿山采空区面积达2420.50公顷（见表4）。

表4　山西省各类非煤矿山采空区面积情况统计（截至2010年）

矿类	矿种	矿山数量(座)	采空区面积(公顷)
黑色金属矿产	铁矿、锰矿	267	535.90
有色金属矿产	铜矿、铝土矿、铅矿	32	68.08
贵金属矿产	金矿、银矿	16	21.94
冶金辅助原料非金属矿产	白云岩、耐火黏土	68	1743.84
化工原料非金属矿产	硫铁矿、磷矿	5	0.02
建材及其他非金属矿产	石膏、石英、建筑用砂、陶土矿等	973	50.72
合计		1361	2420.50

2. 采矿造成日趋严重的矿区水土流失

开采造成水利设施报废、地表植被死亡、粮食减产甚至颗粒无收。全省主要矿区内平均每公顷耕地粮食减产250公斤，每年减少粮食产量1.17亿公斤。与此同时，开采还对地表植被、生态景观、生物多样性带来了严重影响，造成部分矿区的生态衰退问题。

3. 开采造成严重的尾矿污染

开采带来大量的尾矿和废石（土），并造成严重的尾矿污染。截至2010年，全省尾矿堆放处共143处，累计存量为14223.61万吨；废石（土）堆放处共748处，累计存量为8837.03万吨。根据《山西省矿山地质环境保护与治理规划（2011～2015年）》，“十二五”期间，山西需要重点治理的非煤矿山有26个。

（四）山西非煤矿产资源开采生态环境补偿机制亟待建立

由于煤炭开采在山西矿产资源开采中占主导地位，国家有关矿产资源开采及其补偿的一系列相关政策在山西的落实，大部分先行试点于煤炭产业。2006 年，国家批准山西开展煤炭工业可持续发展政策措施试点，山西加强产煤地区生态环境综合治理，建立起煤炭开采综合补偿机制，但对非煤矿产资源开采造成的一系列环境问题尚未形成补偿机制，仅在个别市有地方政府的零星试点。因此，山西亟待建立非煤矿产资源开采生态环境补偿机制。

二　国内对矿产资源开采生态环境补偿的经验做法

从 20 世纪 80 年代开始，我国逐渐重视矿产资源开采引起的环境影响问题，逐步形成了一套贯穿于开采前、开采中和开采后各个环节的法律政策和制度做法。

（一）开采前，重视环境影响评价和土地复垦方案，实行矿产开采许可证制度，约束采矿人行为

1986 年出台《中华人民共和国矿产资源法》，对在开采过程中造成的土地破坏、植被破坏做出规定。要求采取复垦利用、植树种草等措施，并要求对他人生产生活造成损失的，要有相应的赔偿措施和补救手段。

1998 年出台《矿产资源开采登记管理办法》，对采矿许可做出规定。要求开采矿产资源，要申请采矿许可证，同时提交开采矿产资源的环境影响评价报告。

2011 年出台《土地复垦条例》，再一次对土地复垦做出规定。要求在办理建设用地申请或者采矿权申请环节，同时报送土地复垦方案。

2012 年出台《土地复垦条例实施办法》，进一步明确土地复垦方案编制规程。

（二）开采中，重视对矿产资源的有偿使用及对矿山恢复治理资金的筹措，实行矿产资源有偿使用制度，征收相关税费

1986 年出台《中华人民共和国矿产资源法》，要求实行探矿权、采矿权有偿取得制度，要求按照国家有关规定缴纳资源税和资源补偿费。之后，1998 年出台《矿产资源勘查区块登记管理办法》，明确征收探矿权使用费及探矿权价款；同年出台《矿产资源开采登记管理办法》，明确征收采矿权使用费及采矿权价款。

2002 年，依据《森林法》及《森林法条例》，出台《森林植被恢复费征收使用管理暂行办法》，对在采矿中占用的林地征收森林植被恢复费。

（三）开采后，重视矿山生态环境恢复治理和土地复垦，安排矿山地质环境恢复治理专项资金，实行矿山环境治理与生态保证金制度

1996 年修订《中华人民共和国矿产资源法》，对关闭矿山做出规定。要求关闭矿山时，提供矿山闭坑报告，包括土地复垦利用和环境保护的资料。同时，在资金上支持关闭矿山的恢复治理，安排矿山地质环境恢复治理专项资金。

1. 安排矿山地质环境恢复治理专项资金

2003 年，财政部、国土资源部针对中央收取的探矿权采矿权使用费和价款收入制定出台了《探矿权采矿权使用费和价款使用管理办法（试行）》，规定了“两权价款”专项用于矿山地质环境治理支出，并明确了主要用于中央登记管理的国有矿山。

2010 年，财政部、国土资源部决定将“两权价款”中的中央分成部分集中统筹用于与地质和矿业有关的重大项目；对地方分成部分，可比照规定，统筹安排使用。

2. 实行矿山环境治理与生态保证金制度

2005 年 8 月，国务院全面整顿和规范矿产资源开发秩序，其任务之一就是要对矿山生态环境恢复进行补偿，要求探索研究矿山生态环境恢复的相

关政策，按照“谁破坏、谁恢复”的原则，建立保证金制度。

2006年2月，财政部、国土资源部和环境保护部三部委联合发布指导意见，要求逐步建立矿山生态恢复、环境治理的责任机制，加强矿山环境治理和生态恢复，促使矿山企业合理负担其资源与环境成本，从2006年起逐步建立矿山环境治理和生态恢复责任机制。以后几年，全国除北京、上海、西藏、广东、海南外的26个省（自治区、直辖市）均陆续建立了矿山地质环境恢复治理保证金制度。

由于矿山环境恢复治理保证金制度是“企业所有、政府监管”，所以，对于保证金的提取标准，各省根据自己的实际情况制定。福建、江苏的标准如下。

根据2006年出台的《福建省矿山生态环境恢复治理保证金管理办法(试行)》(闽国土资文〔2006〕195号)，福建省的“保证金”收取标准根据矿区面积、影响系数确定（见表5）。

表5　福建省矿山生态环境恢复治理保证金收取标准及影响系数

采矿许可证登记面积及分档标准		影响系数		
矿区面积S（平方米）	缴纳标准（元/平方米）	露天开采		地下开采
		开采标高差H(米)	影响系数	影响系数
$2000 < S \leq 50000$	9	$H \leq 20$	1.1	
$50000 < S \leq 300000$	7	$20 < H \leq 40$	1.2	
$300000 < S \leq 1000000$	4	$40 < H \leq 60$	1.3	0.2
$S > 1000000$	3	$60 < H \leq 80$	1.4	
		$H > 80$	1.5	

根据2010年出台的《江苏省矿山地质环境恢复治理保证金收缴及使用管理办法的通知》（苏政办发〔2010〕132号），江苏省的“保证金”收取标准，按照不低于基本治理费用的原则，根据采矿许可证批准的登记面积、露天开采还是地下开采等不同方式，以及不同矿种对矿山生态环境的影响程度等因素确定（见表6）。

表6　江苏省矿山生态环境恢复治理保证金收取标准及影响系数

<table>
<tr><td rowspan="2">矿区登记面积（万平方米）</td><td rowspan="2">缴纳标准（元/平方米）</td><td colspan="5">开采方式影响系数</td><td colspan="2" rowspan="2">矿种影响系数</td></tr>
<tr><td colspan="2">露天开采</td><td colspan="3">地下开采</td></tr>
<tr><td>0.5～3</td><td>15</td><td>开采方法</td><td>系数</td><td colspan="2">采矿方法</td><td>系数</td><td>矿种</td><td>系数</td></tr>
<tr><td>3～10</td><td>10</td><td rowspan="2">自上而下水平分层采矿法</td><td rowspan="2">0.8</td><td colspan="2">充填、水溶采矿法</td><td>0.2</td><td>金属矿产</td><td>0.3</td></tr>
<tr><td>10～30</td><td>7.5</td><td rowspan="2">空场采矿法</td><td>不允许塌落</td><td>1</td><td>能源矿产</td><td>0.25</td></tr>
<tr><td>30～50</td><td>5.5</td><td rowspan="3">露天高边坡采矿法、露天坑采</td><td rowspan="3">1.2</td><td>允许塌落</td><td>1.1</td><td>非金属矿产</td><td>1</td></tr>
<tr><td rowspan="2">50以上</td><td rowspan="2">4.5</td><td colspan="2">崩落采矿法</td><td>1.2</td><td rowspan="2">水气矿产</td><td rowspan="2">0.05</td></tr>
<tr><td colspan="2">其他采矿法</td><td>1</td></tr>
</table>

注：（1）登记面积在5000平方米以下的一次性缴纳20万元（水气矿产1万元）。
（2）保证金总额＝采矿许可证登记面积×缴纳标准×开采方式影响系数×矿种影响系数。
（3）登记面积增加一档，登记面积、缴纳标准、影响系数的积低于前一档登记面积、缴纳标准、影响系数最高积的，以前一档最高积计算。

三　山西实践

山西在非煤矿产资源开采补偿方面的实践，主要还是落实国家相关政策要求，同时，在市一级，结合当地实际进行试点实践。

（一）落实国家政策，缴纳相关税费

缴纳资源税。山西省根据国家统一制定的《资源税税目税率明细表》和《几个主要品种的矿山资源等级表》，缴纳非煤矿产资源税。表7是2011年山西省几个主要品种的矿山资源等级及税率情况。

表7　2011年山西省几个主要品种的矿山资源等级及税率

单位：元/吨

资源等级	企业（或矿区）名称	税率
一、铁矿石资源等级表		
入选露天矿（重点矿山）		
二等	太钢峨口铁矿	16

续表

资源等级	企业(或矿区)名称	税率
入选露天矿(非重点矿山)		
五等	山西临钢尖兵村矿区	14.5
入选地下矿(非重点矿山)		
三等	山西二峰山铁矿北山角矿区	11.5
四等	山西长钢后慢水沟岭矿	11
	山西长钢芦沟矿区	11
五等	山西长钢北洛峡矿区	10.5
	山西临钢尖兵村矿区	10.5
六等	山西临钢塔儿山矿	10
二、铜矿石资源等级表		
四等	山西中条山篦子沟铜矿	5.5
	山西中条山铜矿峪铜矿	5.5
	山西中条山胡家峪铜矿	5.5
三、铝土矿石资源等级表		
三等	山西铝厂孝义矿	20
四、黄金矿石资源等级表		
岩金矿资源等级表		
七等	山西大同黄金矿	1.5

缴纳矿产资源补偿费。山西省1994年出台《矿产资源补偿费征收管理实施办法》，规定矿产资源补偿费按照国家统一规定的费率征收。因此，山西省非煤矿产的矿产资源补偿费按国家标准，由销售收入与费率及回采率系数决定。

回采率系数，即核定回采率与实际回采率的比率，其中核定回采率以按照国家有关规定经批准的矿山设计为准，不同矿山有不同标准。1997年对该规定进行了修改，修改后的矿产资源补偿费费率见表8。

表 8　矿产资源补偿费费率

单位：%

矿种	费率
石油	1
天然气	1
煤炭、煤成气	1
铀、钍	3
石煤、油砂	1
天然沥青	2
地热	3
油页岩	2
铁、锰、铬、钒、钛	2
铜、铅、锌、铝土矿、镍、钴、钨、锡、铋、钼、汞、锑、镁	2
金、银、铂、钯、钌、锇、铱、铑	4
铌、钽、铍、锂、锆、锶、铷、铯	3
镧、铈、镨、钕、钐、铕、钇、钆、铽、镝、钬、铒、铥、镱、镥	3
离子型稀土	4
钪、锗、镓、铟、铊、铼、镉、硒、碲	3
宝石、玉石、宝石级金刚石	4
湖盐、岩盐、天然卤水	0.5
二氧化碳气、硫化氢气、氦气、氡气	3
矿泉水	4
其他	2

缴纳“两权价款”。山西省非煤矿产的“两权价款”缴纳标准按国家标准统一执行，即按 1998 年出台的《矿产资源勘查区块登记管理办法》的规定，按所占面积缴纳。其中，对于探矿权使用费，前三年每年缴纳 100 元/平方公里；从第四个勘查年度起，每年增加 100 元/平方公里，但最高不超过每年 500 元/平方公里。

（二）结合当地实际，市级试点实践

对于在全国其他省份实行的矿山环境恢复治理保证金制度，山西省于 2007 年在煤炭企业先行先试，按照每吨煤产量 10 元的标准监督煤炭企业提取，对非煤矿山企业暂未涉及。

在山西大同市，政府于 2005 年出台《大同市矿山地质灾害防治保证金制度实施办法》，规定煤、金属和非金属矿山开采企业缴纳矿山地质灾害防治保证金。缴纳标准根据矿区范围面积以及采矿活动对矿山生态环境的影响程度确定，分一次缴存和分期缴存。在县一级的具体实践中，由于计算与核实采矿活动对矿山生态环境的影响程度较为不易，缴存采取了较为便利的“联电征收”模式，即通过企业使用的电量，按一度电多收一部分电费的形式缴存。

四 构建山西非煤矿产资源开采生态环境补偿机制基本框架

（一）思路

构建非煤矿产资源开采生态环境补偿机制，要在开发时序上注重矿产开发前的防范性、开发中的即时性、开发后的修复性，要在补偿方式上运用价值性、功能性、实体性补偿手段，更加注重防范性补偿，更加注重功能性补偿，实现山西经济社会资源环境协调发展。

（二）原则

构建非煤矿产资源开采生态环境补偿机制要把握以下原则。

可持续开采原则。政策的设计要有利于促进非煤矿产资源的可持续开采，促进经济社会可持续发展。

新账与旧账分别对待原则。对已经造成损害且难以追究责任的历史旧账等，以政府补偿为主；对正在开发或尚未开发的矿山，以开采企业补偿为主体。

谁开采、谁补偿原则。开采者对造成的生态环境破坏及影响承担主要责任，并负责对破坏的生态环境进行修复或补偿。

预防优先、同步为主、修复为辅原则。要预先对开采活动可能造成的生态环境破坏进行深入研究和科学预测，采取严格、有效的防范性措施，将可能的损失减小到最低程度；要及时、同步进行污染治理与生态修复，对不能同步进行修复的，事后及时修复和恢复。

公平计征原则。对待各类非煤矿产资源开采企业一视同仁，不分国有、民营。

（三）重点

根据山西非煤矿产资源开采的实践经验与形势要求，通过在开采前、开采中和开采后各个环节的一系列制度设计，努力降低矿产资源开采对生态环境的影响。

1. 开采前，重视矿区生态环境影响评价和矿区生态环境修复规划，完善开采许可证制度

建立有效的生态环境评价制度。尽量量化生态环境评估体系，减少定性评价，增加定量评价。调整环境评价的内容和范围，增加对生态破坏和经济损失的专项评估，强化对生态的影响评价。注重规划衔接，开发利用规划要与城市规划相衔接。

制定可行的行业规范和技术标准。根据国土资源部于2011年8月发布的《矿山地质环境保护与恢复治理方案编制规范》推荐性行业标准，结合山西实际，制定可行的行业规范和技术标准。按照《土地复垦条例》《土地复垦条例实施办法》的规定，开采前编制详尽的矿区土地复垦方案，确定区域土地复垦总体目标。

评估具体的矿产资源开采规划和矿区生态环境修复方案。由有资质的机构，按照基本恢复矿山环境和生态功能的原则，对矿山逐个进行评估，要求矿山企业制订矿山综合治理方案。

完善开采许可证制度。严格将颁发许可证与修复生态环境挂钩。对于不遵守相关条例、规定的矿山主，有权中止、吊销或撤回其开采许可证，如对未履行修复义务或修复不合格的单位，可以吊销其开采许可证，并不再允许其开采新矿。

2. 开采中，重视对矿山恢复治理资金的筹措及使用管理，完善资源税、完善矿产资源补偿费、完善矿山环境治理和生态恢复保证金制度

完善资源税。在资源税保护资源、节约利用资源功能的基础上，赋予其

生态补偿新功能，增加其生态治理新支出，将非煤矿产资源税适用税额调高到现行上限执行，发挥其生态补偿新作用。

完善资源补偿费的征收及使用。对矿产资源补偿费的征收内涵，要扩大理解，使之不仅体现矿产资源的国家所有属性及经济补偿作用，而且体现采矿权人因开采自然资源而对地质、环境的生态补偿。完善矿产资源补偿费的使用，坚持无歧视的国民待遇原则，对待各类矿区，不分国有、民营，一视同仁。

完善矿山治理保证金的征收及使用。矿山环境恢复治理保证金应扩大提取企业范围，将非煤矿产资源开采企业纳入其中。

保证金的储存：将保证金储存在当地缴入同级财政专户。

保证金的提取标准：按照矿区面积、开采方式和环境影响程度，确定保证金收缴标准，确保基本的治理费用。

保证金的使用：保证金应当边开采、边治理、边使用。分期使用时，应按治理面积占矿区范围面积的比例使用。

探索征收资源消费税。借鉴国外经验，探索向消费者征收资源消费税。

3. 开采后，重视对闭坑矿井的治理和损毁土地的复垦，实施闭坑制度和土地复垦制度

健全矿山闭坑制度。制定矿山闭坑标准，明确矿山闭坑的环境达标技术要求；建立闭坑矿山的生态环境审查制度，由环境保护部和国土资源部对申请闭坑矿山的土地复垦进行检查，验收合格后再给予闭坑；加强对闭坑矿山生态环境变化的动态监测。

严格对闭坑后矿区土地进行复垦。严格要求企业按照开采前编制的土地复垦方案进行复垦；同时，加强对闭坑矿山生态环境变化的动态监测。

4. 重视对废弃非煤矿山的生态环境进行恢复治理

将由省、市、县各级政府征收的非煤矿山“两权价款”集中起来，统筹使用，专项用于各县当地责任人已经灭失的、废弃非煤矿山的生态环境恢复治理。

企业发展篇

Enterprises's Development

B.21

山西国有大型企业档案工作现状分析与发展对策

党志峰　李亮亮*

摘　要： 档案作为组织工作的查考凭证、生产建设的参考依据、科学研究的根本资料和宣传教育的基本素材，在企业发展中具有极高的价值。本报告通过对山西省18个国有大型企业实际情况的分析，对山西省国有企业档案管理取得的成绩、建设的现状、存在的问题以及未来的发展进行探索。深化改革，创新驱动，务实高效地做好各项工作，用规范翔实的档案信息支持决策和管理，实现档案信息资源的科学管理，为社会提供高效的服务，为群众提供优质的服务，为山西省综改试

* 党志峰，山西大学政治与公共管理学院，副教授、硕士生导师，主要研究方向为政治学、伦理学；李亮亮，太原工业学院。

验区建设提供有效的服务，为推动山西省“六大发展”提供系统的服务。

关键词：山西省　国有企业　管理模式　档案工作发展

目前，山西省正处于经济社会转型发展的关键时期，随着综改试验区建设的纵深推进，国有大型企业在发挥重要作用的同时，也面临各种挑战。党的十八届三中全会提出要深化国有企业管理体制改革，十八届四中全会提出要全面推进依法治国。在经济社会转型发展的关键时期，积极主动地改革国有企业现有的档案管理模式，是深化国有企业改革和依法治企的时代要求。

一　山西国有大型企业档案管理取得的成绩

近年来，山西省国有企业通过不断深化企业改革，强化内部管理，在国民经济和社会发展中的骨干和中坚作用日益凸显。企业档案管理在企业发展中发挥着重要作用，为企业日常运作和提升竞争力提供的保障功能也逐步增强。山西省国有企业档案工作取得了可喜的成绩，尤其是在2011年实行年度目标责任考核以来，山西省省属企业档案工作已经步入了快速发展的时期，档案工作发展势头迅猛，呈现良好的态势。企业领导对档案工作的重视程度普遍提高，全员档案意识普遍增强，档案制度体系建设不断完善，档案安全保管条件逐步改善，档案信息化建设步伐显著加快，档案工作服务企业发展的能力不断提高。

（一）企业档案管理体制和机制逐步趋于完善

山西省国有企业既有新中国成立初期组建的，也有改革开放后伴随着经济体制的改革新成立的。老企业沿袭了新中国成立初期的良好基础，档案工作机构完善，体制健全，人员配备与企业规模基本适应，基本能够满足档案工作服务企业各项活动的需要。例如，同煤集团、潞安集团、太钢集团档案机构均为正处级建制，并设有相关科室，具体承担各自不同的工作任务。太钢集团在2014年企业经济形势下滑的情况下，还为档案部门增加一个科室，共5名工作人员。2014年晋煤集团也将档案机构由科级升为副处级，为档案工作的开展奠定了很好的体制机制基础。改革开放后新成立的企业也大多设立了档案机构，并配备专职人员，明确分管领导，建立健全了档案工作体制机制。档案工作体制机制的健全和完善，为档案工作服务企业各项管理奠定了良好的组织基础。

企业在建立健全档案工作组织体系的同时，注重档案工作制度建设，根据档案工作出现的新情况、新问题、新特点，及时补充完善档案工作制度体系。近年来，山西省各省属企业也在原有工作制度的基础上，及时根据《企业档案工作规范》的新要求，结合企业自身的工作实际，补充完善了《企业档案工作岗位责任制》《企业档案工作责任追究制度》《企业档案管理应急预案》《企业电子文件归档和管理制度》等一系列档案工作制度。大多企业将档案工作纳入企业的工作流程，将档案工作制度纳入企业制度体系中，和企业其他制度同落实、同检查、同考核，使档案管理真正融入企业经营和管理的各个环节中。

（二）企业贯彻执行10号令的成效日益明显

2012年12月，国家档案局10号令颁布后，山西省档案局与省国资委及时通过联合下发文件、共同召开宣贯会议的形式，对山西省国有企业贯彻落实国家档案局10号令工作做了安排部署，提出了明确的工作目标和工作任务。各省属企业认真贯彻落实会议精神，通过下发文件、组织培训等各种形式将会议精神传达到各职能部门和各所属单位，为集团公司本部和各所属单位《文件材料归档范围和档案保管期限表》的编制工作奠定了良好的基础。中条山有色金属公司在省属企业中率先完成《文件材料归档范围和档案保管期限表》的审核报备工作，为省属企业起到了标杆和引领作用。通过各部门的共同努力，目前18家省属企业集团本部的《文件材料归档范围和档案保管期限表》已全部完成审核备案工作。这一目标任务的完成，标志着省属企业档案资源建设工作进入一个新的历史阶段。各省属企业所属单位的《文件材料归档范围和档案保管期限表》编制审核备案工作正健康有序地推进。

当前，随着10号令在山西省各省属企业的贯彻落实，通过对企业文件材料归档范围和档案保管期限进行规范，为建立门类齐全、结构合理、内容丰富的企业档案资源体系奠定了制度基础并提供了保障，使企业档案成为企业创新各项管理、依法规范经营、维护企业权益、保持稳定发展的重要基础，成为有效服务企业各项生产经营活动、记录企业发展历程、传承和创新企业精神与文化的重要载体和真实记录。

（三）企业档案部门履职尽责的意识逐渐增强

企业档案部门不仅是企业档案的保管部门，更是企业档案工作的监督和管理部门，履行对企业各职能部门和各所属单位档案工作的监督和指导职能。近年来，山西省国有企业档案部门履职能力不断提升，对各职能部门和所属单位档案工作的监管措施逐步完善，监管力度不断加大，监管能力日益提升。同煤、潞安、晋煤、阳煤、山煤等都将档案工作纳入企业绩效考核与集团公司整体考核体系，加大了对所属单位档案工作的监督力度，促进了所属单位档案工作与集团公司档案工作的协调同步发展。焦煤集团通过档案工作主题实践活动，深入持久地开展档案工作，一年一个新主题，一年一个新变化，经过“制度落实年”“素质提升年”“项目建设年”“标准化建设年”等主题建设年活动，促进集团公司及所属单位档案工作稳步而扎实推进；太钢集团将档案专业首次纳入“公司职工标准化操作技术比武”中，在集团公司内部开展了档案专业技术比武活动，为档案人员的业务素质和实际操作能力的提升搭建了一个很好的学习、交流和展示的平台，涌现了一批技术能手和专业带头人，在广大专职、兼职档案人员中形成了学业务、钻业务、比业务的良好工作氛围。例如，晋能集团通过下发《关于进一步规范档案管理工作的指导意见》，提出档案工作的发展目标和规划，并采取分步实施、整体推进等有力措施，推进档案工作向前发展。

（四）企业档案管理服务大局的作用日渐凸显

企业档案是企业各项生产经营和管理活动的查考凭证、生产建设的参考依据、科学研究的根本资料和宣传教育的基本素材。真正发挥企业档案资源的价值，把企业的“死档案”变为“活信息”，为企业的领导决策提供原始依据，为企业的可持续发展提供重要支撑保障，已经成为山西省各大省属企业档案管理部门的一个重要课题。有的企业档案管理部门依据档案资源，独立编写了会议汇编、制度汇编、劳模事迹汇编、事故分析、基础数字汇编等；有的与其他部门配合，参与企业史志编写，进行档案信息深层次加工；有的通过汇编档案利用典型实例，下发给各单位，提高全员的档案工作意识。省属企业档案管理部门在推动山西省企业转型跨越、经营管理、安全生产、权益维护乃至突发事件应对中发挥了应有的作用，为山西省转型跨越发展提供了重要动力源，为山西省“六大发展”提供了重要的助推力。例如，太钢档案部门主动承担了建设太钢博物园和厂史教育展览馆的重任。依托馆藏档案资料，在全公司开展了档案资源普查，共收集、整理、复制档案文物、工业遗存物等120余种，老照片600余张。这使档案工作融入了企业中心工作，拓展了档案工作的广度和深度，扩大了企业档案工作的影响，树立了档案部门的良好形象，全员档案意识普遍得以提高，也为其他省属企业档案管理工作紧紧围绕山西省改革和发展大局提供了经验、树立了典型。

（五）企业建设项目档案水平逐步提高

国有大型企业作为山西省经济转型跨越的主体，所承担的建设项目点多面广，成为山西省经济发展的主要力量。为加强建设项目档案工作，保证建设项目档案收集齐全完整，提升项目档案工作服务项目建设的能力，各省属企业认真落实项目档案工作法人负责制，将项目档案工作纳入项目建设全过程，档案部门通过与企业项目主管部门配合，对建设项目档案管理实行全过程的监督和控制，确保项目档案资料齐全、完整、准确和系统，真实记录和见证项目建设的过程，为日后生产运营提供了坚实的档案资料支撑。

建设项目档案工作涉及领域广、主体多、专业性强，工作难度较大。为提高建设项目档案工作的质量和水平，各省属企业不断改进工作方法，探索工作规律，总结工作经验，形成了一系列好的经验和做法。有的通过合同约束，保证项目档案工作质量；有的将档案人员签字认可作为工程结算依据；有的参加单位工程档案资料三方审查及工程竣工验收；有的通过现场培训和指导，提高项目档案工作人员素质；等等。总体来讲，省属企业项目档案工作质量不断提高，档案工作服务项目建设的能力也不断增强。

（六）企业档案管理工作的规范化、标准化程度不断提升

近年来，山西省国有企业以年度档案工作目标考核为契机，以规范化管理活动为动力，进一步提高认识、理顺体制、强化管理、充实力量，企业档案工作步入了新的发展阶段。通过规范化管理目标的推进，省属企业档案工作在工作体制机制、安全保管、开放利用及重大建设项目档案管理等方面都取得了显著成效。与此同时，档案信息化建设方面也取得了令人瞩目的成绩，省属18个企业中超过半数的企业实现了计算机辅助管理档案，近1/4的企业逐步实现了企业档案信息的资源共享，数字化档案室建设已成为新形势下省属企业档案管理发展的工作目标。

同时，企业档案人员业务素质普遍提高，业务能力有所增强。根据档案工作出现的新情况、新问题、新特点，围绕国家档案局10号令及《企业档案工作规范》的宣贯，省档案局和各省属企业始终把提高档案干部队伍素质、强化基础业务能力建设作为档案事业可持续发展的一项基础性、战略性工程来抓。不断探索培训模式、改进培训方法、增强培训效果，既开展大课堂的理论知识传授，又注重小范围的实际操作培训，提高了档案培训的质量和效果。档案人员工作意识不断提高，职业荣誉感不断增强，业务素质和工作能力也得到提升，为企业档案工作的开展奠定了坚实的人力资源基础。

二　山西国有大型企业档案工作存在的问题

山西国有大型企业档案管理工作取得了很大成绩，但我们也要清醒地看到，企业档案工作还存在不少问题，与企业改革和发展的要求还存在一定差距，档案工作整体发展水平也很不平衡，一些影响企业档案工作发展的深层次矛盾还没有从根本上得到解决。

（一）企业档案管理意识薄弱、观念滞后

一方面，传统“重藏轻用”思想根深蒂固，山西省国有企业档案工作的重点大多集中在对档案实体的归档保存上，忽视了档案的信息管理和知识管理。另一方面，由于档案信息管理的成本相对较高，多数企业在“档案工作是一项亏本买卖”思想的影响下，未能配备相应的软硬件设施。现阶段山西省企业档案工作，不论是企业档案行政管理层，还是企业的领导层和企业档案工作具体执行者，都没有完全树立起以信息管理、知识管理、文化建设为追求的企业档案管理理念，建立以档案信息资源建设为主线、以企业文化建设为目标的企业档案管理机制。

（二）企业档案管理法规制度不完善

当前，山西省国有企业档案工作虽然受到一定重视，但是企业档案管理相关政策法规仍然不够完善，成为阻碍企业档案工作发展的主要障碍。这种制度的不完善主要体现在以下几个方面。①企业档案工作的法规没有动态适应现代企业档案管理的要求，政企分开后，出现很多企业档案改制的情况，而《档案法》未明确规定，相关档案法律法规不能适用于调整后的企业档案管理工作。②企业档案工作制度规范与企业自身的实际情况之间存在差异，针对性和适用性不足，具有企业自身特色的档案信息制度规范亟须构建。③企业档案工作作为企业与档案两大领域的交叉，既要在档案相关法律法规的指导下工作，又不能违背企业相关法律法规的有关规定，这就要求这

套关于企业档案管理的法律法规必须和谐一致，不能出现相互冲突、相互抵触的情况。④有关企业档案管理的某些法律法规中，仍然存在不够明确的条文，使执法工作难以展开。“执法”是立法的基础，制定法律时必须从实际出发，考虑到法律的可执行性，尤其是要明确相关“规定”和“措施”。

（三）企业档案工作运行机制不健全

山西省企业档案工作在档案管理强制性和规范性政策法规、档案工作必要的物质和经费保障以及档案工作专业化人才等方面的相应保障机制不健全；企业档案工作动力机制不足，推动企业档案工作发展的手段和方法方式等还存在许多问题，缺乏创新；对有成绩、有想法的档案工作者在物质上和精神上的奖励、激励不足，档案工作发展推动力较为缺乏。山西省现有的企业档案管理工作评价机制极不健全，档案工作“被例外”的现象时有发生，对档案管理工作缺乏有效评价机制，对工作推进过程中存在的问题进行及时诊断、反馈等的工作力度不足，亟待加强对档案工作的准确性、时效性、经济性和满意度等进行有效评估。即使有少数企业建立了一定的评价机制，不科学、不完善的评价方法也严重影响了档案工作价值的真实展现。

（四）企业档案人才管理机制不到位

做好档案管理工作的第一步就是选拔人才，而山西省企业档案管理工作人才选拔机制不完善、不到位，缺乏相应的人才培养机制、人才激励机制和人才保障机制，企业中对人管理不到位的现象普遍存在。我国多数企业对档案人员的要求不高，未能从为企业档案事业发展挑选合适人才的全局观念出发，选拔具有高素质、高能力和高技术的人才。在选择人才的渠道方面，把企业中能力不强的、年龄稍长的“次级人员”安排到档案管理岗位的情况经常存在。除了在人才选拔方面存在问题外，有些企业缺乏必要的档案人员培养方案：一是缺乏必要的学习和培训机会，档案人员的技能素质难以跟上现代档案工作的步伐；二是缺乏有效的档案人员晋升渠道，很多档案工作者长期工作在一线，职位得不到相应提升。由于企业档案工作具有辅助性和服务性特征，档案人员难以在企业管理中发挥“至关重要”的作用，做出“惊天动地”的举动，在工作中的收获与付出不成正比。

（五）企业档案信息缺乏系统的整合

积极推进企业信息化建设是企业发展的重要支撑和技术保障。目前，山西省大多数国有企业档案的管理和保存没有专门的档案管理机构，仍然处于分散化和条款分割、缺乏配合的状况。随着信息化建设的发展，档案还仅处于原始的记录功能，没有实现信息资源的共享和有效整合，在一定程度上限制了企业信息化的发展。例如，有的企业新招聘的员工进行岗前培训缺乏相关学习资料，不同部门之间和不同员工之间共享知识资源和信息的平台不完善，不能进行知识资源的统一调度和查询。在生产运作过程中，企业不同部门之间形成不同的部门信息和知识内容，零散地分布在相应的部门内部，无法实现相互借鉴和重复使用。各个成员按照自己的习惯来决定事物的处理原则和方式，对资料内容进行规划也没有统一、严格的规范，导致工作效率低下，工作失误增多。

三　加强山西国有大型企业档案工作的对策建议

目前，山西省正处在推进转型综改试验区建设和实现富民强省的关键时期，各省属企业要紧紧围绕省委、省政府的中心工作，围绕企业的转型跨越和发展目标，以企业档案管理为核心，以档案信息化建设为抓手，切实做好省属企业的档案管理工作。

（一）不断转变和增强企业员工的档案管理观念

“思想是行动的先导”，山西省国有大型企业首先要实现思想观念上的根本性转变。要充分认识到档案管理显示着企业管理的水平，这既是时代的现实要求，也是加强企业管理和创新的客观需要。因此，省属企业要通过强化教育引导，促使每一位员工特别是各级领导干部转变管理观念，更新工作思路，增强档案管理建设的紧迫感，从而自觉应对挑战；要加强领导，因为档案管理建设是一项融现代科技、企业业务、组织管理为一体的系统工程，要对过去的管理、制度、流程、机构等各方面做出改革，是牵一发而动全身的改革，涉及方方面面的利益，只有领导重视、指挥得力，才能确保档案管理的成功。同时，要清除长期在纸介质条件下理解档案管理的思想障碍，全面树立现代化管理的思维理念，逐步实现物的现代化、制度的现代化、人的现代化。物的现代化是实现档案管理的物质基础现代化，包括计算机硬件和软件及应用手段的现代化。制度的现代化是要与时俱进地制定和完善与档案信息化发展相配套的规定、制度和法规。人的现代化是每一个企业员工都要转变思维方式，适应新的工作和管理机制，以充分实现人机的最佳结合。要通过物的现代化，拉动管理思想、管理方式和管理流程的变革，从而带动制度创新直至企业管理创新。

（二）及时制定和完善企业档案管理制度和规范

有法可依是有效开展档案管理工作的基础和前提。山西省国有企业档案管理由于制度规范的不完善而限制了进一步的发展。因此，要想加快国有企业档案管理工作，最关键的是制定完善的档案管理制度规范。在纵向上要把国家、山西省和各企业的档案管理工作法规在适用性、配套性和可执行性等方面进行有效的灵活协调和保持一致性，并随着企业的发展在遵循国家法律框架的前提下不断修订和完善。针对当前山西省国有企业的实际情况，结合当前档案管理工作中存在的问题，积极构建一套具有可操作性的档案管理制度和法律，逐步探索出一条开展档案管理的新方法和规范准则，出台具体的档案管理规范，促进档案管理工作的规范化和科学化。对档案管理的具体事项和细则进行规定，如对档案管理的主客体与内容、档案管理人员的权利和义务、档案管理的特定目标、档案管理人员的业务规范、档案管理的具体方法和指标等做出明确的规定，确保国有企业档案管理在一个统一的大法律框架下进行，这也是山西省做好顶层设计的一个重要体现。只有这样，才能保证山西省各国有企业档案管理有法可依，才能保证档案管理的权威性和有序性。为适应新时期的发展，可以尝试对档案管理的职能、权力和责任做出法律上的规定，确保政务督查权力的明晰、责任的明确、效力的权威。

（三）积极引进和培养高素质企业档案管理队伍

企业档案管理需要掌握多学科知识和综合素质高的“复合型”人才。因此，山西省国有大型企业首先要加强对现有档案管理人员的业务培训和教育，增强人员的档案管理意识，提高其专业能力，使档案管理队伍不断更新知识结构，提升技术水平，以适应档案管理的现实需要。在培训内容上，要重点突出档案管理业务知识的培训，让档案管理人员更好地掌握档案管理的专业知识。在档案管理的方法上，要重点提高档案管理人员的综合能力。其次，提高企业档案管理水平，必须注重思维和方法并重，在转变管理观念、运用科学手段以及探索先进方法等方面不断创新，进而推动企业档案管理工作的可持续性和科学化，所以要拥有一批档案管理人才，要引育一批“985”“211”院校或者地方名校档案、法律、会计、管理和计算机领域的专门人才，并积极对这些人才进行专门的知识再培训。与此同时，企业还要加强内部业务管理机制建设，包括建立科学的人员考核机制、建立积极向上的机关文化，从而激发档案管理人员进行档案管理的主动性，不断提高企业档案管理的质量。

（四）以档案信息资源共享为目标推进档案信息化建设

档案管理信息化也是一场深刻的管理革命，不可避免地涉及观念、机构、流程、机制、习惯的改变，以及企业内部各种利益的调整和重构。山西省档案管理信息化建设虽然取得了一定的成效，但档案管理观念的变化滞后于信息技术的发展。我们必须认识到，信息化绝对不是把手工操作模式简单移植到计算机上，它首先是档案管理工作的标准化和规范化，它要求企业业务、行政管理、组织机构等的配套改革，要求人、财、物的适应，要求对习惯做法进行调整，要求按规矩办事。以信息技术取代管理和以管理取代信息技术的认识都是片面的，企业要应用当代最先进的信息网络技术，与时俱进地建设档案信息系统，最大化地提高企业档案的网络化、信息化程度。同时，更关键的是要建设好企业外部的网络化、信息化，实现企业与政府及工商、银行、公安等部门的联网，对政府及其部门的信息进行整合，建立健全信息交流和信息共享制度。信息交流是双向的，不仅内部部门向企业提供信息，企业也有义务和责任向其他部门提供所需信息；信息交流是互动的，一方对另一方的信息，应适时地进行反应和反馈，加快推进企业档案信息化建设，逐步实现档案信息资源共享。

B.22

山西民营文化企业现状分析及发展路径研究*

焦 晶　刘志斌**

摘　要：本报告对山西省500多家民营文化企业进行了抽样调查分析，发现山西省民营文化企业的发展还存在诸多制约因素，得出推动山西省民营企业纵深发展的路径：一是传统手工业企业要与时俱进，创意创新，升级传统文化产业；二是鼓励做大做强新型业态的核心文化创意企业，优化文化产业结构；三是加速产业文化化、文化产业与相关产业的融合；四是扶植小微文化企业，给予其人力、财力、政策方面的支持；五是搭建对外交流平台，鼓励山西民营文化企业“走出去”。

关键词：山西民营文化企业　现状分析　发展对策

党的十八届三中全会明确提出支持各种形式小微文化企业发展，表明中央对各种形式小微文化企业的重视。根据笔者对知网相关研究结果的分析，学界对民营文化企业的关注较少，关于该群体高质量的研究成果也较少。在

* 本报告是2013年山西省科技厅委托研究项目“体制优化助推山西文化产业发展的理论思路与政策建议”（2013041069－01）的阶段性研究成果。

** 焦晶，山西大学经济与管理学院、山西大学中国中部发展研究中心，对外经济贸易大学跨文化与文化资本研究中心，讲师，主要从事商务英语与跨文化沟通等方面的研究；刘志斌，山西省文化产业发展中心。

此次调研中，我们依据对文化产业按活动性质分类的标准，将调研的民营文化企业分为两类：核心文化民营企业与相关文化民营企业。山西核心文化民营企业的经营业务包括影视传媒、广告、书刊报纸及手工艺制造。而山西相关文化民营企业经营的有些业务更加具备山西特色，包括酒业务、食醋业务、茶业务、家具制造业务以及文化地产业务等。通过对山西省500多家民营文化企业进行抽样调查分析，发现民营文化企业的发展存在诸多制约因素，亟待拓宽民营文化企业的发展路径。

一　山西民营文化企业对山西经济的贡献

据统计，我国所有文化企业中，小微文化企业的数量占总量的80%，创造了约60%的文化产业增加值。从对广东、重庆、河南、吉林等省份的调查来看，数量多、发展层次不均、发展提升空间大是小微文化企业的基本现状。山西省有3家企业入选2013~2014年度国家文化出口重点企业，它们是山西宇达集团（国家文化产业示范基地、2013年出口额达348.5万美元）、广灵县多堂剪纸文化产业园区有限公司（2013年出口额达516万美元，2011~2012年国家文化出口重点企业）与特玛茹电子科技有限公司（2013年出口创汇198.3万美元），这三家均为民营企业。从2004年开始，“国家级文化产业示范基地”由文化部组织评比，每两年推出一批。目前，山西省有5个民营文化企业获此殊荣：嫦娥文化艺术公司、阳城县皇城相府集团、宇达文化产业园、广灵剪纸文化产业园和王家大院。可见，民营文化企业在山西省文化产业中发挥了日益重要的作用，发展潜力很大，发展前景广阔。

美国文化产业占GDP的比重已达到25%，而我国还不足4%。据国家统计局的新标准，全国仅几个省份的文化产业成为该地区的支柱性产业，即文化产业增加值占本地生产总值的5%以上。2014年由中国工商联按照营业收入总额排名的中国民营企业500强出炉，企业所属行业中，从事文化产业的企业仅1家，从事业务为文教、工美、体育和娱乐用品制造业，而这并非真正意义上的核心文化企业。可见，从全国来看，民营文化企业的实力有待加强。而山西的民营文化企业状况如何呢？不难发现，2014 年中国民营企业 500 强中没有山西民营企业的身影。在《光明日报》评选的十名“2014 中国文化产业年度人物”中，尚未出现山西企业家的身影。那么，山西民营文化企业现状如何呢？

二　山西民营文化企业的地理分布、企业规模、业务特点定量分析

（一）数量可观

根据山西省第三次全国经济普查的结果，截至 2013 年末，山西省从事第二与第三产业的小微企业法人单位共 11.27 万个，占全部企业法人单位的 94.3%；小微企业从业人员为 234.29 万人，占全部企业法人单位从业人员的 42.3%①。可见，企业数量多、从业人员多是山西省小微企业的一大特点，而小微文化企业也具有类似的特点。截至 2013 年 11 月，笔者所能得到的山西省民营文化企业的数量是 507 家，但笔者相信，真实的数据应该要更大一些，因为这个统计还没有包括那些与文化产业相关的更多企业，比如餐饮、茶叶、文化地产等行业。如果这样统计，山西省民营文化企业的数量则相当可观。本次调查更多关注的是处于文化产业核心层的民营文化企业。

（二）分布地域广，成立时间相对较短

民营文化企业几乎遍布山西的 11 个地级市，且在各地都已经有一定的发展基础（见图 1）。一些新型的创意文化企业已见端倪，发展势头良好。被调查企业中 2000 年后成立的占 81%，而 2000 年以前成立的仅占 19%。所以，山西省民营文化企业的队伍相对年轻，有很大的发展空间和潜力。

---

① 数据来源于山西省统计局。

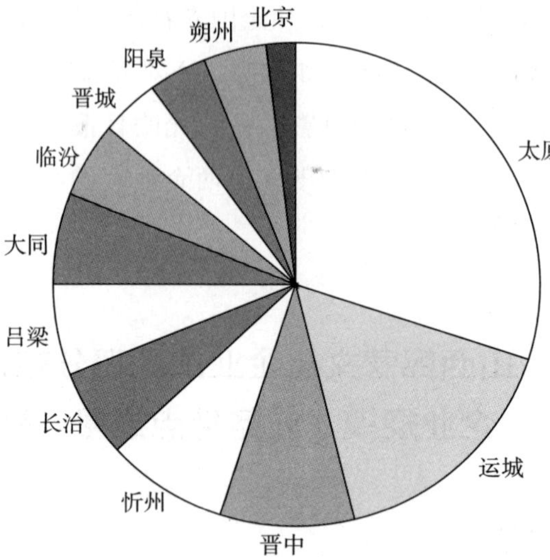

图1　山西省各市民营文化企业在本统计中所占比例

资料来源：根据山西省文化产业发展中心资料整理而得。

（三）具有浓郁的山西地方特色与文化稀缺性

在本次统计中，近1/3的民营文化企业所经营的业务根植于山西地方特色文化。这些企业的业务基础有的为地方传统手工艺，有的为物质或非物质文化遗产，具有浓郁的山西地方文化特色。2013～2014年度山西省三家"国家文化出口重点企业"中有两家所从事的业务与当地的特色文化有关：山西宇达集团的青铜器和广灵县多堂剪纸文化产业园区有限公司的剪纸。在当今全球本土化的文化语境下，这种浓郁的山西特色最大的优势是其构成了民营文化企业产品的文化稀缺性，而这种山西文化生态造就的文化稀缺性则是文化企业开拓国内国际市场的亮点与卖点。

（四）与传统相关产业日渐融合，显现产业文化化的端倪

按照著名荷兰学者霍夫斯泰德的观点，文化的层面包含象征层面、英雄

层面、仪式层面、价值观层面以及这些层面在行为上的体现①。文化既包含精神的，也包含物质的、制度的、行为的。文化企业的界定应有狭义的文化企业与广义的文化企业之分。狭义的文化企业是传统的生产核心文化产品的企业，而广义的文化企业则是指生产传统的物质产品的企业，而产品又被赋予了文化色彩。消费者在消费商品的同时，又消费了这种商品身上所附带的文化。既有物质享受，又有更高层次的精神享受。这是当今消费的一个趋势。所以，将文化产业与其他产业孤立起来是不正确的，文化产业与其他相关产业的融合发展是符合文化产业发展规律的。所谓产业文化化，就是要改变以往仅仅注重物质产品的做法，加大产品创意的成分，提高产品的文化含量，提高产品的附加值，满足消费者物质与精神的双重需求。所以，产业文化化与产品文化化不仅是消费者的需求，而且是生产者满足消费者需求与提高利润的需求。一种精神的文化，往往通过物质、制度或行为体现出来。被调查的民营文化企业所呈现的另一个亮点是文化产业与其他相关产业的交融更多，如文化与医药、地产、饮食、醋、茶的交融日益密切。这表明山西省许多企业都已关注产品文化化的重要性。

虽然山西省民营文化企业的生存发展有诸多利好政策和条件，但也存在制约其生存与发展的不利因素。民营文化企业有着民营企业所固有的发展局限，具体体现在以下第五到第九个方面。

（五）民营文化企业规模参差不齐

本调查主要从企业从业人数以及注册资本情况考察企业规模。从企业人数来看，从业人数多的企业主要是餐饮型企业，其中不乏从业人数达几千人的大企业，而餐饮企业只是文化相关企业，并不属于核心文化企业。具体情况如图 2 所示：约 40% 的企业人数为 11 ~ 50 人；约 76% 的企业人数在 201 人以下。可见，从从业人数方面考察，相当多的民营文化企业是小微企业。

从注册资金情况来看，千万元以上的大项目主要集中在旅游开发、广告

① 吉尔特·霍夫斯泰德（Geert Hofstede），当代著名心理学家、管理学家，跨文化管理研究权威。

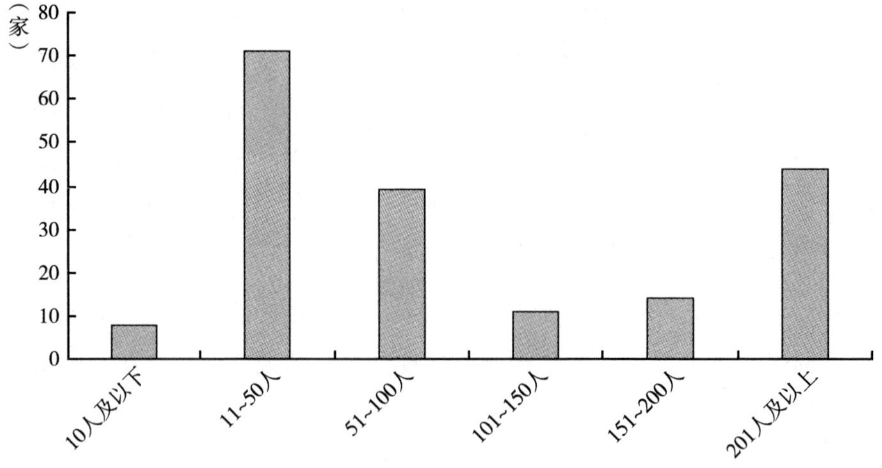

图 2 山西省民营文化企业从业人数规模分布

资料来源：根据山西省文化产业发展中心资料与企业信息整理而得。

传媒、餐饮业以及文化地产企业。而后两者只属于文化相关产业，并非核心文化企业。核心文化企业注册资本相对较少，多以几万元、十几万元、几十万元、几百万元为主。具体情况见图 3①。

可见，核心民营文化企业的注册资本多集中在几百万元及以下，虽有注册资本达千万元的企业，但多属于文化旅游业，并非核心文化企业。

（六）地理分布不均衡，发展水平参差不齐

虽然文化企业遍布山西省各地，但在有的地区活跃一些，在其他地区则欠活跃。民营文化企业主要分布在太原、运城与晋中三市，分别占本次统计的 30%、16% 与 9%。可见，太原是山西省民营文化企业分布比较集中的地区。在山西省民营文化企业中，有国家出口重点企业，也有没有任何出口业务的小企业。

① 由于有些企业的信息暂时未能获取，本项调查的企业数为 129 家，希望能够对了解山西省民营文化企业的注册资本状况有所帮助。

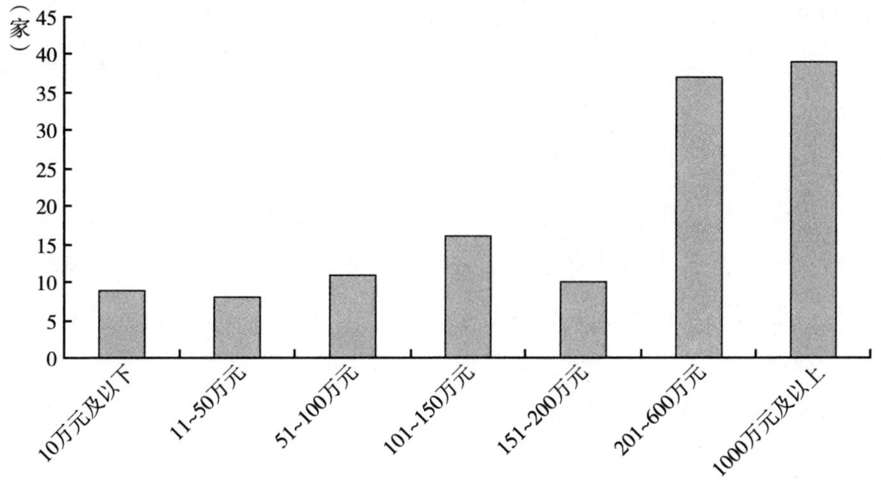

图 3　山西省民营文化企业注册资本规模分布

资料来源：根据山西省文化产业发展中心资料与企业信息整理而得。

（七）经营业务多是对传统技艺的传承，缺乏创意，处于价值链低端

国家统计局根据第三次全国经济普查资料，对 2013 年我国文化及相关产业的主要指标进行测算，结果表明，2013 年我国文化及相关产业的增加值超过 2 万亿元。其中，“文化创意和设计服务”创造的增加值为 3495 亿元，仅占 16.4%。可见，我国文化产业创意与设计服务创造的增加值占总增加值的比重较小。相似的情况是，山西民营文化企业中从事创意与设计服务业务的数量也很少，仅占 6%。

创意产业是依靠个人的创造力、技巧及天赋，通过知识产权的开发和运用，借助高科技对文化资源进行创造与提升，进而创造财富与增加就业的产业[①]。英国是创意产业大国，英国创意之父霍金斯在其著作《创意经济》中认为，创意产业是其创造的产品都在知识产权法保护范围内的经济部门。可见，

① 毕佳、龙志超：《英国文化产业》，外语教学与研究出版社，2006。

所谓的创意产业特别强调知识产权，而知识产权意味着独创性。独创性需要实践经验与教育的投入。在统计样本中，有30%的文化企业经营的业务是文化传媒，27%的文化企业经营的是传统手工艺品的制作。其次为文化旅游、休闲，创意、设计，文化产业投资、开发，演艺，广播影视，数字科技，出版印刷以及医疗、饮食业务（见图4）。可见，山西省文化企业业态仍以传统的工艺美术制品业务与文化旅游业务为主，业务根植于传统手工业或物质、非物质文化遗产，基本上属于“靠山吃山”。而真正意义上的创意设计、数字科技等以高科技、高附加值为特点的新型业态的企业较少，创意文化产业的发展呈不足的态势。

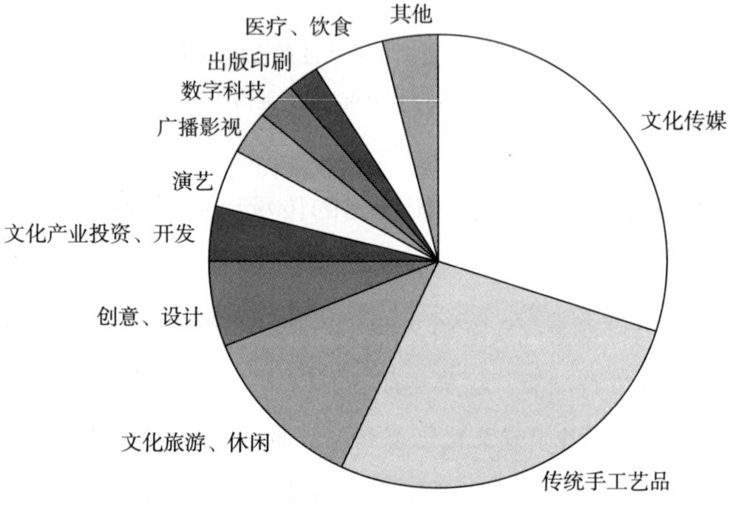

图4 山西省民营文化企业经营业务类型

资料来源：根据山西省文化产业发展中心资料整理而得。

（八）手工作坊式的经营管理模式

多数民营文化企业属于小微文化企业，这种企业多为在家庭作坊基础上发展起来的家族企业或合伙企业。规模小、资金少、管理欠科学、发展平台小、外向型程度低是其共性。

多数企业外向性程度不高。其中，家庭作坊式的经营管理模式有其先天的弱点。

（九）外向性程度低

调查发现，在样本中的500余家民营文化企业中，拥有独自网页的企业不足100家，其余大多通过其他网站宣传自己，企业形象受到一定程度的影响。可见，民营文化企业通过互联网加强企业自我形象管理、营销企业的意识有待进一步加强。而拥有双语网页的企业数几乎为零，所以民营企业家的国际经营意识仍有待加强。据调查，山西民营文化企业中有出口业务的仅20家，占总量的不到4%。中外合作或合资企业有5家，仅占1%。此次调查中，我们发现山西省跨地区的文化企业仅3家。山西民营文化企业要积极开拓国内国际两个市场，既要“请得进来”又要“走得出去”。

三 助推山西民营企业发展的路径

山西民营文化企业虽数量可观，但是有待质的提升；虽分布区域广，但尚未形成规模优势；虽具备文化稀缺性，但价值潜力仍有待进一步挖掘。

（一）传统手工业企业要与时俱进，创意创新，促进传统文化产业升级

近1/3的民营文化企业经营的业务是传统手工艺品的制作。传统手工艺品主要取材于当地，技艺主要靠传承，具有一定的历史渊源，是相对古老的艺术形式。不同年龄层次、教育背景的消费者的偏好是不同的。传统文化遗产是迎合某个时代、某个地域的消费者偏好的产物。要使传统文化焕发出新的生命活力就要以新的内容丰富它、以新的形式呈现它、以消费者喜闻乐见的方式体现出来。传统文化遗产是创意的产物，仍然需要创意去发扬光大。要建立行业协会，组织传统手工艺品企业开展创意产品大赛；鼓励企业运用

现代高科技手段，加大对创意活动的投入，建立创意研究部，做好市场调研与创意创新的有机结合。

（二）鼓励做大做强新型业态的核心文化创意企业，优化文化产业结构

创意乃文化产业之魂。但我国文化产业创意与设计服务创造的增加值占文化及相关产业增加值的比重较小。相似的情况是，山西民营文化企业中从事创意与设计服务业务的企业数量也很少，仅占6%。大力保护传统与新型业态的文化创意民营企业，从人力、财力、物力方面给予民营文化企业政策扶持。千方百计地为其解决融资难、税负重的难题。

（三）加速产业文化化、文化产业与相关产业的融合

山西省文化产业相关企业规模较大，由于根植于山西悠久的历史文化，其地域文化特色也十分明显。文化是通过多种载体体现出来的，要夯实现有文化相关产业基础，促进产业文化化与文化产业化；传统产业文化化是满足消费者越来越高的消费需求的需要，也是企业提升产品质量与品质、获得更多产品附加值、实现第二次价值飞跃的需要。要加大文化产业与相关产业的融合力度，利用先进的技术与传播手段实现产品创新，进而实现强强联合、优势互补。

（四）扶植小微文化企业，给予其人力、财力、政策方面的支持

本次调查中，小微文化企业绝对数量较多，约占总体数量的80%。经营方式灵活及具备山西文化特色是其优点。但是，这些企业有诸多的先天不足：资金底子薄；生产技术相对落后；社会网络不足，只有极少数开展了电子商务；人员素质有待进一步提高。针对以上问题，银行要提供针对小微文化企业的贷款业务。小微文化企业应与高校及科研机构联合，研究用新的内容、材料、形式与传播手段创新传统生产工艺。政府要鼓励企业积极走出去，为小微文化企业提供推介、交流平台，并以文化企业为载体，组织“山西文化中国巡游”以及“山西文化世界巡游”。要通过组织文化企业骨

干与国内同行及文化产业专家交流，推荐优秀企业人才奔赴国内外博览会及研究机构交流学习，进一步提高人员素质。

（五）搭建对外交流平台，鼓励山西民营文化企业“走出去”

实施文化“走出去”战略，积极开拓国内国际两个市场。以市场需求拉动发展。如果说文化与旅游产业的深度融合是通过“请进来”的方式发展文化与旅游业的话，那么山西民营文化企业则更应该“走出去”，主动以“国际表达”的“山西内容”让世界认识、了解、接纳山西。美国文化企业之所以能够在世界上大行其道，政府的推动功不可没。与国有文化企业相比，民营文化企业有势单力薄的先天缺陷，更加需要政府的支持与推广。就支持而言，可以对民营企业家进行有关文化经济、文化产业理论、国内外文化产业发展现状的培训，增强其文化经济敏感性，拓展其国际视野。在推广方面，可采取“请进来”“走出去”的策略，继续在山西省召开文化产业博览会。积极“走出去”，开展山西文化企业“国内行”与“世界行”活动，详细规划活动路线与活动内容。不难发现，我们每天接触的国外文化产品不胜枚举。这些文化产品有物化的书、杂志、饮食等，但是更多的是音乐、电视剧、电影等。因为后者传播速度更快且对人的影响力更大，这种文化产品的影响因子指数可谓更高。所以，山西文化企业“走出去”，一要注重内容与受众审美趣味的结合，二要注重传播方式与载体的创新。

试点案例

Case Study

B.23

山西省试点县转型综改工作进展报告（2014）

李志强　李静媛　吴心怡*

摘　要：2014年，面对巨大的经济下行压力，山西省各试点县以深化改革释放活力，以创新驱动增添动力，进一步推进重点领域和关键环节的改革与创新；全力引资上项，狠抓项目落实，经济、民生、生态环境进一步改善，体制机制创新取得新突破。本报告通过对转型综改、扩权强县试点县（市、区）2014年的工作进展情况进行总结，在此基础上提出进一步推进试点县（市、区）转型综改工作的政策

* 李志强，山西大学中国中部发展研究中心主任，山西大学经济与管理学院、山西大学资源型经济转型发展协同创新中心、山西大学管理与决策研究所，博士、教授、博士生导师，主要研究方向为制度理论与竞争力、资源型经济转型、战略与创新管理；李静媛、吴心怡，山西大学经济与管理学院。

建议。

关键词：转型综改　试点县　扩权强县

转型综改、扩权强县试点县（市、区）的确立为推进县域经济发展提供了多重机遇。截至目前，山西省共有27个扩权强县试点县（市、区），其中有11个县（市、区）作为省级转型综改试点县（市、区）［省级转型综改、扩权强县“双试点”县（市、区）］开展试点工作。同时，为探索高碳产业低碳发展路径，加快经济发展方式转变和经济结构调整，山西省发改委于2014年10月确定了15个县（市、区）作为第一批省级低碳县（市、区）开展低碳试点工作。

2014年是综改攻坚年，在这一年中，面对巨大的经济下行压力，各试点县（市、区）全面贯彻省委、省政府“转型综改攻坚年”的决策部署，抢抓机遇，砥砺奋进，以深化改革释放活力，以创新驱动增添动力，提升改革的针对性和实效性，进一步推进重点领域和关键环节的改革与创新；围绕“项目见效年”部署，逐步完善“六位一体、统筹推进”工作机制，全力引资上项，狠抓项目落实，经济、民生、生态环境进一步改善，体制机制创新取得新突破。本报告在对2014年省级转型综改试点县（市、区）、扩权强县试点县（市、区）工作进展情况进行总结的基础上，提出进一步推进山西省试点县（市、区）转型综改工作的政策建议，以期更好地推动试点县（市、区）建设，助力县域经济提质增效。

一　山西省试点县（市、区）工作取得的新进展

2014年各试点县（市、区）经济运行稳定，民生改善及生态环境保护与治理都取得了新进展。民营经济发展、人才培养引进、城乡一体化发展、

公共服务供给、土地管理制度、金融服务等方面体制机制不断创新，并涌现出一批典型试点县（市、区）。

（一）经济运行稳定

2014年以来，山西经济呈现“断崖式”下滑，县域经济的煤焦行业也面临巨大困境。为实现“止缓、回稳、促增”，试点县（市、区）采取措施，打出援助煤焦行业、培育发展新的经济增长点、鼓励支持中小企业发展等组合拳，使经济稳定运行。其中，灵石县出台5条措施帮助煤炭企业实现正常运营；投资150多亿元上马一批转型项目，包括启光2×35万千瓦低热值煤发电项目、北斗导航智慧应用云计算项目、聚义煤矸石制纤维项目等，以项目建设为载体推进产业升级，并形成新的经济增长点；从产业、品牌、管理三方面扶持中小企业发展。平鲁区采取标准化矿井建设、企业封闭式管理、增量稳价、煤电互保、洗选提质、就地转化等一系列综合措施，不断推进煤炭企业提质增效。通过加速土地流转，兴办企业，加强农行科技支撑促进特色农业较快发展。怀仁县举力推进循环经济园区建设，鼓励煤矿企业实行“煤瓷联营”战略，积极建设一矿一企，柴沟、峙峰山、芦子沟三座煤矿分别新建了陶瓷企业，煤基产业链不断延伸。平定县挖掘利用文化资源，大力发展“三山两关”、刻花瓷、砂器等文化产品和武迓鼓、皇纲等非物质文化遗产文化演艺业，在文化创意和设计服务与相关产业融合发展上下功夫；鼓励外贸企业参加出口信用保险，已有2家企业参加。襄垣县以四条循环产业链为中心积极打造全国最大、世界一流的新型煤化工园区。长治县结合地域特点大力发展干果经济和苗木花卉产业等现代林业，实现生态效益和社会效益双赢。阳城县在绿色发展之路上强劲发力，大力发展旅游产业，闯出了一条文物保护与经济开发建设有机结合的新路子。

（二）民生改善创造新成绩

试点县（市、区）着力打好就业、社会保障、社会事业三张牌，实施多项惠民、便民、利民措施，努力提高居民幸福指数。原平市通过六项工作不断改善民生：为一些学校投资建设教师周转房、改善学生宿舍楼，改善教学设施，着力搞好科教兴市战略；推进公路改造工程，加强出租车管理，使出行更加便利；提升卫生计生服务水平；推进高校毕业生就业服务，开展农村劳动力转移示范县创建工作，强化公共就业服务，就业创业工作再创佳绩；大力夯实城市基础设施建设；扎实推进保障性住房工作。灵石县在认真落实省政府“五件实事”和县委、县政府承诺的“十件民生实事”基础上，提高民生支出以加大民生相关重点项目保障力度，仅2014年上半年财政民生支出就已达7.2亿元；通过设立就业500万元专项资金、提高公益性岗位人员就业补助、开展职业技能培训等措施突出保就业；对拖欠农民工工资的行为开展专项整治，出台保工资“八条”实施意见保障煤炭产业职工利益。柳林县将全年财政收入的85%投入民生事业，以建设“吕梁教育强县”为目标，全方位提高中学教学管理水平，建设并改造5所农村幼儿园，联盛教育园区积极与省内外知名大学合作办学；全面推进“健康柳林”计划，建立大病医疗救助“一站式”服务，建立更为有效的乡镇医务人员收入绩效分配制度；切实推进“文化兴县”发展战略，县展览馆、清河民俗文化雕塑园及县图书馆、文化馆、乡镇文化站全部免费开放；通过工商注册改革带动就业近4000人，三所民办职校开展创业培训带动创业210人、就业570人。保德县加快推进公立医院改革：县医院和县中医院对所有药品实行零差率销售，由政府补贴60%，消除“以药养医”，破解看病贵难题；逐步健全价格调控机制和分配激励机制，上调公立医院诊疗费、治疗费、护理费和手术费，下调医用设备检查费和检验费，进一步合理体现医疗技术服务成本，促进医务人员提高服务质量，实现县级公立医院综合改革惠民利民。

（三）生态环境保护和修复治理实现新突破

生态环境保护和修复治理是转型的一个重要组成部分，2014年，试点县（市、区）将环境保护、修复治理与经济发展、城市发展协同推进，取得了重要的成果。平鲁区不断加强采煤沉陷区治理，把沉陷区治理和新型城镇化建设相结合，整体规划、合理布局；不断推进产业发展由粗放、高耗、低效、单一线型向集约、低碳、高效、多元循环型转变；科学制订生态环境修复治理计划，加大采煤沉陷区环境保护与生态修复治理的力度。清徐县以建设“生态醋都、景观葡乡”为目标，按照“一山一景、一路一色、一村一品”原则，实施大运高速公路沿线荒山绿化、大运高速公路两侧绿化、307 国道通道绿化、平川绿化、农田林网、河道绿化六项绿化工程，打造 26 个“美丽村庄”，积极建设宜居环境。原平市以城市扩容提质为抓手，将生态修复与城镇化发展相结合，与城市东拓相互融合，实施三水环城工程，使原平市人居环境明显改善。柳林县把握 2014 年全省林业现场会将柳林作为主会场的良好机遇，以“巩固、完善、提高”为思路，建设四大生态片区；进一步巩固公路沿线通道绿化和荒山绿化工程；新铺开荒山绿化和核桃林栽植“两个 3 万亩”、村企绿化工程 50 个；继续推进“净空、净水、减排”三大环保攻坚行动，积极创建“省级环保模范城”、建设“美丽乡村”，总投资达 2.48 亿元的热电联产项目 1#换热站建成；科技部首批 23 个科技惠民计划项目——柳林洁净型煤厂一期 30 万吨/年工程竣工，所产型煤也已在县城主城区推广使用。介休市综合整治二期和汾河五坝、兴地引水、小型水利重点县等重点工程取得新进展；龙凤河、樊王河河道完成治理；实施“东山调水”“中部引黄”规划设计和供水管网、调蓄水库等配套设施建设；实施“两个 3 万亩”核桃经济林、东夏线通道绿化、矿区绿化等十项林业重点工程；建立公益林森林生态效益补偿基金制度。

（四）各项体制机制不断创新

1. 民营经济发展机制不断创新，增添县域经济发展活力

各试点县（市、区）以优化生产要素配置为中心，多举并进，持续用力，着力破解民营经济发展瓶颈。其中，深化行政审批制度改革，改善民营企业政务环境；降低市场准入门槛，开拓民营经济发展空间；加强“助保贷”工作，搭建银企互动平台，加大财税金融支持力度，破除融资难问题；积极引导民营企业向新兴产业发展，成为促进民营经济发展的重要途径。自 2013 年陶瓷产业快速发展并成为阳城县经济的重要支柱以来，阳城县陆续

出台了一系列更加优惠、开放的政策，鼓励民营资本向陶瓷产业汇集，并与外资融合发展，其中天一陶瓷、盛世陶瓷等本土民营企业已经成为陶瓷产业的新兴力量。侯马市在出台两项项目审批流程优化方案的基础上，创新园区化集中服务机制，利用闲置厂房建立小微企业创业园，并出台招商引资、政务代理、税费减免等政策。尖草坪区利用山西股权交易中心的平台为企业直接融资搭桥，大力推进“助保贷”业务，探索民营企业集体建设用地抵押融资；积极发展电子商务平台和中小微企业服务平台。灵丘县制定出台了《关于促进中小微企业加快发展的实施意见》等文件，强化民营经济发展的政策支撑；大力引导民营企业加快进入新能源、新材料等环保产业以及有机农业、生态旅游业、现代服务业等新兴产业，并不断加强技术改造创新，增强民营经济发展后劲；进一步深化行政审批制度改革，改善企业政务环境；降低市场准入，加大财税金融支持力度，注重生产要素配置效率与公平性，为企业提供要素支持。保德县建立了小微企业贷款风险补偿机制，加大信贷和小额贷款公司对小微企业的支持力度。

2. 人才培养引进模式不断创新，增强综合发展支撑力

人才是发展的重要资源，试点县（市、区）将人才引进培养与经济发展、产业结构调整紧密结合，持续优化人才引进与培养模式，加大人才引进与培养力度，为县域经济发展提供重要支撑。不断推进“千人百县”服务工程、设立人才专项资金、注重高层次人才的引进、建立各类智库、加强人才培训与培养等是其中的重要举措。高平市坚持“三个优先”“三个一批”思路，推进人才强市战略实施，建成“特聘专家”库、高级职称人才库、硕士研究生库等智库，并不断推进联合办学；特设 1000 万元的高层次人才培养基金以吸引人才投资兴业，着力解决高校毕业生就业难和人才短缺的双重问题。灵石县全面实施人才强县战略，设立人才发展专项资金，每年筹措 200 万元专项资金用于人才的培养、引进、奖励、科研、新技术新产品推广、新项目新产业开发等。孝义市着力打造四个“人才磁极”：在实施“十百千万”人才引进工程的基础上，采用政策引才、平台引才、以才聚才、部门引才四种办法打造“外向引才磁极”，高层次人才总量突破 1000 人；

做好人才队伍衔接、技能培训衔接、联系服务衔接，通过“三个衔接”培育“乡土育才磁极”；在党管人才、人才优先发展、奖补倾斜、服务倾斜原则下，打造“机制创新磁极”；采用多种方式，开展多项活动，使转型项目与人才资源对接、民生幸福与人才创业对接，强化基础与人才发展的对接，打造“作用发挥磁极”。启动“人才惠民直通车”工程，实施“人才工作室全覆盖”“人才分领域组团服务”“订单式人才培养”三项计划。襄垣县瞄准世界领先水平，精准招商引智，先后吸引5个世界500强企业和30多家大企业的优质项目、科研院所工作站落户襄垣，吸引大批人才，并带动本地培育专业化、高层次人才。尖草坪区不断推广“联盟校”试点，加强对人才的培养。

3. 城乡“六个一体化”不断推进，更好地促进城乡协调发展

转型综改的最终目的是实现全面协调可持续发展，其中实现城乡均衡发展是重要的一个方面。2014年，试点县（市、区）在统筹规划、基础设施、产业发展、生态环境、公共服务、社会管理“六个一体化”上持续下苦功，并在城乡规划、基础设施和公共服务一体化等重点领域取得了突出成绩。孝义市深入推进“1420”工程，出台《孝义市城乡一体化试点工作实施方案》，促进公共资源在城乡之间的均衡配置；启动下河堡流域“一镇两乡”一体化发展综改试验区建设，编制《下河堡流域“一镇两乡”一体化发展综改试验实施方案》，并出台财税、金融、招商引资等配套政策。洪洞县以“百里汾河新型经济带”为平台，依托“洪洞天泽现代农业示范园”，推进农村产业化和新型城镇化建设，开拓农村社区、产业园区“两区同建”新模式。侯马市实施规划、治理、建设“三同步”。在城乡规划方面，对全市城乡发展进行统一布局；在城乡治理方面，出台侯马市农民工融入城镇的“六个方面意见”和统筹城乡的“三个管理办法”，形成了配套的城乡一体化管理机制；在建设方面，实施数字电视、公交车等“五个村村通工程”。目前，全市共76个村全部实现了村村通数字电视和公交车，44个村通上了城市自来水，33个村铺设了排水管网，23个村实现了天然气供应。襄垣县按照以产兴城、依城促产的理念，合理规划了“一城三区五镇六十六中心

村”城镇化布局，形成产城融合发展的新型城镇化格局。县城目前建成区面积达 15 平方公里，“六纵九横一外环”城市框架也已形成，绿化覆盖率达 46%，集中供水、供气、供暖等基础公共服务设施基本实现全覆盖，城市承载力和人居环境景观形象显著提升；同时，推进百人以下村庄“下山出沟”，实施采煤塌陷和压煤村搬迁工程，扶持培育农业产业龙头企业，加快集中流转土地，加速人口集聚。

4. 公共服务供给机制持续创新，促进保障体系市场化、多元化

试点县（市、区）紧密联系各县（市、区）实际，因地制宜创新公共服务供给方式，将竞争机制引入公共服务供给，持续推进公共服务市场化、多元化和社会化，不断提高公共服务的质量和效率。侯马市出台《政府向社会组织购买服务暂行办法》，率先在保洁领域开展市场化改革，由政府购买服务，与企业签订清扫保洁协议，规定环卫局的职能为“监管考”而不是直接作为。建立公共财政投入引导机制。养老领域由政府引导，企业、社区、家庭多方参与，建立健全农村、社区老年人日间照料中心网络服务体系。柳林县制定《柳林县财政投资建设项目前期工作管理办法》，对政府确定并纳入计划建设的项目，在规划、用地、拆迁、立项、环评、节能评估等招标前工作环节，采取政府统一招标的形式购买中介服务，这样既规范了服务行为，又降低了服务费用。永济市制定《2014 年政府向社会力量购买服务的推进方案》，明确了具体的购买服务项目及预算。潞城市出台《2014 年政府向社会组织购买公共服务项目目录》，切实解决好政府购买公共服务中“买什么、谁来买、向谁买”的问题，并着重从基本公共服务、养老服务等十方面推进公共服务供给提供主体多元化。

5. 土地制度进一步改革，项目用地瓶颈不断破解

土地是项目建设的前提和保障，但在当前形势下，土地供给不足成为项目建设的重大制约因素。为有效破除土地瓶颈，保证项目实施，试点县（市、区）不断探索创新用地机制，主要包括城乡建设用地增减挂钩、露天采矿用地改革、工矿废弃地复垦利用、省级耕地开发项目专项资金等，并持续推进农村集体建设用地使用权流转。山阴县将盐碱地和荒山、荒沟、荒坡

等未利用地直接变为工业用地，建设产业工业园区，大幅提升土地集约利用率。高平市持续深化城乡建设用地增减挂钩等三项用地新机制，构建城乡统一的建设用地市场；加快农村集体建设用地和宅基地的使用权确权登记颁证工作；出台扶持政策，支持马村等中心镇充分利用土地增减挂钩、集体建设用地上市等政策机遇，拓宽投融资渠道。阳泉郊区在促进农村土地承包经营权合理流转中形成了领包、领租、领养三种主要模式，并制定出台土地储备、用地供应、土地交易、地价管理、推介招商、出让管理、征地拆迁、集中安置“八统一”的管理办法。潞城市采用“三部曲”，以“五化”为要求，确保作为全省唯一的整县（市、区）推进农村土地承包经营权确权登记颁证试点工作全面铺开，并构建“三确保两优化一统筹”供地机制。介休市完成了第一批土地增减挂钩义棠项目区拆旧和复垦，并积极推开第二、第三批项目区规划设计；土地流转完成义安镇9个村确权登记颁证试点，组建市级土地流转交易服务中心、乡镇交易所、村级服务站三级网络，构建家庭农场、生态庄园等新型农业经营主体。

6. 金融服务机制不断创新，更好地为实体经济发展服务

作为生产性服务业，金融服务的首要对象是实体经济。因此，发展金融服务能够起到助推实体经济发展的作用。在经济新常态背景下，实体经济发展对金融服务提出了更多、更新的要求。试点县（市、区）结合各自实际，在推进民间融资发展、培育发展中小金融机构的同时，进行了有效的金融创新。灵石县以“政府引导推动、民间资本参与、专业团队管理、市场化运行”为思路，成立全国首只城镇化建设私募基金，并以其为引领加快金融改革创新；积极联合县建行开展“助保贷”业务，并构建银企互动平台。灵丘县开拓出“银行+保险”的商品融资新模式，贷款企业以商品为质押品在保险公司投保后向工行贷款，已累计发放贷款8500万元。潞城市将财政存款与金融机构贷款挂钩；农商银行实施“扫街模式”，推出无抵押、无担保小额信贷；推进土地预期收益保证贷款试点工作；探索开展专利质押贷款工作，在全省率先成立专利成果转化促进会，并初步确定试点企业与试点银行。盐湖区依托区农村产权交易中心，创新运营模式，为土地流转提供

“一站式”服务，并为引入民间资金，解金融支持土地流转之渴，激活农村“沉睡”的资产和资源。清徐县设立了中小企业发展专项资金，出台相关政策调动银行对民营企业贷款的积极性。

二 深入推进山西省试点县（市、区）转型综改工作的建议

2015年是“十二五”收官之年，也是全面深化改革的关键之年。面对经济新常态，试点县（市、区）需转变观念，主动作为，彻底摒弃以资源、投资为主的粗放式增长模式，走数量、质量和效益并重之路，走市场活力增强、结构均衡发展之路，走民生、生态环境保护和治理持续改善之路。

（一）进一步理顺政府与市场的关系，用好政府和市场“两只手”，推动创业创新，打造新引擎，扩大公共产品与服务供给改造传统引擎

放管结合，推动大众创业、万众创新，打造新引擎。进一步落实改革，继续推进“两集中、两到位”，运用好权利清单、责任清单，深化行政审批改革，提升审批的规范性、高效性，为市场主体“松绑”。进一步将政府拥有的资源投向市场，使市场更好地发挥资源配置的决定性作用。推进市场准入的负面清单制度，使市场主体活力和社会活力充分释放。围绕“放权、分权、限权”进行行政权力结构调整，使决策权、执行权、监督权既相互制约又相互协调。减少管制，破除放宽市场准入的阻碍；完善监管，为发展提供良好的软环境。依法保护知识产权，同时保护各类合法的产权。更好地发挥政府作用，改造升级传统引擎。政府要加大公共产品与服务财政支持力度，同时积极推进投融资体制改革，破除垄断，推进公共产品与服务供给路径的多元化，减少政府资金“独角戏”，放大政府投资效益。

（二）加强高级要素集聚与利用，不断改造提升传统产业，培育新的经济增长点，增强经济增长持续力

更加注重科技基础（如科研机构、R&D 投入、通信信息）、技术、人才、知识产权（如专利、品牌、版权）等高级要素的使用。创新人才培养引进机制，不断强化科技支撑，鼓励行业延伸加工，不断提升产品附加值，引导煤、焦、冶、电、农产品加工等传统产业向大型化、高效化发展。要积极发挥园区集聚功能，推动企业入园，实现产业集聚发展。同时，不断完善园区的社会化、市场化功能，增强对人才的吸附力，推动科技机构、技术等入园，充分发挥园区对高级要素的集聚功能，使产业向高端化发展。不断增强资源综合利用技术的自主创新能力，大力开发对经济增长有带动作用的产业技术，不断发展生态旅游、物流、商贸等产业，培育更多、更新的经济增长点。积极培养中小企业的创新意识和品牌意识，并通过政策引导、资金扶持等促进中小企业挂大靠强，实现中小企业集聚发展，从而为经济体制增效注入动力。

（三）树立绿色发展理念，以循环经济为重点构建绿色产业体系，加强生态环境治理保护，推进绿色发展

牢固树立绿色发展理念，把生态环境保护与治理放在突出位置，将绿色发展融入经济社会发展的各个领域，从根本上摒除粗放的发展方式。积极推动科技创新、管理创新，加强人才在经济发展中的作用。建立绿色机制、绿色标准，把生态环境建设与经济发展联系起来。以循环经济为重点，构建绿色产业体系，并推广循环经济标准化试点市、企业标准化管理经验。加快“四气”产业一体化、规模化、专业化发展。重点推进采煤沉陷区治理，加强采煤沉陷区基础设施建设，将采煤沉陷区治理与新型城镇化建设、产业转型相联系。以兴水增绿为重点，加强生态环境治理保护，系统推进水土保持、水污染防治、水生态保护和造林绿化、退耕还林、湿地保护等工作。大力推进节能减排，继续抓好环境治理，不断加强生态环境建设。

（四）做好就业、社会保障、社会事业三项工作，不断改善民生，让群众分享综改成果，促进社会和谐稳定

做好就业工作——将产业发展与城市扩容相结合，将园区建设与新型城镇建设相融合，推进农民入园、入城就业居住；实施更加积极的就业创业政策，做好就业培训工作，强化公共就业服务，突出做好各类困难群体的就业；以劳动力转移示范县创建带动就业。做好社会保障工作——不断完善社会保障体系，提升养老保险、医疗保险参保率；积极探索新型农村养老方式，推广依托“一键通”信息平台提供养老全方位服务等的社会养老方式，实现老年人“老有所居、老有所养”；推进公立医院改革，提升县级公立医院综合服务能力；加强保障性住房建设与管理。做好各项社会事业——扎实推进义务教育均衡发展；密切关注并解决好涉及群众切身利益的水、电、路、暖等问题；稳步推进移民搬迁、危房改造、文化惠民等民生工程建设。

附　录

Appendix

B.24

附录1　书记省长谈发展

2015年是全面深化改革的关键之年，也是全面推进依法治国的启动之年。为更好地认识新常态、适应新常态、引领新常态，全面推进山西“六大发展”，特精选王儒林书记和李小鹏省长关于山西发展的重要论述，以飨读者。

六权治本、六大发展、科学施政破解资源型地区转型发展的立体型困扰

——王儒林书记谈发展

（一）法治山西重点任务

要加快推进法治山西建设，为山西省改革发展稳定提供坚强法治保障。深刻认识推进法治山西建设的重要性和紧迫性，牢固树立法治意识和法治思维，更好地运用法治方式和法治方法，更有效地破解难题、推动工作。认真

落实法治山西建设的重点任务，扎实推进地方立法，注重发挥人大及其常委会在地方立法中的主导作用；扎实推进严格执法，着力解决有法不依、执法不严、违法不究等问题；扎实推进公正司法，着力解决司法不公正、不规范、不严格、不透明、不文明等问题；扎实推进全民守法，着力解决不尊法、不学法、不信法、不守法、不用法、不护法等问题；扎实推进法治工作队伍建设。不断加强和改进党对法治山西建设的领导，各级党委要始终坚持党领导立法、保证执法、支持司法、带头守法，推进依法执政，健全党内法规制度体系，提高推进法治山西建设的能力。

（资料来源：《王儒林书记在中共山西省委十届六次全体会议上的讲话》，《山西日报》2014 年 12 月 9 日。）

（二）实施“六权治本”

要实施“六权治本”，深入推进反腐败斗争。依法确定权力，就是按照“职权法定”原则和“权责一致”要求，以法律法规为依据，对权力加以规范和确认，依法审核权力，依法界定权限，依法规范流程，确保权力来源合法。科学配置权力，就是按照权力制衡原则，对决策权、执行权、监督权科学分解与平衡，分级授权、分事行权、分岗设权，形成既相互制约又相互协调的权力架构，解决权力过分集中问题。制度约束权力，就是按照“全面覆盖、全程到位、制度束权”要求，针对权力运行的关节点、薄弱点、风险点，建立健全各项规章制度，突出加强重点领域和关键环节制度建设，重点加强部门制度建设，全面加强岗位制度建设，解决制度缺失和“牛栏关猫”问题。阳光行使权力，就是最大限度地推进权力运行公开，以公开为常态、不公开为例外，明确公开范围，拓展公开方式，规范公开程序，加快建设省级公共资源交易平台，抓好政务服务平台，真正实现权力在阳光下运行。合力监督权力，就是健全和落实党内监督、人大监督、民主监督、行政监督、司法监督、审计监督、社会监督和舆论监督制度，使各项监督协调配合，形成合力，实现对权力运行的全方位、全过程监督。严惩滥用权力，就是“严”字当头，坚决查处腐败案件，加大巡视工作力度，健全完善责任追究制度，依法依纪严厉查处各种以权谋私、失职渎职等行为，确保惩处到位，绝不能把权力变成牟取私利的工具，绝不能让制度和党纪国法成为“稻草人”“橡皮筋”。

（资料来源：《王儒林书记在中共山西省委十届六次全体会议上的讲话》，《山西日报》2014 年 12 月 9 日。）

（三）着力推进“六大发展”

要适应经济发展新常态，着力推进“六大发展”。一要着力推进“廉洁发展”。充分认识推动廉洁发展的重要性，努力提高推动廉洁发展的本领，大力营造推动廉洁发展的环境，采取系统性、针对性的措施，重塑商业伦理、重育商业文化，努力构建交往有道、相敬如宾、公私分明、清正廉洁的政商关系和发展环境。二要着力推进“转型发展”，必须做好两篇大文章。第一是必须做好煤炭产业发展这篇大文章，坚持“革命兴煤”，推进煤炭产业“六型”转变。要推动煤炭产业向“市场主导型”转变，充分发挥市场配置煤炭资源的决定性作用；要推动煤炭产业向“清洁低碳型”转变，实现高碳产业低碳发展、黑色煤炭绿色发展；要推动煤炭产业向“集约高效型”转变，全力抓好大基地、大集团建设，不断提高矿井的现代化水平；要推动煤炭产业向“延伸循环型”转变，重点推进煤炭产业延伸发展、煤化工链条式发展、煤机装备集群发展、煤炭固废综合循环利用；要推动煤炭产业向“生态环保型”转变，着力加大采煤沉陷区治理，推进煤炭外部成本内部化，实现煤炭资源开发利用与生态环境相协调；要推动煤炭产业向“安全保障型”转变，始终把安全生产放在首位，坚决杜绝重特大事故发生，确保煤炭产业安全发展。第二是必须做好非煤产业发展这篇大文章，全力破解“一煤独大”的困局。主动适应能源革命的新要求，从煤炭思维、资源依赖的禁锢中解放出来，在煤炭之外下功夫，大力发展文化旅游产业、装备制造业、新材料产业、新能源产业、食品医药产业，加快发展节能环保产业，大力培育发展现代服务业。三要着力推进“创新发展”。加快科技创新体系建设，实施好国家创新驱动发展战略山西行动计划；选准科技创新的着力点和突破口，依托科技创新城建设，落实山西低碳创新行动计划，着力抓好煤基低碳科技创新攻关计划；确立企业的科技创新主体地位，努力提高协同创新能力，加大科技创新投入的力度，建立科技与金融的结合机制；完善人才发展机制，鼓励科技人才创新创业，高度重视小微企业特别是科技型小微企业的发展。四要着力推进“绿色发展”。以循环经济为重点，构建绿色产业体系，加快国家工业固体废弃物综合利用基地建设试点工作，加快“四气”产业一体化、规模化、专业化发展；以兴水增绿为重点，加强生态环境治理保护，系统推进水土保持、水污染防治、水生态保护和造林绿化、退耕还林、湿地保护等工作。五要着力推进“安全发展”。始终如一地抓好重点领域的安全生产，健全安全生产长效机制，积极主动做好信访工作，深化平安山西建设，深入开展打黑除恶斗争，做好防灾减灾救灾工作，全力维护社会稳定。六要着力推进“统筹发展”。统筹工业新型化、城镇化、农业现代化、信息化“四化”发展，统筹城乡发展，统筹经济社会发展，突出解决好就业、城乡居民收入、城乡人居环境等问题。

（资料来源：《王儒林书记在中共山西省委十届六次全体会议上的讲话》，《山西日报》2014 年 12 月 9 日。）

（四）提高改革的针对性和实效性

要进一步提高改革的针对性和实效性，有重点、有质量、有秩序地推进改革。山西省委十届六次全会和全省经济工作会议明确了在经济、政治、文化、社会、生态文明、党的建设等领域下一步需要着力重点抓好的改革任务，关键是要在提高改革的针对性和实效性上下功夫。一是中央部署和授权的改革事项要优先安排、及时跟进。抓紧制订山西省实施方案，不要延误，并抓好落实。二是有山西特色的改革事项要敢闯敢试、形成范例。资源型经济转型综改试验区建设是最富有山西特色的“国字号”改革工程，要加快综改进程，认真制定并落实好《2015 年转型综改行动计划》，尽快形成若干个服务国家战略，可复制、可推广的经验和范例。同时，要争取一批先行试点。三是重点领域和关键环节的改革要先行突破、落地见效。在经济和生态文明体制改革方面，要重点推进煤炭管理体制、煤炭资源市场化配置、金融业、行政审批制度、国资国企、财税体制、科技创新体制等改革；在民主法制领域改革方面，要重点推进煤炭资源领域地方性法规立法工作，贯彻落实党的十八届四中全会精神，加快推进法治山西建设的瓶颈突破工作；在文化体制改革方面，要重点推进培育践行社会主义核心价值观、健全互联网管理体制机制、加强公共文化服务体系建设、发展文化事业等工作；在社会体制改革方面，要重点推进司法体制、医疗、社保、安全、信访等改革；在党的建设制度改革和纪律检查体制改革方面，要重点抓好党风廉政建设党委主体责任和纪委监督责任落实工作、巡视全覆盖工作、权力运行和制约机制建设工作、干部选拔任用工作程序及监督机制完善工作等。四是对群众期盼解决的民生问题要全力以赴。不断深化户籍制度、教育体制和公立医院改革，加快推进社会救助体系、基层社会治理体系以及公共安全体系建设，健全完善就业创业促进机制等改革，解决好“上学难”“看病贵”“就医难”“就业难”等群众最关心、最直接、最现实的民生问题。

（资料来源：《王儒林书记主持召开省委全面深化改革领导小组第三次会议》，《山西日报》2015 年 1 月 1 日。）

（五）扎紧织密权力围栏　弊革风清重塑形象

开展“学讲话、学作风”、保持“三个高压态势”、做好“三个一批”、实施“六权治本”、推动“六大发展”等，积极开展“腐败重灾区”的重建工作。一是把“学讲话、学作风”作为首要任务。要求全省上下既要认真学习贯彻习近平总书记系列重要讲话精神，又要认真学习中央领导集体的优良作风，做到崇尚实干、勇于担当、廉洁自律、以上率下。同时，严肃党内政治生活，旗帜鲜明地与“七个有之”做斗争，使守纪律、讲规矩成为一种新常态。二是把持续保持“三个高压态势”作为重中之重。坚持无禁区、全覆盖、零容忍，严肃查处一批腐败案件和“四风”突出问题。三是把刷新吏治、匡正选人用人风气作为关键环节。以选好用好管好县委书记为切入点，做好“三个一批”（甄别一批不廉洁的干部、退出一批不作为的干部、掌握一批善作为的干部），积极探索干部工作的处理惩治、调整退出、选拔使用“三个长效机制”。四是把实施“六权治本”作为基本方略。通过依法确定权力、科学配置权力、制度约束权力、阳光行使权力、合力监督权力、严惩滥用权力，扎紧织密权力“围栏”。五是把推动“六大发展”作为根本目标。面对政治、经济、生态、民生的“立体型”困扰，提出要促进廉洁发展、转型发展、创新发展、绿色发展、安全发展、统筹发展，在科技创新、民营经济、金融振兴方面实现“三个新突破”。

（资料来源：《王儒林代表：扎紧织密权力围栏　弊革风清重塑形象》，《人民日报》2015 年 3 月 11 日。）

攻坚克难、统筹协调、多方联动 进一步加快推进转型综改试验区建设

——李小鹏省长谈发展

（一）加快山西科技创新城建设

要进一步增强责任感、紧迫感，乘势而上，攻坚克难，统筹协调，多方联动，以煤炭安全、清洁高效、低碳利用为主题，进一步加快创新城建设步伐，为实施创新驱动提供有力支撑。要坚持规划先行，严格落实总体规划，按照科技创新城集科研主体、产业主体、城市主体于一体的基本定位，抓紧制定完善专项规划和控制性规划，确保各项建设任务高起点、高标准起步，扎实有序推进。要加大工作力度，强化服务意识，提高工作效率，做好土地、资金等要素保障工作，妥善推进企业搬迁和村民安置工作，加快项目审批和工程招投标等前期工作。要加强协调配合，省市联手，部门协同，银企合作，产学研结合，群众广泛参与，群策群力打造中国的煤基科技及产业创新高地、世界煤基科技成果和项目的重要集聚中心。要狠抓工作落实，加强工作督导，严格考核评价，确保各项既定部署如期优质落实到位。要严格监督管理，依法合规推进各项工作，努力将科技创新城的每一项工程都建设成

为优质、安全、廉洁、阳光的示范工程。

（资料来源：《李小鹏在山西科技创新城调研时强调：统筹协调　多方联动　加快建设》，《山西日报》2014 年 9 月 25 日。）

（二）2015年十大重点工作

2015 年要重点做好十个方面的工作：一是加快改革开放和创新驱动，引深转型综改区建设；二是大力推动煤炭革命，加快建设国家综合能源基地；三是坚持稳中求进，全力促进经济平稳健康发展；四是推动产业结构优化升级，加快转变经济发展方式；五是切实做好“三农”工作，促进农业稳定发展、农民持续增收；六是着力改善城乡人居环境，提高城镇化质量和水平；七是加强文化建设，促进文化繁荣发展；八是全面发展社会事业，切实保障和改善民生；九是加强生态文明建设，持续改善生态环境；十是持之以恒抓好安全生产，促进安全生产形势持续明显好转。

（资料来源：《政府工作报告》，《山西日报》2015 年 2 月 4 日。）

（三）从“问题导向”入手推进煤炭革命

现有的煤炭发展方式和管理体制已经严重不适应可持续发展的要求，山西将大力推动煤炭革命。这既是贯彻落实习近平总书记关于积极推动我国能源生产和消费革命重要讲话精神，也是为实现中国梦提供坚强能源保障的战略抉择。

大力推动煤炭消费革命。坚持总量控制、节约优先，形成集约高效的能源消费方式。大力发展清洁燃煤发电、煤基能源深度转化、热电联产集中供热，推广燃煤锅炉和窑炉污染控制技术。全力推进燃煤发电机组超低排放。

大力推动煤炭供给革命。重点推动建设晋北、晋中、晋东三大煤炭基地，严格控制产能，合理安排产量，实现提质增效；建设晋北、晋中、晋东三大煤电基地，坚持输煤输电并举；建设沁水、河东两大煤层气基地，加大煤层气推广应用力度；建设晋北等煤化工基地，适度发展煤制气、煤制油。

同时，积极发展水电、风能、太阳能、生物质能、矿井乏风发电、低温余热利用。发展能源装备制造业和相关服务业。

大力推动煤炭科技革命。重点围绕煤炭“安全、清洁、高效、低碳”发展的八字方针，实施山西低碳创新行动计划，实施煤基重点科技攻关，加快推进山西科技创新城建设，努力打造国内顶尖、国际一流的煤基低碳技术研发中心。

大力推动煤炭管理革命。针对煤炭管理体制的种种弊端，确定推进煤炭资源市场化配置、项目审批和投资体制改革、煤炭销售体制改革、清费立税改革、煤电一体化和企业改革六个重点，将清费立税改革作为突破口，将煤炭销售体制改革作为关键点，努力实现煤炭管理体制和管理能力现代化。

大力推动煤炭领域的开放合作。积极对接国家“一带一路”、京津冀协同发展、长江经济带等开放新战略，在与省外、国外能源合作的基础上，逐步扩展到经济社会各个领域，构筑全方位、宽领域的对外开放格局。

通过煤炭革命，促进煤炭黑色资源绿色发展、高碳资源低碳发展，向市场主导型、清洁低碳型、集约高效型、延伸循环型、生态环保型、安全保障型转变。

（资料来源：《推动煤炭革命　为实现中国梦“加油”——专访全国人大代表、山西省省长李小鹏》，新华网，2015 年 3 月 13 日。）

（四）以“四个全面”引领推进山西“六大发展”

深入学习贯彻习近平总书记系列重要讲话精神，按照“四个全面”的战略布局，扎实做好山西经济社会发展各项工作。主动适应经济发展新常态，坚持稳中求进工作总基调，以提高经济发展质量和效益为中心，把转方式、调结构放到更加重要的位置，促进经济平稳健康发展；进一步加大投资力度，努力扩大消费需求，推动进出口稳定发展；推动产业结构优化升级，加快传统产业转型升级，促进新兴产业发展壮大，提升服务业规模和水平；切实做好“三农”工作，深化农村改革，加快扶贫开发，构建特色现代农业体系；积极稳妥推进新型城镇化，加快太原都市圈建设，积极推进晋北、晋南、晋东南城镇群发展；加强生态文明建设，促进能源资源节约集约利用，加强环境保护，完善生态补偿机制，使“三晋”大地天蓝气爽、山青水净，为子孙后代留下更多绿色财富。

（资料来源：《贯彻“四个全面”战略布局　全力推进山西“六大发展”——访全国人大代表、省长李小鹏》，《山西日报》2015 年 3 月 13 日。）

（五）推动转型综改向纵深发展的举措

2015 年，重点围绕以下几个方面推动转型综改向纵深发展。一是大力实施转型综改三年实施方案和“2285”年度行动计划，着力抓好三项改革试点，抢抓先机加快低热值煤发电项目建设，加大力度争取煤层气矿业权审批、能源商品衍生品交易试点早日落地。二是深化煤炭管理体制改革，推进煤炭行政审批制度和证照管理制度改革，加快推进资源配置市场化，完善矿业权二级交易市场，探索建立矿业权转让超额收益调节机制，深化煤炭交易方式改革。三是深化国有企业改革，抓好国有企业重大信息公开，推进省属国有企业负责人薪酬和履职待遇管理制度改革，稳步推进股权多元化。四是推动民营经济健康快速发展，放宽市场准入，清理不合理规定，消除各种隐性壁垒。五是深化财税体制改革，完善政府预算体系，加强财政资金绩效管理。六是深化投资体制改革，修订完善政府核准投资项目目录，推出第二批向社会资本开放的建设项目名单。七是推进金融改革发展，做大做强地方金融机构，推进农村信用社改革，构建多层次资本市场体系。八是推进高速公路建设和运营管理体制改革，加快交通企业及高速公路资产债务重组，规范交通建设项目招投标管理。总之，我们就是要向改革要活力、向创新要动力、向开放要空间，加快走出资源型地区和内陆省份可持续发展的新路子。

（资料来源：《贯彻“四个全面”战略布局全力推进山西“六大发展”——访全国人大代表、山西省长李小鹏》，《山西日报》2015 年 3 月 13 日。）

B.25

附录2 山西省社科界专家学者建言转型综改区建设

引 言：凝心聚力谋发展，建言献策助转型。为进一步拓宽转型综改视野，现将山西省部分专家学者转型综改建言精选集录于此，以飨读者。

新常态下挑战与机遇并存

山西省政府发展研究中心党组书记、主任 李劲民

全国经济增速下调对山西省形成了五大冲击：全国经济增速大幅下滑，能源原材料的需求和价格易受整体经济和市场环境变化的影响，导致山西省经济增速突然大幅下降；本次产能过剩和结构调整是在经济“趋势性下降”情况下进行的，给山西省带来了过剩产业被压缩和淘汰、部分地区“空心化”和“边缘化”、低能力劳动者失业、“三高”行业严厉管制、国有企业经营困难和政府部门权力整合等系列“阵痛”；在经济下行和结构性减税的双重压力下，山西省各级财政增收压力和风险加大；资源型企业资金链紧张，引发社会融资成本提高，全社会融资风险加大；企业经营困难，竞争性失业和结构性失业问题更为突出。

山西省面临三大机遇，即将迎来改革与政策红利集中释放期。国家正在推进的“一带一路”“京津冀”等战略将给山西省经济发展和对外交流合作带来重大机遇，党的十八大以来实施的简政放权、资源税改革、能源价格体制改革和山西省实施的煤炭体制改革等政策红利也将逐步显现，对山西省经济发展利好；新一轮产业转移和城镇化建设为山西省提供了巨大的发展空间；广大干部群众改革与转型的愿望强烈，希望山西尽快摆脱多重困境，重塑山西形象。

（资料来源：《积极推动“六大发展” 适应经济新常态》，《前进》2015 年第 2 期。）

主动适应经济新常态　着力推动“六大发展”

山西省社会科学院党组书记、院长　李中元

“六大发展”是在深入分析山西当前政治生态和经济发展实际、总结资源型地区经济社会发展基本经验教训的基础上提出的新思路和新目标，是适应新常态、应对新常态的新抓手和新举措，是实现“净化政治生态、实现弊革风清、重塑山西形象、促进富民强省”目标的现实切入点和工作着力点。在推动廉洁发展的基础上，通过实施转型发展、创新发展、绿色发展、安全发展和统筹发展不断优化发展方式、增强发展动力。思想观念要进入新常态，以富民强省为己任，加快推动“六大发展”。干部和作风要有新常态，以求真务实精神，切实推进“六大发展”。制度对标新常态，以体制机制改革创新，深入推进“六大发展”。开放融入新常态，以全方位多领域的交流合作，促进“六大发展”。

（资料来源：《科学认识新常态　主动适应新常态》，《前进》2015 年第 2 期。）

在深刻的忧患中破解资源型经济魔咒

中共山西省委宣传部副部长　尹天五

以强烈的问题意识、底线思维，加快推进创新发展、转型发展、多元发展，从根本上走出资源型经济的魔咒。资源型经济在工作实践中的危害是全方位、系统性的，必须以超凡的智慧和胆略破解经济转型难题。资源型经济在精神理念上的危害是看不见的、顽固性的，必须以坚韧的毅力和意志冲破煤炭文化牢笼。资源型经济在体制机制上的危害是深层次的、复杂性的，必须以坚定的决心和信心加速全面改革进程。资源型经济在干部作风上的危害是多样化的、特殊性的，必须以严厉的手段和举措扫除歪风贪腐之弊。

（资料来源：《在深刻的忧患中破解资源型经济魔咒》，《前进》2014 年第 10 期。）

进一步提高领导干部推进转型跨越发展的工作本领

中共山西省委党校副校长　高建生

全面深化改革和推进转型跨越，对各级领导干部的能力素质提出了更高的要求。一方面，要培育适应全面深化改革和推进转型跨越的思维方式与思想方法，做到以战略思维谋划全局，以辩证思维化忧解难，以法治思维图谋善治，以系统思维聚合众力，以底线思维明确边界，以创新思维增强活力；另一方面，在实际工作中，要提高在复杂环境与艰巨任务面前审时度势、把握大局、统筹兼顾、科学实施的能力与本领，充分调动各方面的积极性，坚定不移地朝着全面深化改革目标前进。与此同时，要结合党的群众路线教育实践活动的实践与经验，切实转变作风，以党和政府组织、党员干部特别是领导干部密切联系群众，率先先行先试、埋头实干的行动，通过扎实的创造勇气和实干精神破解发展难题、拓宽转型路径，推动全面深化改革和转型跨越发展取得更为显著的成效。

（资料来源：《打好全面深化改革这场攻坚战》，《前进》2014 年第 6 期。）

创新发展，富民强省的必然选择

山西省社会科学院副院长　潘　云

多年来，山西省始终没有走出“资源型经济困局”。经济发展离不开资本、劳动力、技术等生产要素的投入。问题是，仅靠生产要素的投入无法解决经济发展中的两个基本问题：一是生产要素报酬递减的问题，它会直接影响要素的投入，假如要素投入因为要素报酬递减而趋于下降，那么经济发展也就会趋于停滞；二是稀缺资源的瓶颈问题，经济发展需要各种要素和资源的组合，当其中的某一要素或资源出现短缺时，经济发展就会因此面临瓶颈。当前，山西省经济已经进入重大调整期，企业原先熟悉的投资驱动、规模扩张、出口导向的发展模式已经发生了重大转变。支撑经济发展的要素条件正在发生变化，劳动力、资源、环境成本都在提高，旧有模式的发展空间越来越小。单纯靠规模扩张推动发展会产生严重的产能过剩，这条路不能再走下去。对当前经济发展环境和发展阶段面临的变化要有清醒的认识：从短期看，固然要靠宏观调控政策措施稳增长；从长远看，必须以创新为动力，打造出经济新的核心竞争力。

（资料来源：《创新发展，富民强省的必然选择——专访省社会科学院副院长潘云》，《山西日报》2015 年 1 月 21 日。）

山西应走新型特色城镇化道路

山西省社会科学院经济所所长　景世民

山西省城镇化发展不仅是工业化、现代化的重要标志和必然过程，而且是关系到全省转型发展的大事。新型特色城镇化，“新”在科学发展、高效集约、绿色低碳；“特”在因地制宜、特色鲜明、和谐互动。具体到山西省而言，就是要以科学发展观为指导，遵循城镇化发展的客观规律，与基本省情、经济社会发展的基本要求相适应，以推进转型发展为强大动力，创新城镇化发展理念和模式，加快推动城镇化由粗放增长向集约高效发展转变，由城乡分割向城乡融合转变，由项目带动向统筹推动转变，使“扩容增速”与“提质增效”同步，发展速度与发展质量相协调，走出一条符合山西省实际的、绿色的、可持续的新型特色城镇化发展道路。

（资料来源：《山西应走绿色可持续新型特色城镇化道路》，《山西经济日报》2015 年 1 月 15 日。）

“三把金钥匙”破解“立体型”困扰

山西省人民政府发展研究中心发展战略处处长　梁正华

改革、开放、创新是破解山西省“立体型”困扰的“三把金钥匙”。向改革要活力。要把国家赋予山西省的三项改革试点以及煤炭管理体制改革、国有企业改革、民营经济发展、财税体制、投资体制等改革“重头戏”细化到部门，抓好落实，撕开“立体型”困扰的口子，释放改革红利，激发全省发展活力。向创新要动力。力争煤基科技重大专项核心关键技术取得突破，科技体制改革激发创新活力，科技创新城搭好科技资源、创业孵化、金融服务三大平台，补齐创新短板，推动万民创业、万众创新，为经济增长提供强大动力。向开放要空间。以开放的姿态主动对接国家区域战略，积极融入区域一体化进程，打扫门庭，开好菜单，“走出去”和“引进来”并举，创新招商引资引智方式，加快开放平台建设，找准互利合作的契合点，在更高层次、更广领域推动新一轮对外开放，拓展山西省发展空间。

（资料来源：《政府工作报告解读》，《山西经济日报》2015 年 1 月 30 日。）

以煤炭产权改革破解官商一体难题

山西大学政治与公共管理学院教授　董江爱

导致山西官商勾结、贪污腐败的根本原因在于煤炭产权不清晰。因此，要以煤炭产权改革为突破口改善山西官场生态，破解官商一体难题。煤炭产权改革要确立通过产权改革使“市场在资源配置中起决定性作用”并“更好地发挥政府作用”这一总体战略。煤炭产权改革要沿着深化煤炭产权改革以规范国有煤炭企业行为、规范地方政府和官员行为、规范民营煤炭企业行为这一基本思路推进。煤炭产权改革的基本思路就是要剥离地方政府对煤矿资源的直接控制，强化市场配置资源机制。一是规范国有煤炭企业行为，推动责权利关系的契约化。二是规范地方政府和官员行为，推动煤炭市场的去行政化。三是规范民营煤炭企业行为，推动煤炭行业的市场化。煤炭产权改革可以建立“深化煤炭产权改革与综合治理试验特区”，主动探索、率先试验煤炭产权改革方案。“深化煤炭产权改革与综合治理试验特区”可采取政府主导、多方参与的协同创新机制。由地方政府、科研院所、涉煤企业、新闻媒体、涉煤村庄组成多方参与的协同创新平台负责具体实施，省委、省政府成立专门的领导小组负责统筹协调。

B.26

附录3 山西省国家资源型经济转型综合配套改革试验区建设大事记（2014年4月～2014年12月）*

山西大学中国中部发展研究中心**

4月

4月9日 省长李小鹏主持召开省政府第40次常务会议，研究落实衔接国务院取消和下放行政审批项目的决定等事宜。会议强调，深化行政审批制度改革是全面深化改革的重要内容，要加快建设法治政府、服务政府、责任政府、廉洁政府和学习型政府。

4月11日 省政府发布《山西省主体功能区规划》，将山西省国土空间细分为重点开发区域、限制开发区域（农产品主产区）、限制开发区域（重点生态功能区）和禁止开发区域四类，并赋予其不同的发展功能定位。

4月14日 国务院批准《晋陕豫黄河金三角区域合作规划》，以探索省际交界地区合作发展新路径，推动晋陕豫黄河金三角地区合作发展。

4月17日 省政府召开“山西转型综改统计监测指标体系”课题组会议。会议指出，转型综改统计监测指标体系要能够客观准确地反映和衡量山西转型综改试验区建设的进展和成效，反映和评价综改区建设目标的实现程度，要与全国具有可比性，同时要体现山西特色。

---

* 山西省国家资源型经济转型综合配套改革试验区建设大事记（2014年1～3月）已汇编于《山西资源型经济转型发展报告（2014）》中。

** 大事记由山西大学中国中部发展研究中心组织编写，具体由庞楷彦、陈玲燕、果艳梅收集整理。

4 月 17 日 百企千村双合成项目私募债正式获准备案发行，融资规模为 1 亿元，这是全省百企千村产业扶贫开发工程参与企业发行的首只私募债券，同时也开创了全国产业扶贫资本市场融资之先河。

4 月 21 日 省发改委正式批复《太原市城市轨道交通 2 号线一期工程（人民南路—西涧河）初步设计》，标志着太原市轨道交通工程正式进入全面建设实施阶段。

4 月 23 日 山西省太原市万柏林区和平老工业区被纳入全国老工业区搬迁改造试点。万柏林区和平老工业区的发展定位为以先进装备制造业、科技创新产业、现代服务业为主的高端产业集聚区，宜居、宜业、宜商的新城区，为老工业基地转型升级提供示范。

5月

5 月 4 日 省政府召开全省焦化行业兼并重组工作推进会，公布了《山西省焦化行业兼并重组实施方案》。标志着山西省焦化行业兼并重组全面推开，继完成煤炭资源整合企业兼并重组之后，开始了对焦化这一传统支柱产业的改造提升。

5 月 12 ~ 16 日 省委组织部、省发改委和省转型综改办联合举办了 2014 年山西省转型综改专题培训班。9 名专家学者围绕解读省委《关于深入贯彻党的十八届三中全会精神 加快推进转型综改试验区建设的若干意见》和 2014 年转型综改行动计划，以及推广 2013 年省级转型综改试点县的成功经验等专题做了系统培训辅导。

5 月 15 日 省转型综改办赴省监察厅就扩权强县移交工作进行座谈，交接相关手续和资料。

5 月下旬 由山西大学中国中部发展研究中心、管理与决策研究所、经济与管理学院主持研究的《山西资源型经济转型发展报告（2014）》出版发布。这是山西大学资源型地区结构均衡发展研究团队倾力协同研究出版的第四部“山西蓝皮书”，以“全面深化改革 · 转型综改试验”为年度研究主题。

5月20日　在农业部举办的国家现代农业示范区改革与建设试点绩效评价中，太谷农业在全国排名第六，在中部地区排名第一。

5月21日　省政府召开就业工作部门联席会议，公布近日密集出台的《关于扶持高校毕业生创业的意见》《关于鼓励小微企业吸纳劳动者就业的意见》《关于政府购买基层公共服务岗位吸纳高校毕业生就业的意见》《关于帮扶困难企业稳定就业岗位的通知》4个文件，以期强力拓宽就业渠道，积极稳定就业岗位。

5月22日　省委、省政府召开全省城镇化工作会议，贯彻落实党的十八届三中全会和中央城镇化工作会议精神，总结部署全省城镇化工作，确定新型城镇化30项重点任务。

6月

6月4日　工业和信息化部下发《关于开展区域工业绿色转型发展试点工作的通知》，山西省朔州市入选成为我国首批开展区域工业绿色转型试点。此次入选将有助于朔州市探索建立工业发展与节能减排相互促进、互利共赢、具有推广意义的转型路径和模式。

6月10日　全省扩权强县工作移交省转型综改办后，为全面掌握情况，做好统筹指导，省转型综改办组织召开全省扩权强县工作座谈会，听取27个试点县的工作汇报，详细了解试点县第一批85项扩权事项的落实情况和存在的主要问题，商讨如何进一步深入推进扩权强县工作。

6月11日　《山西省人民政府关于建立统一的城乡居民基本养老保险制度的实施意见》印发并施行，标志着原先的新型农村养老保险和城市居民养老保险正式并轨，建立起统一的城乡居民基本养老保险制度。

6月20日　新一轮雁门关生态畜牧经济区建设启动，坚持“以牧为主”的发展理念，计划用6年时间，布局八大产业优势区，推进以“饲草料、畜禽良种、龙头企业培育、生态建设”等为重点的七大工程，在2020年实现肉蛋奶总产量“翻两番”。

6月23日　根据《关于整合不动产登记职责的通知》，山西省不动产统一登记工作职责已划归省国土资源厅，标志着山西省不动产统一登记工作全面启动。

6月26日 省政府出台《关于深化国资国企改革的实施意见》。该意见共19条，从国企发展混合所有制、完善现代企业制度、健全国有资产管理体制等方面，绘出清晰的发展路线图，标志着山西省开启新一轮国资国企改革。

7月

7月10日 为推动全省战略新兴产业快速发展，山西省对煤层气、煤机和轨道交通三类装备制造业重大项目进行布局，决定建设太原、晋城两个煤层气装备制造业基地，山西（太原）煤机技术研发中心和晋中、晋东、晋北三大煤机装备制造业集群，太原、大同、运城三大轨道交通装备制造业基地。

7月14日 省政府出台《关于加强城市基础设施建设的实施意见》，提出围绕道路交通、管网改造、污水和垃圾处理、生态园林建设四个重点领域，加快城市基础设施建设步伐，并明确了具体时间表和建设目标。

7月21日 省转型综改办召开省直部门综改工作座谈会，传达学习省委全面深化改革领导小组第二次会议和国家发改委全国综合配套改革试点座谈会精神。会议指出，省直部门要严格执行转型综改重点工作月报制度，对2014年综改攻坚重点任务实行周报制度。

7月22日 省政府召开第53次常务会议，进一步学习贯彻习近平总书记在中央财经领导小组第六次会议上的重要讲话精神，研究部署山西省能源改革发展工作。会议强调，建设综合能源基地是服从国家能源战略的需要，也是推动山西省转型发展的有力支撑。

7月25日 省委常委会召开会议研究部署山西省推进农村集体产权制度改革。会议指出，各级各部门要抓紧抓实农村土地承包经营权确权登记颁证工作，加快土地流转服务体系和仲裁机构建设，因地制宜推进农村小型水利工程产权和水权制度改革，积极开展农村集体产权制度改革试点工作，深入推进林权制度改革，加强农村资金、资产、资源“三资”管理，积极稳妥推进农村集体产权制度改革。

8月

8月8日 省政府印发《关于推进全省燃煤发电机组超低排放的实施意见》，明确到2020年，全省单机30万千瓦及以上的常规燃煤发电机组达到燃气机组排放标准，低热值煤发电机组基本达到燃气机组排放标准。该意见提出要坚持限期完成、分步实施、试点先行、政策激励和装备支撑的原则，有力、有序地推进全省燃煤发电机组超低排放工作。

8月9日 省工商局发布《山西省注册资本登记制度改革市场主体分析报告》。该报告显示，山西省各类市场主体均呈现较高增长态势，私营企业大幅增加，主要集中在第三产业。

8月19日 省长李小鹏主持召开省政府第56次常务会议，研究部署合理引导金融资源配置、缓解企业资金困难、促进经济稳定增长的两项财政措施等事项。会议决定，一是要加强省级国库现金管理，引导金融机构加大对山西省重点产业、重点企业、重点工程等领域的融资支持力度；二是由省财政筹措资金注入市县作为风险补偿资金，引导银行扩大对中小微企业的贷款规模。

8月22日 省转型综改办召开了2013年转型综改重大课题承担单位座谈会，对如何完善课题研究成果进行了安排部署。会议指出，各课题承担单位要紧密结合中央新的改革部署，充实完善课题研究成果；要加强体制机制创新研究，注重课题研究成果应用转化；要强化课题支撑作用，提出具有可操作性的政策建议。

8月25日 省委组织部、省人社厅制定下发《关于建立山西科技创新城人才管理改革试验区的指导意见》，提出建立人才管理改革试验区的总体目标为：面向海内外引进和集聚急需紧缺的各类高层次人才，打造“高端人才集聚、科技创新活跃、政策环境优化、新兴产业快速发展”的人才管理改革试验区，使其成为各类人才创新创业的集聚区、推动山西省转型发展的先行区。

8月25日 《山西省深化医药卫生体制改革2014年重点工作任务》出台下发，确定了山西省2014年医改路线图。

8月26日 省政府召开第57次常务会议讨论研究全省新型城镇化规划等事项。会议指出，推进新型城镇化是统筹城乡发展、解决“三农”问题的重要途径，是全面建成小康社会、提升人民生活质量水平的必然要求。会议原则通过《山西省新型城镇化规划（2014~2020年）》。

8月27日 省转型综改办召开了扩权强县政策研究咨询组和专家组座谈会，来自政府部门、科研院所等相关领域的数位专家参加了座谈。会议强调，省转型综改办将充分吸纳各位专家意见，进一步完善扩权强县推进思路和扩权强县政策研究工作机制，尽快启动扩权强县政策研究工作。

9月

9月1日 中国煤炭工业协会发布2014年中国煤炭企业100强分析报告，山西省共有17家企业入围，其中山西焦煤集团以2361亿元的营业收入排名第二。报告显示，煤企百强的经营规模已由过去的高速增长转向中低速增长，产业结构有所优化，非煤产业收入比重继续扩大。

9月3日 省委书记王儒林主持召开省委常委（扩大）会议。会议强调，要全面深化改革，坚决破除各种体制机制障碍。积极推进综改区建设，抓好低热值煤发电项目核准权试点、煤层气矿业权分级审批试点、动力煤期货交易试点等重点改革工作。

9月11日 为充分发挥创新对全省工业经济发展的引领支撑作用，加快现代产业技术体系建设，促进全省经济转型发展，山西省制定发布了《山西省工业经济创新驱动发展行动方案》。方案执行期为2014~2020年。目标是到2020年，山西省工业经济创新驱动机制初步建立。

9月12日 省政府印发《山西省加强涉企收费管理减轻企业负担工作方案》。该方案规定，年内山西省将建立和实施涉企收费目录清单制度，对涉企行政事业性收费、政府性基金和实施政府定价或指导价的经营服务性收费实行目录清单管理。

9月16日 “第五届中国（太原）国际能源产业博览会暨2014低碳发展高峰论坛”在中国（太原）煤炭交易中心开幕。省长李小鹏发表了题为“高碳资源低碳发展、黑色煤炭绿色发展”的主旨演讲，提出山西煤炭革命的方向和路径，要大力推进煤炭消费革命、煤炭供给革命、煤炭科技革命和煤炭管理革命。

9月16~19日 省委书记王儒林在吕梁调研时强调，要深化改革，转型发展。要加快煤炭资源配置市场化改革的步伐，增强发展动力。要发展好煤电铝产业，按照集约化、循环化、生态化的建设理念，延伸发展产业链条，把吕梁打造成全国重要的铝工业基地。要积极发展新能源，利用国家支持新能源的各项政策，发展风电和光伏项目，进一步加大结构调整力度。

9月18日 省第十二届人民代表大会常务委员会第十四次会议召开，会议指出山西省转型综改中出现的一些创新亮点和典型范式。如太原市“两集中两到位”行政审批制度改革模式，东西两山生态治理多元投入模式，大同市以医疗联合体促进城乡医疗资源均衡配置模式，阳泉市、忻州市“飞地经济”发展模式，晋城市巴公镇扩权强镇模式。阳泉郊区对投资建设项目实行联合预审、并联审批，襄垣县统筹推进采煤沉陷区治理与新农村建设，灵丘县创新土地流转机制促进有机农业发展，等等。

9月23日 《山西省大气污染防治行动计划实施情况考核暂行办法》出台，各地区细颗粒物（PM2.5）、可吸入颗粒物（PM10）年均浓度下降比例将作为考核指标，对于不合格的地区，政府主要负责人将被约谈，财政专项拨款也将被适当扣减。

9月24日 省长李小鹏在山西科技创新城调研时强调，要进一步增强责任感、紧迫感，乘势而上，攻坚克难，统筹协调，多方联动，以煤炭安全、清洁、高效、低碳利用为主题，进一步加快创新城建设步伐，为实施创新驱动提供有力支撑。

9月25日 省政府印发了《山西省支持文化产业加快发展的若干措施》和《山西省推进文化创意和设计服务与相关产业融合发展行动计划》。这是山西省第一次出台加快文化产业发展的综合性措施。

9月28日　山西省中小企业产业信息大数据应用服务平台在太原开通，这是全国首家为中小企业提供产业信息服务的大型专业平台。平台将坚持“需求导向、服务为本”理念，建成服务中小微企业信息应用的“网上便企中心”，为山西省广大中小企业全面提升竞争力提供数据信息支持。

10月

10月8~12日　省委书记王儒林深入太原市调研，指出太原市要在惩治腐败、狠刹“四风”，把权力关进制度的笼子、形成长效机制，科学推进城镇化、着力改善民生，深化改革、扩大开放，推动“六大发展”、实现富民强省，净化政治生态、重塑山西形象六个方面在全省发挥表率作用。

10月10日　省政府召开第60次常务会议，研究通过晋中108廊带区域一体化发展示范区总体规划和相关支持政策。会议认为，建设晋中108国道综合发展廊带，是推动转型综改、落实全省“一核一圈三群”城镇化战略的重要抓手，也是培育山西省中部经济增长极的有效途径。要坚持先行先试、创新驱动，促进晋中108廊带科学发展、可持续发展、包容性发展，早日成为全省转型综改的排头兵、区域一体化发展的示范区。

10月17日　省政府召开第61次常务会议，研究部署深化行政审批制度改革和推动国有企业信息公开等工作。会议原则通过山西省关于落实和承接国务院关于取消和调整一批行政审批项目等事项的工作安排、关于取消下放和调整一批行政审批项目等事项的决定、关于公开省直各部门行政审批事项的相关工作要求，决定落实和承接好国务院取消调整的行政审批项目48项，再取消、下放和调整60项省直有关部门实施的行政审批事项。

10月17日　《2014中国中小城市绿皮书》发布会在京召开，隆重发布2014年度中国最具投资潜力中小城市百强县市，山西省阳高县、柳林县、高平市三个转型综改试点县市入榜。

10月23日　省政府印发《山西省2014~2015年节能减排低碳发展行动方案》，该方案具体包括节能减排降碳工作目标、大力推进产业结构调整、加快实施节能减排降碳重点工程、狠抓重点领域节能降碳、强化技术支撑、加强政策扶持、继续完善市场化节能减排机制、加强监测预警和监督检查、落实目标责任九个方面三十条任务。

10月24日 为探索山西省高碳产业低碳发展路径，加快经济发展方式转变和经济结构调整，省发改委公布第一批省级低碳市县试点名单，确定在太原市、朔州市、大同市阳高县、忻州市忻府区、吕梁市文水县、晋中市昔阳县和祁县、阳泉市平定县、长治市黎城县和沁县、晋城市高平市和泽州县、临汾市古县、运城市万荣县和垣曲县15个市、县（区）开展试点工作，对于纳入省级低碳试点的市、县（区），在重点低碳项目的建设上将得到政策上的倾斜。

10月28日 省政府召开第62次常务会议，研究山西科技创新城规划等事项。会议强调，建设山西科技创新城是贯彻落实国家创新驱动发展战略的具体行动，是建设转型综改区的重大举措，对于促进新型城镇化、实现富民强省具有重要意义。要严格规划管理，高效务实推进创新城建设，努力实现到2030年把创新城建设成为具有较强国际国内影响力的煤基科技创新基地和科研成果转化基地、具有较强创新活力的城市新区。

10月29日 中央编办正式批复在山西省设立晋城海关、长治海关，进一步完善了山西省海关布局，为降低通关成本、实现进出口贸易便利化、促进产业结构优化升级、全面提升开放型经济水平提供了有力支撑。标志着山西省晋东南地区扩大对外开放实现又一重大突破。

11月

11月1日 省质监局批准发布14项节能地方标准。其中8项为推荐性标准，6项为强制性单位产品能耗限额标准。

11月4~5日 省转型综改办组织有关单位专家对2014年转型综改重大课题进行了中期评估，促进山西煤炭经济向综合能源经济转型体制机制研究、理顺资源产业收益分配体制研究、资源和生态环境产权制度研究、公共资源在城乡之间均衡配置促进机制研究、行政区划调整及省直管县管理体制改革研究五项课题基本达到中期评估要求，可开展后续研究工作。

11月12～19日　省委书记王儒林深入大同、朔州、忻州三市调研时指出，山西要努力破解资源型经济困局，切实改变“一煤独大”的产业格局，推动煤炭产业向“市场主导型”“清洁低碳型”“集约高效型”“延伸循环型”“生态环保型”“安全保障型”转变。

11月18日　省政府召开第64次常务会议，研究部署煤炭焦炭公路销售体制改革等工作。会议指出，各级各部门各企业要按照实现政企分开、坚持市场主导、创新监管方式、保障转岗安置的原则，加快建立企业自主经营、市场公平竞争、政府依法监管的煤炭焦炭公路销售管理新体制。

11月18日　以“网聚魅力山西”为主题的第九届全国网络媒体山西行启动仪式在太原举行。51名来自全国各重点新闻网站的记者编辑齐聚龙城，围绕转型综改、绿色生态、重点项目、文化产业等热点题材进行集中采访，共同感受“三晋”文化底蕴、领略“晋善晋美”。

11月26日　省委常委会召开会议，研究讨论《山西省煤炭焦炭公路销售体制改革方案》《山西省省属国有企业财务等重大信息公开办法（试行）》等。会议指出，实施煤炭焦炭公路销售体制改革，是深化煤炭管理体制改革、推动煤炭行业迈向市场化的重要内容；推进省属国有企业财务等重大信息公开，是山西省深化国资国企改革的切入点和突破口。各级各部门要高度重视、密切配合，坚定不移推进改革，确保各项措施真正落到实处。

12月

12月2日　省政府召开第65次常务会议，研究2015年全省经济社会发展主要指标计划安排等工作。会议指出，节能减排等约束性指标，要依法依规确定，严肃认真落实，确保全面完成；地区生产总值等预期性指标，要留有余地，主动作为，力争实现；各项工作措施要有针对性、可操作性，明确责任，注重抓好落实。

12月7日　省委十届六次全会召开。会议指出，要加快推进法治山西建设，为山西省改革发展稳定提供坚强法治保障；要实施“六权治本”，深入推进反腐败斗争；要适应经济发展新常态，着力推进“六大发展”；要坚定不移全面深化改革扩大对外开放，加快资源型经济转型综改试验区建设。奋力开创弊革风清、富民强省的新局面。

12 月 8 日　省政府印发《关于开展厂办大集体改革工作的实施意见》。该意见从总体目标和基本原则、改革范围和方式、资产和债权债务处理、职工安置和劳动关系处理、社会保障政策、工作步骤、组织实施、工作要求八个方面对全省开展厂办大集体改革工作提出了具体的实施意见。

12 月 8 日　省经信委公布《山西省煤层气装备制造业发展实施方案》，提出通过新技术引领，加快建设太原、晋城两大煤层气装备制造基地，助推装备制造业结构调整和产业升级。

12 月 16 日　省政府召开第 66 次常务会议，研究部署改革发展工作。会议强调，做好 2015 年经济工作，要坚持稳中求进工作总基调，稳定经济运行，稳定市场预期，提振发展信心，加快推进改革创新和结构调整，确保转变发展方式和创新驱动取得新成效，实现“稳”和“进”的相互促进。

12 月 22 日　省转型综改试验区工作领导组组长、省长李小鹏主持召开省转型综改领导小组会议，总结 2014 年综改工作，研究讨论《2015 年综改行动计划》。李小鹏指出，要充分肯定 2014 年山西省综改试验区建设所取得的成效，特别是在煤炭管理体制改革、国有企业改革、科技创新驱动、农村人居环境改善、行政管理体制改革、综合能源基地建设等重点领域和关键环节所取得的进展和突破。同时，也要充分认识到，综改区建设过程中还存在认识不到位、思想不解放、方法不对头、态度不端正等问题，必须予以高度重视。

12 月 23 日　省政府召开第 67 次常务会议，研究部署能源改革发展、工商登记制度改革等工作。会议原则通过《山西省关于贯彻落实〈能源发展战略行动计划（2014～2020 年）〉的实施意见》与《山西省市场主体住所（经营场所）登记管理办法（送审稿）》。

B.27
后　记

在“四个全面”和“五位一体”战略布局引领下，如何抢抓新常态战略机遇，进一步稳定增长、强力改革、再造动力、重调结构，实现增长、转型、改革的协同并进，是加快推进山西“六大发展”面临的重大而紧迫的时代课题。在社会各界人士的大力支持下，《山西资源型经济转型发展报告(2015)》由社会科学文献出版社出版。这是我们编辑出版的第五部“山西蓝皮书”，以“新常态下资源型经济结构均衡发展”为年度研究主题，是针对经济发展新常态下山西综改攻坚需要解决的重要问题进行理论探索和实践总结的成果。

放眼世界，全球经济增长依旧乏力，结构性改革任务更加迫切，以结构调整抢占全球价值链高端成为新趋势；着眼中国，经济步入新常态，“三期叠加”压力不断加大，以结构调整重构经济发展平台成为新动力。面对经济发展新常态，山西转型综改如何破除转型“锁定性”困局，解决发展“立体型”困扰，成为理论界和政策界极富挑战性的工作。应当看到，面对转型压力、增长乏力和改革阻力“三力共振”，山西转型发展迫切需要多角度、全方位、纵深推进结构性改革，汇聚综改攻坚强大正能量，重塑结构均衡发展新动力，推行质效并举发展新方式。随着山西转型综改进入攻坚期，适时推出第五部“山西蓝皮书”具有十分重要的现实意义。

在“十三五”发展前夜，综改区建设需把握转型发展的最后关键窗口期，深刻认识新常态，积极适应新常态，主动引领新常态。山西大学资源型地区结构均衡发展研究团队秉持“负重攀缘，助力山西转型综改理论与政策研究”的理念，持续开展资源型地区结构均衡发展的重大理论与关键技术研究，致力构建资源型地区结构均衡发展理论框架。《山西资源型经济转型发展报告（2015）》是一个阶段性研究成果，我们期待本书的出版能够继续引致社会各界的兴趣，受到广大读者的喜爱，能够引发各方对资源型地区结构均衡发展的进一步探索，也期待广大读者对书中的疏漏和不足之处予以批评指正。

在山西省政协主席薛延忠，山西省人大常委会副主任牛仁亮，山西省政协副主席王宁，山西大学校长贾锁堂，山西省发改委主任、山西省转型综改办主任王赋，山西省质量技术监督局局长常高才，山西省发改委副主任王晓胜，山西大学副校长刘维奇，山西省转型综改办副主任李海生的关心支持下，主编李志强教授倾心带领山西大学资源型地区结构均衡发展研究团队，开放整合资源，倾力协同研究，多次讨论书稿内容、结构和风格，经过反复修改、加工和雕琢后完成书稿，最终亲自审核定稿。

在本书付梓之际，谨向中共山西省委政策研究室、山西省社会科学界联合会、山西省人民政府发展研究中心、山西省决策咨询委办公室、山西省社会科学院、山西省发展和改革委员会宏观研究院等单位以及诸多领导的关心和支持表示衷心感谢。对付出辛勤劳动的社会科学文献出版社的编辑表示衷心感谢。

李志强

2015 年 3 月 16 日于山西大学蕴华庄

皮书起源

“皮书”起源于十七、十八世纪的英国，主要指官方或社会组织正式发表的重要文件或报告，多以“白皮书”命名。在中国，“皮书”这一概念被社会广泛接受，并被成功运作、发展成为一种全新的出版型态，则源于中国社会科学院社会科学文献出版社。

皮书定义

皮书是对中国与世界发展状况和热点问题进行年度监测，以专业的角度、专家的视野和实证研究方法，针对某一领域或区域现状与发展态势展开分析和预测，具备权威性、前沿性、原创性、实证性、时效性等特点的连续性公开出版物，由一系列权威研究报告组成。皮书系列是社会科学文献出版社编辑出版的蓝皮书、绿皮书、黄皮书等的统称。

皮书作者

皮书系列的作者以中国社会科学院、著名高校、地方社会科学院的研究人员为主，多为国内一流研究机构的权威专家学者，他们的看法和观点代表了学界对中国与世界的现实和未来最高水平的解读与分析。

皮书荣誉

皮书系列已成为社会科学文献出版社的著名图书品牌和中国社会科学院的知名学术品牌。2011 年，皮书系列正式列入“十二五”国家重点图书出版规划项目；2012~2014 年，重点皮书列入中国社会科学院承担的国家哲学社会科学创新工程项目；2015 年，41 种院外皮书使用“中国社会科学院创新工程学术出版项目”标识。